Patrizia Vigiani

ALEX

un giallo valutario

2. edizione ottobre 2020

Questo libro è un'opera di fantasia. Ogni riferimento a persone realmente esistite o esistenti, a luoghi reali, a fatti realmente accaduti e a opere dell'ingegno è puramente casuale e asservito alle esigenze della funzione narrativa. Tutti i personaggi e le situazioni a essi collegate sono pura invenzione letteraria.

Independently published

ISBN: 9798697749364

Contatti:

patriziavigiani@gmail.com
http://www.alex-un-giallo-valutario.de/

Come aveva fatto l'euro ad affermarsi come valuta di riserva e di scambio internazionale?

Grazie all'operato di alcuni specialisti, il cui nome non sarebbe mai comparso sulle prime pagine dei giornali.

I. CITY GIRL

1.

L'automobile di grossa cilindrata non gli era sfuggita. Era passata sotto la barra del parcheggio poco prima della sua.

L'orologio segnava le otto e una pioggia insistente rimbalzava sull'asfalto. Mentre le mani passavano dal cambio al volante, Robert perlustrò con lo sguardo l'ampio spazio suddiviso in quadrati, come se fosse una scacchiera. Riuscì a mettere a fuoco la vettura, che presto occupò tutto il suo spazio visivo. Ne stava uscendo la regina.

Incuriosito, aprì il finestrino e, incurante degli spruzzi d'acqua, rimase a scrutare la sconosciuta: una figura alta, stretta in un impermeabile classico. Niente ombrello. Una frangia di capelli scuri, corti e fradici. Un incedere sicuro, indifferente alla pioggia.

A giudicare dalla macchina, poteva trattarsi di una moglie annoiata, che aveva deciso di rivolgersi alle forze dell'ordine per chissà quale motivo; oppure di un'impiegata di una delle tante banche della City, di rango superiore a quello di una semplice segretaria.

Un attimo dopo, la donna era già scomparsa all'interno dell'edificio. Dopo aver parcheggiato, Robert fece per avvicinarsi alla vettura della sconosciuta, quasi volesse toccarne la carrozzeria lucente. Si voltò indietro, e diede un'occhiata di commiserazione alla sua vecchia berlina. Secondo quanto si diceva in giro, non occorrevano particolari capacità per farsi assumere come giovane analista e percepire uno stipendio da capogiro. Ma la carriera bancaria era troppo sedentaria per i suoi gusti.

Robert varcò l'ingresso del commissariato e si fece strada per il corridoio. Code agli sportelli, agenti che entravano e uscivano dagli uffici in gran fretta.

La sua prima giornata di lavoro, dopo una breve vacanza, si prospettava stressante. Ma il lavoro gli era mancato. Non solo le irruzioni, le ricerche sul campo, i fermi dei sospettati. Il volto raggiante dei congiunti, quando lui riusciva a dare una buona notizia. Anche l'odore di caffè della macchinetta automatica e persino i litigi

5

con i colleghi. E lo spirito di squadra, che talvolta li faceva lavorare a un caso come se fossero un uomo solo.

Dopo aver chiuso la porta dietro di sé, Robert si trovò davanti a una scrivania sommersa di carte da sbrigare. La stanza odorava di polvere. Un telefono stava squillando nella stanza accanto.

Diede una rapida occhiata al suo cellulare. Non lo aveva chiamato nessuno.

Si sedette e aprì il primo fascicolo. Quello della bambina scomparsa da una stanza di albergo mentre i genitori erano a cena fuori. Robert sospirò. Molta gente non aveva ancora capito che mettere figli al mondo equivaleva a prendersi delle responsabilità. *Fine dello sballo.*

Il suo sguardo si posò sugli unici oggetti personali di cui era adorna la scrivania: un metronomo a sinistra, una foto a destra: l'immagine di una donna bionda, che teneva per mano un bambino con grandi orecchie a sventola.

Improvvisamente la porta si aprì e la soglia fu occupata per intero dalla mole di Peter.

«Ben tornato!» esclamò il collega, con un sorriso stampato sul faccione pallido. «Ci sono novità sul caso Brandt. Avevi ragione tu.»

Robert saltò dalla sedia. Spalancò gli occhi e appoggiò le mani sul tavolo.

Il caso Brandt... Un ragazzino che, dopo un allenamento, non era più tornato a casa. Era merito suo se quel caso era stato resuscitato dall'archivio. Aveva insistito, fino a spuntare il beneplacito per un appello televisivo. Peccato che di fronte alle telecamere ci avessero mandato quel vanesio di Sander.

«Si è fatto vivo qualcuno?»

Peter annuì. «Non una vittima, ma un carcerato, che si è vantato di conoscere l'autore del sequestro.»

«Il solito mitomane» sospirò Robert.

«Sono già stati fatti dei riscontri. In base ai dati di una società telefonica, l'uomo si trovava nei pressi della scena del crimine. È già stato fermato.»

«E dov'è il bambino? Avete ottenuto una confessione?»

«L'interrogatorio è fissato per oggi pomeriggio. Aspettavamo te.»

Robert sperò che il ragazzo fosse sopravvissuto al suo aguzzino. Era per questo che lavorava volentieri nella squadra Scomparsi. Ritrovare le persone vive era un buon motivo per alzarsi dal letto la mattina.

Appoggiò i gomiti sul tavolo e guardò fuori dalla finestra. L'acqua scrosciava sulle facciate dei grattacieli, confondendo le forme, i colori, le luci sempre accese di una città che non dormiva mai. Francoforte era un posto adatto a un ficcanaso come lui.

Immerso in quei pensieri, si era già scordato della donna che aveva visto al parcheggio. Se ne rammentò quando, due ore dopo, Nadia comparve rumorosamente nel suo ufficio, posando due fogli dattiloscritti sulla scrivania.

«Robert, di là c'è una che insiste perché la sua denuncia venga presa sul serio. Questo è il verbale. Ho cercato di spiegarle che per ora la polizia non può fare niente. Forse potresti occupartene tu.»

Nadia, una ragazza florida con folti capelli neri, era appena all'inizio della carriera. Per questo svolgeva mansioni di segretaria e si occupava di smistare le denunce.

Robert alzò la testa di scatto: il presagio di una piacevole sorpresa era nell'aria.

«Va bene, falla passare.»

Quando vide che era proprio lei, rimase spiazzato. Non dalla bellezza androgina della giovane donna, illuminata da denti bianchissimi, né dalle pieghe eleganti degli abiti business, che emanavano un profumo di seta, ma da un particolare che in strada gli era sfuggito: il colore della pelle.

Saranno state le labbra carnose o le narici larghe, ma quel volto ovale, incorniciato da capelli corti e neri, non era abbronzato. Era un incrocio perfettamente riuscito fra il bianco e il nero.

Robert fece un calcolo mentale: la donna doveva essere lì da quasi tre ore. Gli agenti di servizio avevano probabilmente cercato di scoraggiarla, rispondendo di malavoglia alle sue richieste, e infine l'avevano fatta languire in una sala di attesa. Tutta invidia. Le donne sapevano essere crudeli, fra loro.

Robert moriva dalla curiosità. Chissà che cosa voleva quella lady da lui.

Fu lei a parlare per prima, sfoderando una voce limpida e decisa.

«Per l'ultima volta. Desidero denunciare la scomparsa di un amico.» La donna fiondò i suoi occhi nerissimi in quelli di Robert e assunse una posa ostinatamente maschile, infilando le mani nelle tasche dei pantaloni.

Robert avrebbe voluto accontentarla, ma purtroppo la procedura era quella: quando a scomparire erano persone adulte e di sesso maschile, si doveva presumere l'atto volontario. Con una lentezza esasperata, alzò gli occhi dal verbale, in cui erano indicati nome, cognome e data di nascita della donna, che si chiamava Katia. Quindi raddrizzò le spalle e incrociò le dita sopra la scrivania. «È sicura che il suo amico non sia scomparso di propria volontà?»

«Qualcosa mi dice che non è andata così» rispose lei, mentre si accomodava sulla sedia, senza che Robert l'avesse invitata a farlo.

Sotto una frangia di capelli scuri, gli occhi magici della venere nera lo guardavano con aria di sfida. Robert si ritrasse, come se lei fosse riuscita a metterlo con le spalle al muro.

«Vuole sapere una cosa? Qui siamo sommersi da denunce come la sua. Ma spesso gli scomparsi si rifanno vivi nel giro di qualche giorno.»

«Io invece credo che ad Alex sia successo qualcosa» ribatté Katia, alzando la voce. «Non abbiamo più sue notizie da due mesi.»

Dopo aver lanciato un'occhiata alla foto allegata al verbale, Robert si protese verso di lei. «Posso sapere a che titolo sporge questa denuncia? Era un bell'uomo, lo scomparso.»

Katia allungò il collo e scandì le parole: «Eravamo buoni amici. *Best friends.*»

«Qualcosa di più di un amico?»

Domanda *non pertinente*, avrebbe detto il suo vecchio capo.

«Non per me. Per mia sorella, se vogliamo rifarci a schemi convenzionali.»

La donna voleva dirgli che non aveva idee convenzionali. A dire il vero, non le aveva nemmeno lui.

«E allora perché non viene sua sorella a fare la denuncia?»

«Deve chiederlo a lei.»

Robert le rivolse un sorriso sornione. «Gli uomini hanno purtroppo la tendenza a darsela a gambe.»

«Anche una donna può darsela a gambe» rispose lei. «Non dipende dal sesso, ma dal reddito.»

La lady era venuta per provocare.

«Allora mi racconti che cos'è successo al suo amico, secondo lei.»

«È scomparso da un momento all'altro. Non è normale. E gli altri sostengono di non saperne niente.»

Robert lanciò un'occhiata all'orologio. Doveva prepararsi per l'interrogatorio. Ma quella donna non sembrava intenzionata a mollare.

«Chi sarebbero gli altri?»

«Siamo un gruppo di amici che frequentano lo stesso locale. Una specie di *circle*, di combriccola» spiegò Katia. «Abbiamo un rapporto molto stretto.»

«È per questo che si sente autorizzata a sporgere denuncia?»

Katia esitò un attimo, prima di proseguire. «Siamo... siamo una specie di famiglia. Un surrogato, se vuole. Forse perché abitiamo nello stesso palazzo e siamo soli. *No family, no kids.*»

Nel frattempo, Robert aveva finito di leggere il verbale.

«Ci ha riferito che lo scomparso viaggiava spesso per lavoro. Di che lavoro si trattava, esattamente?»

«*Sorry,* ma Alex non parlava del suo lavoro. Credo che fosse dipendente di un ente petrolifero. *Big Oil.* Del resto, anch'io evito di parlare di lavoro, quando esco con gli amici. Se mi mettessi a parlare di *bond* e derivati, gli altri mi troverebbero noiosa.»

Robert corrugò la fronte. Aveva soltanto una mezza idea di cosa fossero *bond* e derivati. E non aveva tempo di farselo spiegare da lei.

«È sicura che lo scomparso non volesse lasciarsi alle spalle la sua vita? Forse ha conosciuto un'altra donna.»

«*Love affairs*? Non sarebbe stato un motivo di fuga. Venga pure a trovarci. Si accorgerà che non siamo tipi convenzionali.»

Robert la scrutò. La donna si stava ripetendo. E faceva di tutto per incuriosirlo.

«Avete chiesto al datore di lavoro?»

«Abbiamo provato, ma ci hanno detto che non potevano violare la privacy di un loro dipendente. E poiché non sapevamo più a chi rivolgerci, eccomi qui.»

«Lo scomparso aveva genitori, fratelli o sorelle?»

«Alex era nato a Roma. Una volta ci ha raccontato che i suoi genitori erano morti.»

Robert Bender aveva continuato a osservare la donna che gli stava seduta di fronte, sommando l'impressione visiva ai dati che aveva letto nel verbale. Non aveva ancora trent'anni ed era già impiegata alla Lindman Bruck. Probabilmente parlava tutto il giorno in inglese. Da una vecchia indagine sapeva che quelli come lei guadagnavano cifre astronomiche, coronate da generosi bonus a fine anno. Questo spiegava l'abbigliamento costoso, il taglio curato dei capelli e gli orecchini di perla. Tuttavia la sua eleganza non era ostentata. Niente gioielli vistosi. Niente fede al dito. La donna aveva stile.

Alzò gli occhi dal taccuino e guardò per alcuni attimi Katia con aria perplessa. Aveva avuto spesso a che fare con il personale delle grandi banche. Che si trattasse di giovani appena assunti o di anziani dirigenti, erano soliti trattare la polizia con sufficienza. Come se le forze dell'ordine fossero principalmente al loro servizio.

Ma doveva ammettere che la donna stava risvegliando il suo istinto più basso. L'istinto del ficcanaso.

«Non è raro che i presunti scomparsi vogliano semplicemente rompere con il passato» ripeté Robert, per l'ennesima volta. «E per esperienza sappiamo che i familiari spesso sopravvalutano rapporti affettivi che non sono tali.»

Ma Katia sembrava tenere i pugni stretti, sotto il tavolo.

«E se gli fosse successo qualcosa? Se fosse stato ucciso, o rapito? Potrebbe trovarsi in pericolo, in questo preciso istante. Il compito della polizia è proteggere i cittadini, se non sbaglio.»

Robert guardò un'altra volta l'orologio. «La polizia si muove soltanto se si configura un reato.»

«Ho capito. Sto parlando a un muro» ribatté Katia, incrociando le braccia. Ma gli occhi magici le si erano riempiti di tristezza. Un'espressione che Robert aveva già visto: nei genitori alla ricerca dei figli.

Robert ebbe un moto che non avrebbe saputo descrivere. Forse era compassione. Abbassò la voce e si allungò sul tavolo, verso di lei. «Che ne dice di aspettare ancora un po' di tempo? Nella maggior parte dei casi gli scomparsi si rifanno vivi spontaneamente. Se non succede niente, torni qui da me.»

Quindi si alzò, per segnalare che il colloquio era finito. A malincuore, ma lui aveva altro da fare.

Anche Katia si alzò. Con uno scatto felino, scivolò verso l'uscita.

Robert le corse dietro, pentito.

«Aspetti! È sicura che i suoi amici non sappiano niente?»

«Perché non glielo chiede di persona?» disse Katia, che si voltò, tornò sui suoi passi e gli porse un biglietto da visita. «Basta che venga a bere qualcosa nel nostro locale. Il venerdì è il nostro giorno fisso.»

«Mi sta chiedendo di fare *straordinari*?»

«Ha usato la parola giusta, perché il *Blue* è proprio un posto *straordinario*.»

Blue: il colore del cielo, o quello della notte.

«*Blue Tower*. Decimo piano. L'indirizzo è sul biglietto da visita.»

Robert scrutò il biglietto, su cui era raffigurato un lussuoso grattacielo residenziale. Era chiaro che la lady non risiedeva in un'oscura periferia. Ai piani alti di quella costruzione doveva esserci un locale alla moda.

«Conosco la Torre Blu» mentì Robert.

2.

Katia era appena tornata nel suo appartamento al diciannovesimo piano. Peccato che non ci fosse nessuno ad aspettarla. Era già calata l'oscurità e attraverso la vetrata del grande soggiorno si riversavano le sagome illuminate dei grattacieli. Katia aveva dovuto abituarsi a quei muri trasparenti, che davano l'illusione di essere all'aperto. Di galleggiare su una nuvola, in alto sulla città.

Aprì il frigorifero, cercò i cubetti di ghiaccio e si preparò un Aperol Spritz. Quindi si abbandonò sul divano, cercando di voltare le spalle al mondo esterno. Non accese la luce.

La stanza era pervasa dal silenzio. Il buio era violato soltanto da qualche sprazzo di luce proveniente da fuori. Le finestre sempre chiuse la separavano dai rumori della strada, che lassù arrivavano attutiti.

Era passato un anno da quando Katia si era presentata a un commissario giovane e abbronzato, per denunciare la scomparsa di quel fenomeno di Alex. Con il risultato che la polizia non aveva fatto niente. Lei aveva provato più di una volta a sollecitare un'indagine, ma era stata gentilmente scaricata.

Si era persino presentata all'ambasciata italiana di Berlino, fingendo di essere la fidanzata dello scomparso. Ma non le avevano creduto, o le avevano mentito, dicendole che Alex nei loro registri non c'era.

Lo sguardo di Katia si posò su una stampa erotica in stile orientale, ancora appesa alla parete. Un regalo di Alex.

L'investigatore privato si era limitato a spillarle soldi. Era soltanto riuscito a sapere che Alex risiedeva ufficialmente in Belgio. Qui le sue tracce si erano perse, come in una terra di nessuno.

Katia finì di bere il suo aperitivo, posò il bicchiere sul tavolo e rabbrividì per il freddo. Si alzò per regolare l'aria condizionata, poi si avvicinò alla finestra e guardò fuori. Forse non era freddo quello che provava, ma solitudine.

I suoi amici si erano rassegnati in fretta. E pensare che Tom era persino riuscito a entrare in contatto con il datore di lavoro di Alex. Ma alla Oil Europe non erano stati di grande aiuto. Prima si erano rifiutati di fornire informazioni, con la scusa del rispetto della privacy, per poi fargli sapere, in via assolutamente confidenziale, che Alex si era fatto congedare per un anno, per dedicarsi a un periodo di *sabbatical*.

Questa storia del sabbatical faceva acqua da tutte le parti.

Alex non aveva mai parlato di un simile proposito. Il suo lavoro sembrava appagarlo. No, non era uno che stava per mollare tutto.

Inoltre, non aveva lasciato alcun messaggio coerente con questa intenzione. Dato il loro rapporto, sarebbe stato normale giustificare un'assenza di quella durata.

Katia spinse lo sguardo oltre il profilo dei palazzi, fino a dove il cielo andava a combaciare con le colline. Alex doveva essere da qualche parte. Erano loro che non avevano cercato abbastanza.

L'ultima sera, Alex le aveva soltanto detto che era in partenza. E che al suo ritorno le avrebbe rivelato un segreto. Katia non si era insospettita, dato che Alex era sempre in viaggio. Non si era accorta che era stata l'ultima volta…

Due mesi dopo quell'addio, gli amici si erano riuniti al solito tavolo del Blue e avevano discusso a lungo se denunciare la scomparsa di Alex. Daniel e Liza erano sinceramente convinti che gli fosse successo qualcosa, mentre si vedeva che Tom e Silvia nutrivano qualche dubbio. Non era da escludere che fossero meglio informati.

Sarebbe toccato a Silvia presentarsi alla polizia. Era lei la donna di Alex. Ma Silvia aveva già gettato la spugna. Diceva che lui l'aveva lasciata di punto in bianco, senza una parola.

Sua sorella era soltanto buona a lamentarsi.

Alla fine, era stata Katia a fare la denuncia. Aveva avuto l'impressione che, se non avesse preso lei l'iniziativa, nessuno si sarebbe mosso.

I suoi amici sapevano bene che lei avrebbe fatto di tutto per spingere la polizia ad aprire un'indagine. Che avrebbe persino usato le armi della seduzione, della menzogna. Comodo, lasciar fare tutto a lei.

Il silenzio della stanza la mise a disagio. Katia si chinò sul telecomando e accese il televisore.

E pensare che Silvia aveva sempre proclamato un grande amore per Alex, a tal punto che desiderava avere un figlio. Mentre Tom, il suo amico inseparabile, aveva ripreso a fare la propria vita, come se non fosse successo niente.

Katia chiuse gli occhi e strinse i pugni.

Maledetti. Sono io l'unica che vuole ritrovare Alex...

3.

«Perché hanno chiamato proprio noi?» chiese il tenente Mariani al maresciallo De Rossi, che stava guidando alla volta di un indirizzo al Testaccio. Era lì che era stato rinvenuto il cadavere di un uomo. Un uomo morto in circostanze così sospette, da richiedere l'intervento della sezione antiterrorismo dei ROS.

Quella notte Mariani aveva dormito male, con le finestre spalancate per il caldo e i rumori dei ragazzi che facevano baldoria nel vicolo. Era salito di malavoglia in automobile e per tutto il tragitto non aveva fatto che scuotere la testa. I colleghi stavano prendendo una cantonata, con il loro vizio di vedere terroristi dappertutto. *Le apparenze ingannano.*

Mettendo un piede fuori dall'auto, il tenente si trovò in mezzo a un capannello di gente e dovette farsi strada fra gomitate e un vociferare indistinto. I soliti scocciatori che assediavano tutto quello che assomigliava a una scena del crimine. Superando il portone, sbucò nell'androne di un tipico fabbricato dell'edilizia popolare. In fondo si scorgeva un cortile, ai lati si aprivano due scalinate che portavano ai piani superiori. I muri erano scalcinati. Un odore di fritto proveniva da qualche parte.

Mariani salì le scale a piedi, fino al pianerottolo del quarto piano, e individuò subito l'appartamento in questione. Dalla porta aperta si intravedeva la presenza di due agenti della scientifica. Faceva un caldo afoso. Mariani si fermò sulla soglia, per esaminare la serratura: si vedeva che era stata forzata, e che l'operazione era stata un gioco da ragazzi. La vittima non aveva ritenuto necessario munire la propria casa di una serratura decente. *Segno che non si sentiva in pericolo.*

«È stata una chiamata anonima a sollecitare l'intervento delle forze dell'ordine» gli riferì De Rossi, che era sopraggiunto alle sue spalle. «Gli aggressori hanno lasciato la porta socchiusa.»

Mariani annusò l'aria. Dalla casa proveniva un odore di detergenti.

«Avete interrogato i vicini?»

«Dicono di non avere visto o sentito niente.»

Poi De Rossi gli passò un appunto scritto. Mariani inforcò gli occhiali e mise a fuoco le poche righe.

I primi ad arrivare sulla scena del crimine erano stati alcuni agenti di pattuglia. Questi si erano trovati in un ambiente disordinato, ma sterile. Gli aggressori sembravano avere perlustrato le tre stanze alla ricerca di qualcosa. L'appartamento era stato sottoposto a una pulizia scrupolosa, con l'impiego di sostanze chimiche. Nel rapporto si ipotizzava che si trattasse di più aggressori, che avevano cercato di cancellare tutte le tracce.

Mariani si strinse nelle spalle e si guardò intorno. Qualcosa strideva con le apparenze. Sebbene fosse situato in una palazzina destinata alle classi popolari, l'appartamento era in buone condizioni, secondo un gusto che doveva essere la versione orientale dello chic borghese. Pavimenti coperti da morbidi tappeti, suppellettili esotiche a volontà. Su un tavolino intarsiato campeggiava un samovar dall'aspetto pregiato. Mariani aprì una porta chiusa e avvertì un odore di tè: era una stanza piena di libri, quasi una biblioteca.

Entrando in quello che doveva essere un salotto, lo sguardo di Mariani si catapultò sul pavimento. Era qui che il cadavere giaceva a terra rigido, con il volto rivolto verso l'alto e gli occhi ancora sbarrati.

Mariani si avvicinò e si chinò per osservarlo. Un uomo anziano, vestito con abiti modesti ma senza segni di povertà o di degrado. Gli strappi e le lacerazioni della stoffa dovevano essere dovuti all'aggressione.

«A che cosa è dovuto il decesso? E quando è avvenuto?» chiese Mariani a uno degli agenti della scientifica.

«Non più di cinque ore fa. Il corpo presenta segni di colluttazione, ma niente ferite da arma da fuoco o da taglio» ripose l'altro, scuotendo la testa. «L'unica cosa certa è che è stato aggredito. La casa è stata messa sottosopra, e al cadavere sono stati sottratti i documenti, il portafoglio e forse anche il cellulare. Dall'appartamento deve essere stato trafugato anche un computer, a giudicare dal quadrato di polvere su quel tavolo. Ci sono un sacco di libri, ma non sono scritti in italiano. Alcuni in arabo, altri in un alfabeto strano... Qualcuno li ha sfogliati e li ha lasciati in disordine. Se contenevano lettere o documenti, adesso non ci sono più.»

«Quindi non sappiamo nemmeno chi sia la vittima.»

Mariani aveva notato che sul campanello non c'era alcun cognome, ma soltanto un numero. Il desiderio di anonimità gettava una luce losca sulla vittima. Ma Mariani nutriva i suoi dubbi. Aveva osservato le mani del vecchio. Erano le mani di uno che aveva lavorato duro e forse adesso si godeva la pensione.

«Una vicina ha riferito che il suo nome era Nassim Sabahni, originario dell'Iran. Ma sembra che vivesse in Italia da almeno trent'anni» intervenne De Rossi.

Adesso Mariani capiva il motivo per cui avevano chiamato proprio lui. Rimase sovrappensiero, mentre De Rossi continuava a snocciolare le informazioni di cui era entrato in possesso.

«È stato trovato anche il locatore. L'affitto non veniva pagato da Sabahni, ma da un'organizzazione legata alla moschea sciita.»

Un iraniano mantenuto da un'organizzazione islamica? Mariani riprese a osservare il morto, che all'inizio non gli era sembrato straniero. L'uomo aveva la pelle chiara, un naso pronunciato e folte sopracciglia. No, non sarebbe stato possibile indovinare che non fosse italiano. Spesso le differenze etniche erano soltanto nella testa della gente.

Mariani notò che sul posto non si trovava alcun reporter. Probabilmente quella vicenda non sarebbe stata riportata dai giornali. Erano troppi gli episodi di cronaca che affollavano le pagine dei quotidiani. La morte di uomo anziano, per di più di origine straniera, non avrebbe fatto notizia.

L'autopsia avrebbe rivelato se la morte fosse stata colposa, oppure indotta deliberatamente. La devastazione della casa, la sottrazione di tutti i documenti e il legame con la moschea erano elementi troppo sospetti per lui.

Occorreva aprire un'indagine.

4.

Dennis era ancora addormentato.

Abituata a svegliarsi presto, Katia allungò il collo verso la sua ultima conquista. Indugiò qualche minuto, prima di andare a farsi una doccia, profumarsi e sorprendere il suo *lover* con una tazzina di caffè. Intendeva servirgli la colazione indossando il suo négligé preferito. Un trucco che funzionava sempre.

Alzò gli occhi, alla ricerca della luce del giorno. Un sole pallido faceva capolino dalle tende. La casa era immersa in un silenzio che aspettava di essere violato. Katia fece passare lo sguardo sui mobili bassi e lineari della sua camera, quasi accarezzandoli. La disposizione asimmetrica era stata un'idea dell'architetto. Non piaceva a tutti, ma Katia se ne infischiava.

Si alzò dal letto, mettendo i piedi nudi sulla moquette alta e morbidissima. Alzò le braccia per stiracchiarsi. Chiuse gli occhi, ed ebbe la sensazione di trovarsi su un tappeto volante.

Avrebbe voluto rilassarsi ancora un po', ma uno sguardo all'orologio la fece alzare di scatto. *Fuck*. A quell'ora avrebbe già dovuto essere in banca. Raggiunse il bagno, si fece una doccia in fretta e per l'affanno quasi scivolò sul marmo bianco delle piastrelle. Poi gli sovvenne che l'appuntamento con le Assicurazioni Generali era per le dodici. E lei era preparatissima su quella nuova trovata denominata *Cat Bond*. Titoli che le assicurazioni compravano a scatola chiusa.

Quando tornò in camera, il letto era vuoto. Katia ebbe un sussulto.

Se n'è già andato?

Scivolò a piedi nudi fino alla soglia del soggiorno e lo vide. Vestito di tutto punto. Smart, cranio calvo, fisico atletico, qualche anno più di lei. Si era accomodato sul divano di pelle. Tirando un respiro di sollievo, Katia si strofinò allo stipite della porta, assumendo una posa seduttiva.

«Sei ancora qui?»

Dennis doveva vederla bene: coperta soltanto da due veli di stoffa. Nessun uomo avrebbe resistito a quell'apparizione.

«Io e te abbiamo ancora qualcosa in sospeso» rispose lui, ammiccando.

La sera prima, Dennis l'aveva adocchiata mentre era seduta al solito tavolo, con gli amici. Le aveva lanciato qualche occhiata, dando l'impressione di aspettare che fosse sola. E Katia si era sentita attratta, come una calamita. Quell'uomo faceva per lei. Se faceva bene i calcoli, avevano ancora tempo per un bis.

Si staccò dalla porta e iniziò a incedere verso di lui con i movimenti di una gatta. Ma dopo due passi qualcosa attirò la sua attenzione. Il suo corpo si irrigidì, prima ancora che si rendesse conto della situazione. I suoi occhi avevano messo a fuoco una pistola. Posata in bella vista sul basso tavolino di vetro.

Katia fece un balzo indietro, terrorizzata.

«Che cosa... che cosa vuoi?» gridò, portandosi le mani alla gola. Aveva fatto male a fidarsi di quell'uomo.

«Vai a rivestirti. Non cercare di scappare o di usare il telefono» le disse lui con voce brusca, indicando l'arma con un cenno della testa. «Dobbiamo parlare.»

Katia ebbe la sensazione che il cuore volesse saltarle dalla cassa toracica. Si piegò su sé stessa e sentì il freddo delle gocce di sudore sulla pelle nuda. Aprì la bocca per emettere un urlo, ma riuscì a soffocarlo. Strinse i pugni. Doveva agire in modo razionale. Sapeva di esserne capace. Lei era un *investment banker*. Se il denaro è potere, la più potente era lei. E poi gli uomini in assetto di guerra erano il suo pane quotidiano.

Le aveva appena detto di andare a vestirsi? Era esattamente quello che avrebbe fatto. Se quell'uomo era così sicuro del fatto suo, lei non sarebbe stata da meno. Katia arretrò nella stanza e raggiunse il guardaroba. Prese a caso un vestito blu dall'armadio, lo indossò in fretta e tornò in soggiorno. La pistola era ancora sul tavolo. Si mise a sedere sulla poltrona di fronte a Dennis e assunse una posizione eretta, poggiando le mani sulle ginocchia. Non capiva che cosa potesse volere quell'uomo da lei. Ma se era qualcosa in suo possesso, o che si poteva comprare, glielo avrebbe dato.

Porgendole un biglietto da visita, Dennis parlò per primo:

«Non ero venuto qui per sedurti. Consideriamolo un incidente *collaterale*.»

Katia guardò prima l'uomo e poi il biglietto. Non vi erano riportati molti dati. Ma bastarono per farle capire che Dennis non era il vero nome di quell'uomo.

Chi aveva avuto quell'idea doveva conoscere bene i suoi gusti. Altro che «non volevo sedurti». La seduzione faceva parte del piano.

Katia appiattì la schiena contro il divano e trattenne il fiato. Il suo sguardo vagò per il soggiorno. Non c'erano vie di fuga. Doveva trattare. Se per le sue mani passavano titoli per centinaia di milioni, avrebbe tenuto testa anche a un uomo con la pistola.

«In che cosa posso servire i signori?» chiese Katia, compiacendosi della propria ironia.

Dennis non rispose. Si limitò a posare due foto sul tavolino.

Quando le vide, lei ebbe un sussulto e si aggrappò ai braccioli della poltrona: una era la foto di suo padre, l'altra ritraeva Alex.

«Il tenente Wilson era tuo padre, giusto?»

Katia si portò le mani al petto, come per alleviare una fitta al cuore. Quello era proprio il suo *daddy*. Non c'era giorno che non pensasse a lui. Un padre assente, che non le aveva mai detto chi fosse veramente. Come facevano a sapere che era suo padre? Lei non si chiamava Wilson.

«*Yes, sir*» si limitò a rispondere.

«Tuo padre era un servitore della patria. Se sei davvero sua figlia, aiutarci a trovare Di Matteo» disse Dennis, puntando un dito sulla foto di Alex.

Era la stessa foto postata su Facebook. Alex detestava le foto, e nemmeno Dennis sembrava possederne una recente. Katia rimase un momento a pensare. Che cosa volevano da lei? Forse la stavano scambiando con Silvia. E che cosa c'entrava suo padre, già defunto da tempo?

«Alex è scomparso e non si è fatto più vivo con nessuno di noi. Da quasi un anno. E per quanto riguarda mio padre, io sono cresciuta in Europa e faccio un altro lavoro.»

«La tua professione ha le stesse finalità del lavoro di tuo padre.»

Che cosa voleva dirle quell'uomo? Ci avrebbe pensato con calma, un'altra volta.

Katia riprese a tremare. Era in pericolo. Avrebbero cercato di estorcerle informazioni che lei non aveva. Gettò gli occhi a terra. Poi li rialzò, giunse le mani e disse, quasi supplicando:

«Io non so niente di Alex. Ci deve essere un errore.»

Si coprì il volto con le mani, come se volesse piangere. Non si era mai trovata in una situazione simile.

Forse riuscì a commuovere Dennis. Fatto sta che lui si protese verso di lei, sfiorandole una mano. «Non volevo farti paura, ma Alex potrebbe essere in pericolo. E potrebbe farsi vivo proprio con te.»

La voce di Dennis si era fatta melliflua: aveva cambiato strategia. Katia si sentì sollevata.

«Perché io? I suoi migliori amici erano Silvia e Tom.»

«Tom era il suo amico, ma anche il suo rivale. E con tua sorella i rapporti si erano deteriorati.»

Rapporti deteriorati? Dennis era più informato di lei.

«Ripeto che non ho alcuna idea di dove si trovi Alex. Ma ammesso che riesca a scoprirlo, perché dovrei passarvi questa informazione?»

«Sappi che c'è chi lo vuole morto. Ma io ritengo che ci serva più da vivo. Perciò faresti meglio a collaborare con me.»

Katia cambiò più volte posizione. Allungò il collo. Distese le gambe, poi le accavallò di nuovo. Provava un misto fra sbigottimento e terrore. Era proprio una questione di vita o di morte?

Le sorprese, però, non erano finite. Dennis tirò fuori il cellulare, e le mostrò la cifra che appariva sullo schermo.

«Naturalmente non ci aspettiamo che lavori gratis».

Katia dovette spalancare gli occhi. Era un importo enorme, anche per lei.

«Non fraintendere il mio stupore. Sono abituata a questi numeri. Ma non sapevo che Alex fosse una persona così importante.»

Rimase assorta per qualche momento. Non aveva mai avuto la minima idea della vita di Alex. Si chiese se gli altri ne sapessero più di lei. Ma non poteva indugiare in quei pensieri. Non adesso.

Prima di uscire, Dennis volle aggiungere: «Nel caso che i soldi non ti interessino, abbiamo pensato anche a un altro tipo di ricompensa.»

Katia era proprio curiosa di sapere quello che Dennis stava per tirare fuori dal cappello.

«Per noi non è un problema procurarti un posto come quello di Jan Kobler. O di Christine Bandelle. Sono posizioni in cui ci servono alleati.»

Christine Bandelle: l'unica donna che faceva parte del consiglio di amministrazione di una grande banca di affari. Bella, potente, raffinata. Un modello per tutte le aspiranti manager come lei.

Dovevano tenerci molto a trovare Alex. In un momento di lucidità, Katia decise di fingersi docile e remissiva. Era la tattica migliore.

«Vedrò quello che posso fare» mormorò. Doveva suonare come un'ammissione.

«Ti consiglio di sbrigarti. Il tuo amico sta rischiando grosso.»

Dopo che Dennis fu uscito, Katia tornò a sedersi sul divano. Adesso non doveva più nascondere che era sconvolta. Il cuore le batteva forte, come se avesse fatto le scale di corsa. Aveva camminato su un tappeto di certezze che stavano sprofondando. Si prese la testa fra le mani.

In che pasticcio si era cacciato l'uomo di sua sorella? E perché venivano a cercare proprio lei?

Era vero che era stata lei a sporgere denuncia, ma lo aveva fatto soltanto perché altrimenti non l'avrebbe fatto nessuno.

Era stata lei a insistere con la polizia, a sollecitare, a ingaggiare un investigatore privato.

Ma, alla fine, anche lei era stata incline a credere che Alex si fosse allontanato per libera scelta. Era quello che sembravano pensare anche i suoi amici.

La visita di Dennis cambiava la situazione. Quell'uomo le aveva detto che Alex si trovava in pericolo. Ma Katia ebbe la sensazione che a trovarsi in pericolo fossero tutti loro.

Dennis aveva anche fatto strane insinuazioni a proposito dei suoi amici.

Quando l'aveva visto per l'ultima volta, Alex aveva alluso a un segreto. Un segreto che aveva promesso di rivelarle. Poi era scomparso, lasciandola con il desiderio insoddisfatto di scoprire qualcosa che, ne era certa, la riguardava.

Doveva assolutamente convincere il commissario Bender ad aprire quell'indagine.

5.

Forse è stato meglio così.

Il bagliore di un aereo, che aveva attraversato la porzione di cielo visibile dall'ampia vetrata della redazione, aveva distratto Tom, che alzò la testa dal monitor.

«Io vado» gli urlò un collega dalla soglia della porta. «E tu? Niente donne stasera?»

«Non ho ancora finito» mentì Tom. In realtà aveva appena dato l'ok per la stampa e avrebbe potuto staccare. Il fatto era che voleva rimanere solo. Fece vagare lo sguardo per la stanza. Alle scrivanie non c'era più nessuno. Le cifre bluastre dell'orologio digitale, appeso sulla colonna centrale, segnavano le 20:51. Dal corridoio arrivavano già i rumori delle aspirapolveri.

Tom decise di sgranchirsi le gambe e si avvicinò alla grande vetrata. Qualcosa lo spinse a poggiare la fronte sul vetro, fino a sentire un brivido di freddo sul naso. Stava calando l'oscurità, e le luci notturne si accendevano come piccole esplosioni. Il suo sguardo si tuffò in basso e colse quello che si intravedeva delle strade ancora frequentate, poi si diresse verso il lungofiume e infine risalì lungo i vetri dei grattacieli, fino al cielo offuscato dal bagliore urbano.

Un altro aereo dipinse una scia all'orizzonte. Da qualche parte, forse sulla rotta di quell'aereo, doveva esserci Alex. L'uomo che aveva attraversato da un capo all'altro le loro vite, e le aveva sconvolte. Per poi sparire da un momento all'altro, senza spiegazioni.

Con uno scatto improvviso, Tom tornò alla scrivania. Gli bastò digitare qualcosa per caricare sul computer una foto dell'amico. La fece zoomare fino a grandezza d'uomo. Poi affondò i suoi occhi in quelli immobili del ritratto.

«Alex, perché te ne sei andato sul più bello?»

Tom aveva creduto di essere un uomo arrivato, che poteva permettersi molti piaceri. Aveva goduto di quel successo in modo eccessivo, fino alla comparsa di Alex. Dopo, tutto era cambiato.

Aveva creduto di essere eloquente, galante e disinvolto. Ma Alex aveva la peculiarità di rendere opachi e noiosi tutti gli uomini che gli stavano intorno.

Alex non aveva avuto nessuno scrupolo con le loro mogli, fidanzate o amiche. Se le era prese e basta. Restituendole ai loro uomini dopo che se ne era stancato, il che poteva capitare dopo una sola notte.

Tom scosse la testa, appoggiò i gomiti sul tavolo e guardò la foto con aria di sfida.

«Non è che te la stai spassando da qualche parte?»

Tutti credevano che fossero stati molto amici. Vero, ma solo in parte. Non sapeva nemmeno lui perché avesse cominciato a frequentarlo assiduamente, a dividere con lui le sue serate. Forse era voluto apparire come un suo pari, e non come uno dei tanti sconfitti che Alex si lasciava dietro.

Tom era anche riuscito a prendersi qualcuna delle sue donne. Benché ci fosse rimasto male, Alex aveva finito per rispettarlo.

«Te l'ho ripagata. Con gli interessi. Ci sei rimasto male?»

Singolare, quella rivalità fra uomini. Era stata un pungolo. Lo aveva indotto a spingersi oltre confini di cui non aveva nemmeno immaginato l'esistenza, e gli aveva donato emozioni fuori dal comune.

Da un lato gli dispiaceva che quel carosello di passioni fosse finito, e che fossero tutti tornati alla loro vita normale; dall'altro, era contento che una qualche circostanza, certo misteriosa, avesse spazzato via il rivale, lasciandogli campo libero.

Se Alex fosse stato una persona normale, Tom avrebbe trovato strano non ricevere sue notizie da più di un anno. Ma sussisteva una certa coerenza fra l'eccellenza dell'amico e quell'uscita di scena così spettacolare. Meglio non farsi troppe domande.

Sapeva di conoscere Alex meglio degli altri. Meglio di Silvia, che si era illusa di essere la sua donna; meglio di Daniel e Liza, che vi avevano visto un idealista con le loro stesse idee politiche.

«Ma quali idee politiche: tu credevi soltanto in te stesso.»

Alex aveva suscitato invidie. Da qualche parte c'erano sicuramente uomini o donne contrariati dalla sua condotta priva di scrupoli.

A ripensarci, la loro "amicizia sconfinata" – così diceva Alex – aveva avuto dei limiti. Uno dei quali era la riluttanza di Alex a parlargli del suo lavoro. Era vero che Tom faceva il giornalista ma, se fosse stato un vero amico, Alex non avrebbe tenuto la bocca cucita in quel modo.

Forse era colpa sua. Anche Tom aveva mantenuto il riserbo su troppe cose. Adesso che Alex non c'era più, se ne rammaricava. Ma non poteva farci niente.

Gli ultimi mesi che avevano passato insieme erano stati quelli successivi al ritorno di Alex dall'Iraq. Tom aveva avuto l'impressione che un peso gravasse sull'amico. Un peso di cui Alex non voleva o non poteva parlare. Era stato allora che avevano perso l'occasione di rompere i silenzi e confidarsi davvero.

La foto di Alex lo guardava, senza dargli risposte. Bastò un clic a farla scomparire. In fondo Alex continuava a esistere soltanto nelle loro teste.

Con un gesto deciso, Tom spense il computer, si alzò e andò in bagno. Lo specchio gli rimandò un'immagine non lusinghiera: occhiaie, capelli arruffati. Non era il caso di uscire.

Tom viveva da solo e in genere passava le nottate al Blue o in altri locali alla moda. Della notte gli piaceva l'esaltazione: gli abiti che diventavano travestimenti, lo scintillio dei gioielli, le luci accecanti, la musica assordante, l'esposizione della carne. La notte trasformava gli individui. Sembrava che indossassero una maschera, che però non serviva a nascondersi, ma a rivelarsi.

Delle sue frequentazioni faceva parte anche un certo numero di prostitute, anche perché talune si prestavano a fare le informatrici. Erano state loro a metterlo a conoscenza delle abitudini decadenti dei boss della finanza. Soltanto grazie a queste informazioni poteva permettersi il lusso della libertà di stampa. Se non li avesse tenuti in scacco con particolari piccanti della loro vita privata, gli esponenti più in vista degli ambienti finanziari avrebbero intentato contro di lui costose cause per diffamazione, come era già successo ad alcuni suoi colleghi.

Tom si diresse verso il guardaroba, per indossare la sua giacca di cachemire. Un capo firmato, che gli era costato un patrimonio. Toccò la stoffa e la fece sfrigolare fra le dita. In quei momenti provava un piacere a cui non avrebbe mai rinunciato.

Infilò le mani in tasca e tirò fuori le chiavi della sua Mercedes cabrio. La serata era tiepida, e già si immaginava alla guida dell'auto scoperta, con il vento che gli confondeva i capelli. Fermandosi a un semaforo, avrebbe attratto gli sguardi di qualcuno. Sguardi che era solito ricambiare con un sorriso generoso.

Era stato il suo lavoro di giornalista finanziario a trasformare il suo rapporto con il denaro. Il denaro era soltanto carta stampata, che un giorno avrebbe perso completamente valore. Una carta stampata che veniva messa quasi gratuitamente a disposizione delle élite finanziarie, mentre le masse dovevano guadagnarsela producendo beni e servizi. Con questo trucco il mondo aveva funzionato, almeno fino a quel momento.

Che il denaro non avesse valore intrinseco era una cosa che in teoria molti sapevano, ma che pochi riuscivano ad afferrare a livello emozionale. I non addetti ai lavori continuavano ad attribuire ai soldi un valore simbolico, il che li rendeva schiavi.

Talvolta si immaginava che Alex fosse rimasto vittima di quel valore simbolico del denaro. Intuiva che, indagando sulla scomparsa di Alex, sarebbero venuti a conoscenza di verità fondamentali.

6.

«Detective?»

Da quando aveva visto *L.A. Confidential*, le piaceva rivolgersi a Robert con quell'appellativo. Anche se forse il commissario non conosceva la storia dell'investigatore macho che si innamora della prostituta di lusso, Katia era decisa a usare quella sera qualsiasi mezzo per attirare la sua attenzione. Dopo essersi fatta strada fino al pianoforte, gli aveva sussurrato quel nome all'orecchio. E si era sentita un po' come Kim Basinger.

La sala era affollata e debolmente illuminata. Un ambiente più da birra che da champagne, con i tavoli di legno chiaro e camerieri panciuti che si aggiravano con boccali pericolosamente in bilico sui vassoi. Quando era entrata, Robert aveva appena smesso di suonare. E si era alzato dallo sgabello, sovrastando gli altri in altezza. Non era niente male, con quella giacca color pesca portata sopra una maglietta. Non l'aveva mai visto con una cravatta.

Robert Bender la guardava con aria interrogativa. Non la riconosceva o faceva finta?

«Detective» insisté Katia, «non si ricorda di me?»

All'inizio le sembrò di vedergli corrugare la fronte, ma fu soltanto un attimo. Improvvisamente, la faccia di Bender si distese e vi si fece strada un sorriso. Katia si ricordò di quel sorriso benevolo. Purtroppo non era mai riuscita a ottenere altro da quell'uomo, che si era limitato ad ascoltarla con attenzione, scrutandola con occhi curiosi. Con quella faccia da buono e le orecchie a sventola, lei lo trovava intrigante. Tanto che ci aveva provato più di una volta. Inutilmente: il poliziotto era intelligente, e doveva sospettare che i suoi motivi non fossero sinceri. O forse era uno dai gusti diversi. Ma non era una biondina quella che gli si era avvicinata con fare confidenziale? C'era speranza.

«Adesso ricordo» rispose Robert. «Vestita così, sembri più giovane.»

Katia sorrise al complimento di rito, e alla disinvoltura con cui il commissario era passato al tu. Prima che potesse dire qualcosa, però, lui continuò: «E poi non mi sarei mai aspettato di vederti entrare in un locale così ordinario.»

«E tu, dove hai imparato a suonare così?»

«Anche i poliziotti hanno un passato» rispose il commissario, per poi voltarle subito le spalle, tornare a sedersi al pianoforte e attaccare un altro pezzo.

Katia si guardò intorno. In effetti, non era il tipo di locale che lei era abituata a frequentare. A parte i tavoli rustici, c'erano un paio di poltroncine e un divano di pelle lisa. In un angolo, un attaccapanni di ferro che sembrava prelevato da un cantiere. Dai tavoli si levavano voci allegre: sembravano tutti conoscersi. Katia cercò di non dare nell'occhio. Aveva fatto bene a indossare un paio di jeans e un giubbotto di pelle, rinunciando a malincuore ai vestiti eleganti che inducevano la gente a portarle rispetto.

Rimase in disparte, ad ascoltare il trillo delle note. Sperò che l'esibizione terminasse, e che lui fosse disposto a starla a sentire. Ma intuì che non sarebbe stato facile. Quando Robert si rialzò dal pianoforte, fu circondato da un mucchio di persone. Katia si trovò di fronte a un muro di bicchieri alzati e di voci schiamazzanti.

A little bit crowded.

Ma Robert aveva un punto debole. Era curioso. E le era sembrato di scorgere nei suoi occhi un interesse trattenuto a stento.

Cercò di incontrare quegli occhi di nuovo. Bastò uno sguardo prolungato, e furono vicini.

«Ascoltami» disse lei. «Stavolta non c'è tempo da perdere.»

«Stasera sei proprio uno schianto» le rispose Robert, prendendola in disparte. Robert doveva avere fatto un addestramento in competenze sociali.

Katia lo seguì fino in fondo alla sala, dove si accomodarono su due poltroncine rosse che avevano visto anni migliori.

«Una vodka» ordinò Robert a un ragazzo con un ciuffo di capelli impomatati e un serpente tatuato sul braccio.

«Per me un Aperol Spritz» aggiunse Katia, che dovette alzare il volume della voce per farsi sentire. Dagli altoparlanti aveva preso a risuonare una musica assordante e la gente adesso affollava la pista da ballo, a qualche passo da loro. Adesso che ce l'aveva quasi fatta, Katia era disposta anche a gridare. Questa volta il commissario doveva ascoltarla.

Ma Robert era un tipo intelligente. Non la fece nemmeno parlare:

«Katia, so benissimo perché sei qui. Ma io non posso fare niente per trovare il tuo amico. La polizia non si occupa di donne abbandonate.»

«Questa non è la storia di una donna abbandonata».

«E allora che storia è?»

«Non lo so. So soltanto che siamo in pericolo, *detective.*»

Robert incrociò le braccia e si mise a scrutarla. I suoi occhi curiosi lanciavano scintille. «Okay. Stasera sono di buon umore e voglio starti a sentire.»

Nel frattempo il cameriere con il tatuaggio si era di nuovo avvicinato. *Fuck you*, pensò Katia e le bastò un'occhiataccia per farlo allontanare.

Poi smise di sorseggiare il suo aperitivo, poggiò il bicchiere sul tavolo e disse: «Qualche giorno fa ho invitato un uomo a casa mia.»

Robert fece un sorrisetto annoiato. «Normale amministrazione, suppongo.»

Katia incassò. «Sennonché, al mattino dopo, lui mi ha puntato contro una pistola» aggiunse, mimando il gesto con l'indice e il pollice. Non era proprio andata così, ma meglio esagerare.

Robert corrugò la fronte e chinò la testa verso di lei. «Che cosa voleva? Ti ha minacciata?»

«Voleva sapere dov'è finito Alex.»

Robert sgranò gli occhi. *Mr. Curiosity.*

«Si è presentato?»

«Mi ha soltanto consegnato un biglietto da visita con un numero di cellulare, un'email e un nome, probabilmente falso.»

«E chi credi che fosse?»

«Un americano, forse un militare. Mi ha detto che, se non collaboro, Alex potrebbe rischiare la vita.» Katia ebbe un'esitazione, prima di proseguire. Doveva parlare di suo padre? Optò per il no. Il momento, forse, sarebbe arrivato. «In cambio della mia collaborazione, mi ha offerto una cifra astronomica.» Non aggiunse altro. Omise anche la seconda forma di remunerazione che Dennis le aveva prospettato.

«Il tuo stipendio è già astronomico, Katia. Per cui suppongo che non ti lascerai comprare.»

Robert era troppo buono. In realtà tutti avevano un prezzo, e lei non faceva eccezione.

«Immagino che questo signore abbia passato la notte da te. Lo sai che cosa significa?»

Katia deglutì. «Che potrebbe avere installato una microspia, o qualche altra diavoleria elettronica.»

«Brava. Al posto tuo, starei molto attenta a quello che dici o che fai a casa tua.»

«Che ne dici di venire a fare un sopralluogo?» gli disse Katia, guardandolo di sottecchi.

«Mai sentito parlare di etica professionale?» ribatté Robert.

«Se vuoi scomodare l'etica professionale, allora sarebbe tuo dovere aprire un'indagine. Alex sta rischiando la vita. E potremmo essere in pericolo anche tutti noi. Questa non è gente che scherza.»

«Riprenderò in mano il fascicolo, ma non posso promettere niente. A differenza delle banche, la polizia dispone di risorse limitate.»

«Il mio invito a venire al Blue è ancora valido. Potresti conoscere i miei amici. Forse qualcuno di loro sa qualcosa.»

«Che ne è stato dell'appartamento di Alex? È stato riaffittato?»

«Anche la storia dell'appartamento è strana. Mia sorella aveva le sue chiavi di casa ed è riuscita a entrarci una volta. Ma qualche mese dopo la scomparsa di Alex, dopo che avevamo già sporto denuncia, ci siamo accorti che la porta era stata sostituita da una porta blindata. Attualmente l'appartamento sembra disabitato.»

«Di' la verità...» disse lui, sospirando e poi piantando gli occhi nei suoi. «Vuoi che indaghi sui tuoi amici. Una vendetta privata?»

«*Bullshit*. Se non vuoi venire di persona, puoi trovarci su internet. Conosci il nuovo *social network* di nome Facebook?»

Robert annuì, ma con aria annoiata. La polizia doveva conoscere quel sito, anche se probabilmente lo considerava una trovata americana.

«Dopo la scomparsa di Alex, ci abbiamo creato un gruppo, che si chiama *Alex Friends*. Ne facciamo parte quasi tutti, anche se i cognomi sono storpiati.»

«Ho capito. Speravate che Alex si facesse vivo su internet, magari sotto falso nome.»

«Infatti. Però è possibile che veda le nostre foto, e ogni tanto pensi a noi. Anche se vive all'estero e ha una nuova famiglia. Il solo pensiero che possa vederci riesce a consolarmi.»

Dopo una pausa, Katia ripartì alla carica. Doveva sfruttare quell'occasione.

«Non ce l'ho con mia sorella. Ma faresti bene a interrogarla. Era lei la donna di Alex, e sono convinta che sappia qualcosa.»

Erano in pochi a sapere che lei e Silvia erano sorelle. Una bianca e una nera. Ma qualcosa le diceva che da Robert non c'erano da aspettarsi domande sul colore della pelle.

«Va bene, darò un'occhiata a questo social network. Quando avrò tempo. Mi dispiace, ma ho un paio di casi più urgenti del tuo.»

Katia si strinse nella spalle, delusa. Robert Bender l'aveva scaricata di nuovo.

7.

«Robert, sbrigati, ti stanno aspettando» disse Nadia, facendo capolino nel suo ufficio.

Robert alzò gli occhi dal computer. Passò lo sguardo sull'arredamento essenziale, sui muri grigi e sulle finestre sporche. Una stanza spaziosa, tutta per lui, da quando avevano licenziato il suo collega. I soliti tagli al personale. Nessuno aveva innaffiato le piante.

Mise a fuoco per l'ultima volta i dati sul monitor, e poi riabbassò la testa sulle carte sparpagliate sul tavolo. Aveva scandagliato tutti i registri e fatto i dovuti riscontri. Non aveva trovato niente.

Con il fascicolo sottobraccio, si avviò verso la stanza in cui era riunita la *Soko* "Eva", una commissione mista alla quale era stato convocato anche lui. Gli agenti erano già seduti attorno al tavolo delle conferenze, sotto una lunga lampada a neon. C'erano Andreas della Omicidi, il miglior terzino dilettante che Robert avesse mai conosciuto, e Peter, che faceva il CT soltanto perché era troppo grasso per giocare. Robert non andava d'accordo con tutti. Fra i colleghi c'era chi lo definiva "un tipo sensibile". Forse perché suonava il pianoforte, o teneva la foto di sua madre sulla scrivania. Oppure perché a lui le pose da duro non erano congeniali.

Robert prese la parola. Erano tutti in attesa del suo responso.

«Risultato negativo, da parte mia.»

La delusione si dipinse sui volti imbronciati degli agenti.

«Sei proprio sicuro che non corrisponda ad alcuna delle scomparse segnalate nella zona?»

Robert annuì. Facevano male a dubitare della sua esperienza.

«Più che sicuro. Il vostro cadavere non corrisponde ad alcuna donna di cui sia stata denunciata la scomparsa.»

Fu quindi congedato senza troppi complimenti. La squadra Omicidi non sapeva che farsene della sua presenza. Fra la sezione Omicidi e la Scomparsi c'era sempre stata rivalità. E Robert Bender preferiva la seconda per un semplice motivo. Mentre la Omicidi aveva sempre a che fare con cadaveri e morti ammazzati, la Scomparsi perseguiva uno scopo diverso: ritrovare le persone vive.

Robert si era specializzato nella ricerca di persone scomparse fin dal suo ingresso nella polizia criminale. Quella particolare sezione dell'attività investigativa aveva accresciuto il suo interesse per la psicologia umana. Il suo lavoro non consisteva nel trovare un assassino, ma nello scoprire chi erano veramente gli scomparsi. Era il modo migliore per venire a sapere che fine avessero fatto.

Una volta trasferitosi a Francoforte, si era trovato a investigare su molti casi in cui erano coinvolte persone con enormi possibilità economiche. Tali possibilità avevano un effetto singolare sul comportamento umano, sui rapporti fra le persone e sulla morale degli individui.

La disponibilità illimitata di denaro dava agli esponenti delle classi alte una libertà di movimento di cui le persone normali non disponevano.

Purtroppo Robert aveva a che fare con molte scomparse di bambini. In quei casi, gli agenti erano sempre costretti a prevedere il peggio. Spesso Robert si stupiva di come i genitori avessero trascurato la sorveglianza sui loro figli, oppure l'avessero affidata a personale sottopagato, a cui l'incolumità dei piccoli non importava più di tanto. Spesso i bambini erano semplicemente vittime di incidenti. Nei casi peggiori si trattava di rapimenti a scopo di estorsione, di abuso sessuale o di traffico umano.

Gli era toccato molte volte di dover consolare i genitori di bambini scomparsi, o annunciare il ritrovamento del cadavere di un minore. Gli era già capitato di mettersi a piangere, una volta tornato a casa. Quando ripensava a quei casi, gli venivano i brividi. Il male non si fermava di fronte alle vittime più innocenti.

Rispetto alla tragedia di un genitore che aveva perso un figlio, il caso Di Matteo era banale. Robert faceva bene a non occuparsene.

L'esperienza gli suggeriva che si trattava di una scomparsa volontaria. Ne aveva conosciuti di familiari e amici che credevano di conoscere perfettamente uno scomparso, e invece poi erano costretti a constatare che quest'ultimo rivelava aspetti ignoti, coltivati anche per molti anni all'insaputa di tutti. La maggior parte della gente non si rendeva conto di quanto fossero precari i legami, anche se di lunga durata. Per questo non aveva aperto alcuna indagine, e stava per archiviare la pratica.

L'unica cosa che gli impediva di farlo era il suo istinto di ficcanaso.

Di quello che la donna gli aveva raccontato qualche sera prima non c'era alcuna prova. Ma, se era vero, catapultava una banale scomparsa al livello del muro invisibile. Il muro dietro cui si nascondevano i ricchi e i potenti. Una specie di limite invalicabile, oltre cui gli indagati risultavano essere intoccabili. Poteva trattarsi soltanto del confine di un paese estero, che non avrebbe estradato il colpevole; della protezione di un potente; oppure di una qualche forma di impunità, garantita da organi sovranazionali o dalle lacune del diritto internazionale. Quel muro che a Robert sarebbe piaciuto sfondare, almeno una volta.

Anche se non c'erano motivi sufficienti per aprire un'indagine ufficiale su quella scomparsa, decise di fare qualche ricerca per conto proprio.

Una volta tornato nel suo ufficio, si sedette di nuovo di fronte al computer, con la sola compagnia di un'acqua ghiacciata. Non gli costava nulla connettersi a Facebook.

Fu abbastanza facile trovare il gruppo degli *Alex Friends*. Era un gruppo chiuso, amministrato da Katia, che riconobbe subito dalla foto. Una foto recente, in cui una grande frangia di capelli corti nascondeva a stento due occhioni magici.

Chiese di entrare, in modo da poter leggere che cosa postavano i membri del gruppo. Poteva vederne le foto e i profili. Si mise a esaminare quelli che più lo incuriosivano.

Per prima cosa si soffermò sulla foto di Silvia, la famosa sorella bionda. Evidentemente anche il padre di Katia aveva cambiato moglie. Niente di strano per Robert, che era cresciuto con due matrigne. A parte la capigliatura, non si intravedeva granché del viso della donna, nascosto dietro grossi occhiali scuri e ripreso di profilo. Il tipo fine. Aveva davvero due anni più di Katia? Professione: impiegata alla Banca Centrale Europea. Secondo quanto riferito da Katia, si trattava della fidanzata di Alex. Robert si era già chiesto perché non fosse stata lei a fare la denuncia, ma sapeva per esperienza che i rapporti degli scomparsi con i congiunti erano spesso diversi da quanto imposto dalle convenzioni. Se voleva saperne di più, avrebbe dovuto interrogarla di persona.

Lesse attentamente la descrizione del gruppo: "Dedicato al nostro amico Alex, scomparso in circostanze misteriose, affinché veda che stiamo tutti bene e lo aspettiamo. Con un appello a tutti coloro che possano avere sue notizie o informazioni utili a rintracciarlo. Pregando Alex di farsi vivo, anche con un nome fittizio. Rispetteremo qualsiasi sua decisione e non lo tradiremo."

Sotto la descrizione era postata la foto di un bell'uomo dagli zigomi alti, occhi e capelli bruni, sopracciglia marcate, un filo di barba e un sorriso accattivante. Quella foto ritraeva un individuo abituato al successo. C'era qualcosa di magnetico nel suo sguardo, che lo faceva quasi uscire dalla foto.

Robert scrutò quell'immagine. Poi spinse la testa all'indietro, come per difendersi da un'onda che dapprima si era ritratta, e adesso stava per assalirlo di nuovo. Non sapeva se fosse invidia o attrazione.

A giudicare dalle testimonianze dei suoi amici, Alex doveva essere stato un uomo amato da tutti: la foto rivelava non tanto una bellezza di lineamenti, ma una disinvoltura di tipo solare, che doveva averlo reso irresistibile. Anche Robert si sentiva sottosopra. Se bastava una foto a colpirlo in quel modo, chissà come sarebbe stato conoscerlo di persona. Un pensiero che Robert decise di mettere da parte. Gli era capitato più di una volta di provare un coinvolgimento emozionale per una persona scomparsa. Ma non voleva finire dallo psichiatra.

Fra gli altri membri del gruppo, la prima ad attirare l'attenzione di Robert fu una donna dai capelli biondo platino, acconciati secondo la moda degli anni Trenta. Aveva occhi intelligenti. La foto sembrava essere stata scattata in un locale notturno. Cliccò sul profilo di Liza, che di professione faceva l'avvocato. Cercò di immaginarsi il tipo di clientela con cui quella insolita apparizione aveva a che fare.

Del gruppo facevano parte una trentina di persone, di cui per il momento Robert non aveva voglia di approfondire i profili. Rimase solo incuriosito da due foto che sembravano appartenere alla stessa persona, ma che in realtà ritraevano due uomini dai tratti somatici del tutto identici. Uno dei due si chiamava Tom e faceva il giornalista.

Erano già le otto, ma prima di spengere il computer decise di cliccare ancora su due ultimi profili. Il primo mostrava un cinquantenne dalle tempie grigie, che fra le sue foto aveva aggiunto la bandiera della Scozia e alla voce "professione" aveva scritto "il denaro è il mio mestiere".

Il secondo era invece quello di una bella donna dal volto incorniciato da lunghi capelli neri. Si chiamava Sabina e si era fatta fotografare con un'espressione maliziosa, tesa a suscitare le peggiori fantasie maschili. Di professione si dichiarava "infermiera abile ed esperta". Finalmente una che guadagnava meno di lui. Chissà quali doti aveva sfoderato per essere ammessa in quella cerchia di amici.

Robert fu colto dalla curiosità di conoscere quei profili di persona. C'era qualcosa in quei volti che lo attraeva, lo incuriosiva, lo spingeva a volerne sapere di più. Sarebbe andato in quel locale, a costo di passare per ficcanaso.

8.

La Torre Blu si trovava in un'elegante strada del centro, nelle immediate vicinanze degli alti palazzi che ospitavano le più importanti banche del paese.

Era una serata piovosa. La metropolitana era affollata di gente che sembrava di malumore. Sulle scale mobili, Robert fu oltrepassato da una gomitata. Un tipo che andava di fretta.

Quando si ritrovò in superficie, erano già passate le dieci. La strada era ancora affollata, con i negozi sempre aperti e gli uffici delle banche illuminati. Ai due lati della via si ergevano alte costruzioni, che proiettavano ombre lunghe sui marciapiedi. Il rumore del traffico si mescolava a quello della pioggia.

Dopo alcuni passi, Robert riuscì a scorgere l'edificio che cercava: un grattacielo residenziale dai vetri a specchio, collocato su uno slargo in fondo alla strada, sulla cui facciata non si riflettevano altri edifici, ma gli alberi di uno spiazzo allestito a giardino.

Via via che si avvicinava, la luce lunare sostituiva l'illuminazione artificiale. Finalmente raggiunse lo slargo alberato e si trovò sulla soglia dei pochi gradini che portavano all'ingresso della Torre. Grandi porte di vetro, alla cui sinistra era collocata una portineria.

Robert rimase un momento a scrutare la strada da cui era venuto: la folla vi scompariva, come per magia. Benché la via affollata non fosse lontana, qui si respirava un'atmosfera del tutto diversa da quella che ancora dominava cento metri prima. I rumori si erano diradati, e anche la pioggia sembrava avere soltanto la funzione di rendere l'aria più tersa.

Ebbe la sensazione di trovarsi in un luogo di confine, le cui porte non si sarebbero aperte automaticamente al suo passaggio.

La portineria doveva essere la centrale di un costoso apparato di sicurezza. Ne uscì un uomo in divisa. «Dove è diretto? Ha un appuntamento?» chiese a Robert, guardandolo in faccia. Non era alto come lui, ma più largo e muscoloso. L'ideale per incutere paura agli sprovveduti. Ma non a Robert, che si spolverò la giacca, infilò una mano in tasca e ne estrasse una tessera plastificata.

«Polizia criminale» sospirò. «Cerco un locale di nome Blue».

Il sorvegliante fece un passo indietro, abbassò la testa e gli indicò che poteva entrare.

«Decimo piano. Da quella parte, signor commissario.»

«Grazie. E buon lavoro» rispose Robert, avviandosi verso l'ascensore. Gli addetti alla sicurezza gli facevano un po' pena. Si trattava di posti di lavoro sottopagati, in cui spesso venivano assunti ex poliziotti che avevano perso il lavoro a causa dei continui tagli di personale, che costituivano la triste realtà anche in un paese benestante come il suo. Ridurre il personale della polizia era un'operazione miope, voluta da politici incompetenti o corrotti.

Dopo aver oltrepassato la seconda porta a vetri, si rese conto di trovarsi in un mondo diverso da quello da cui veniva. Un ambiente bello e tirato a lucido, esteso su molti metri quadri. Pavimenti e colonne di marmo, finiture in ottone, vetro in abbondanza, verde e fontane. Regnava il silenzio, l'assenza di folla e un vago odore di detergenti. Robert non aveva visto ancora nessuno. Un'oasi disabitata.

Si diresse verso l'ascensore, per raggiungere il decimo piano. Ancora nessuno. Quel palazzo sembrava deserto. Per permettersi una residenza così lussuosa, era sicuramente necessario un posto di lavoro ben pagato. Forse un posto che richiedeva molti straordinari e una prevalente assenza da casa. Ma Robert sapeva che c'erano anche persone che potevano finanziarsi quella vita senza dedicarsi ad alcuna forma di lavoro. Persone che vivevano di interessi.

Vide l'insegna luminosa del Blue soltanto perché i suoi occhi riuscivano a mettere a fuoco i dettagli. Non si trattava di un'insegna appariscente, il che non era sicuramente soltanto una questione di stile. Quel locale preferiva passare inosservato, perché non era destinato alle masse.

All'entrata del Blue, Robert si trovò di fronte a un buttafuori. Mentre estraeva la tessera che avrebbe fatto battere in ritirata il poveretto, avvertì le note di un sassofono. Avrebbe preferito fare quella visita in veste privata. Invece adesso si sarebbe presto sparsa la voce che la polizia si interessava a quel locale. Qualche esponente dell'alta borghesia si sarebbe lamentato presso i suoi superiori. Era successo altre volte.

Appena oltrepassata la soglia, Robert si fermò un momento a osservare la scena che si offriva ai suoi occhi: il locale appariva immerso in un'atmosfera sofisticata, sospesa nella vasta sala come una nebbia invisibile. A dispetto del nome "blu", predominavano i colori caldi del mogano e dell'ottone. Peccato che non ci fosse nessuno a suonare il pianoforte: la musica si sprigionava da volgari altoparlanti. La pista da ballo era vuota, per cui si potevano vedere bene sia i tavoli davanti alla vetrata sia quelli in fondo a destra. Soltanto alcune coppie li occupavano.

La maggior parte degli avventori affollava il bancone del bar. Fra quelli che stavano in piedi e quelli seduti sugli sgabelli, sarebbe stato difficile accaparrarsi un posto libero. Robert si soffermò a guardare l'attitudine elegante degli uomini e le linee sinuose delle donne. Guardando meglio, si sorprese a godere in maniera eccessiva di quello spettacolo. Si immaginò di essere un agente "undercover", infiltrato nel mondo del denaro.

Robert infilò le mani nelle tasche della sua giacca da grande magazzino. Anche se lui ci teneva al suo stile, non emanava certo il profumo del denaro. I soliti complessi di inferiorità nei confronti dei ricchi. Credeva di essersene disfatto. Si consolò al pensiero che agiva per convinzione. Da quando aveva letto delle malefatte dell'industria tessile, aveva smesso di acquistare i pochi abiti firmati che in passato si concedeva.

Facendo vagare lo sguardo fra un'estremità e l'altra della sala, non ci mise molto a trovare Katia. Ne riconobbe subito la nuca e i capelli corti. Aveva la schiena nuda. Stava parlando e rivolgendo sorrisi a un uomo accanto a lei, al cameriere che le porgeva qualcosa da un vassoio, a un'altra donna che si stava congedando.

Mentre osservava le rotazioni graziose del suo corpo, Robert si chiese se il suo interesse fosse dovuto all'attrazione o alla differenza sociale. O alla sua natura di inguaribile ficcanaso.

Si avviò verso la grande vetrata, da cui si intravedevano le sagome dei grattacieli metropolitani: Francoforte *by night*. Si sentì un po' prigioniero di quel luogo, come se fosse in procinto di esservi inghiottito. Poi si accorse di una porta scorrevole, dalla quale si poteva accedere a una terrazza panoramica. La aprì e si trovò in uno spazio aperto, non ostruito da costruzioni immediatamente antistanti. Una brezza benefica lo investì. A distanza ravvicinata incombevano le torri della Global Bank e gli alti grattacieli del distretto finanziario. La terrazza era deserta a quell'ora. Ma Robert riuscì a immaginarsela durante una giornata di sole: il luogo ideale per i calici alzati di una cerchia di eletti.

Rientrò nel locale, voltò le spalle alla città e si mise a sedere su una poltroncina. Allungò le gambe e cercò di rilassarsi. Da quella postazione voleva osservare lo spettacolo offerto dagli esemplari di specie umana riunita in quel locale.

Era questo l'ambiente che lo scomparso era solito frequentare: luci soffuse, musica rétro, profumi sofisticati. Probabilmente un rifugio, un'isola felice, lontana dal mondo reale. Ed era stato forse il contatto con il mondo reale ad avere per lui conseguenze letali.

A parte Katia, Robert ebbe all'inizio difficoltà a riconoscere le persone che stava cercando. Per fortuna aveva memorizzato il gruppo Facebook sul cellulare. Non poté fare a meno di estrarre il telefonino e concentrarsi sul monitor, come un adolescente. Il suo sguardo si mise a fare la spola fra quello che vedeva sullo schermo e gli individui che affollavano il bar.

La donna dai lunghi capelli biondi, a cui Katia stava rivolgendo la parola, era sicuramente la sorella Silvia. Seduta a un lato del bancone, lo spacco del vestito faceva intravedere le gambe. Alla sua sinistra aveva preso posto un uomo dai capelli lunghi che Robert doveva avere già visto fra i profili, ma di cui non ricordava il nome. Il tipo a destra di Katia, che gli mostrava le spalle di una figura massiccia, doveva essere lo scozzese.

I suoi occhi passarono in rassegna scollature, tacchi alti, barbe corte e scarpe a punta. Vide lo scintillio di grossi orologi da polso. E occhiali da sole, su cui si rifrangevano le luci.

Gli amici di Katia sembravano un gruppetto affiatato. Si vedeva che faceva loro piacere incontrarsi, e che avevano qualcosa da dirsi. Tendevano ad avvicinare le teste e a sorridersi.

Ammirando la scena, Robert si sorprese a provare invidia per quegli esseri fortunati. Di giorno dediti a un lavoro redditizio, di notte si facevano belli e si univano ai loro pari, per godere del piacere di stare insieme e di chissà quali altri svaghi. Uno stile di vita che sarebbe piaciuto anche a lui.

Assorto in quei pensieri, doveva essersi distratto per un tempo sufficiente a non accorgersi che Katia si era seduta al suo tavolo. La donna, evidentemente di buon umore, aveva poggiato i gomiti sul ripiano e gli sorrideva dal baldacchino formato dalle dita, con gli occhioni magici che facevano capolino dalla frangia di capelli scuri.

«Buonasera, *detective*! Sei qui in veste privata o siamo già oggetto di indagine?»

Robert la scrutò, incuriosito. Katia, che aveva sempre visto in abiti maschili, questa volta portava indumenti che fasciavano le sue forme femminili. Anche il profumo era quello di una donna. Sapeva trasformarsi, se voleva.

Robert si allungò sulla sedia, continuando a osservarla. «Ho ceduto alla curiosità. Volevo conoscere di persona questi profili virtuali.»

«Al diavolo Facebook. Le persone in carne e ossa sono più intriganti» rispose lei, ammiccando con gli occhi.

La musica si era alzata. Le note squillanti di un'improvvisazione jazz riempirono il locale. A Robert sarebbe piaciuto rilassarsi e non pensare a niente, ma i suoi occhi erano svegli, e riconobbero una figura che si stava avvicinando al tavolo.

La sua curiosità non sfuggì a Katia, che non poté fare a meno di ruotare leggermente la testa, per poi esplodere in un sorriso: «Ti presento Liza.»

La donna rimase in piedi alle spalle di Katia. Adesso Robert si ricordava di quella capigliatura biondo platino, che risaltava sull'abito nero. Forse si trattava di una parrucca. Si chiese quale fosse il suo aspetto nella vita di tutti i giorni. Le due donne sorridenti, benché di età diversa, formavano un bel quadretto. Un attimo dopo, la più anziana stava porgendo la mano al commissario.

«Piacere di conoscerla. Katia ci ha parlato molto di lei.» Nella voce di Liza predominavano i bassi. «La stavamo aspettando. Che ne dice di venire a bere qualcosa su da noi?»

Robert ebbe un sussulto. Per un qualche motivo, gli amici di Katia volevano accorciare le distanze. E lui aveva soltanto qualche secondo per decidere se starci o no.

9.

In una giornata di sole dei primi di luglio, il tenente Mariani si stava recando alla moschea sciita di Roma, dove aveva appuntamento con l'imam.

Questi aveva acconsentito a fare una chiacchierata informale sul cittadino iraniano trovato morto nel suo appartamento.

Mariani, che faceva parte del reparto antiterrorismo dei ROS, conosceva bene l'ambiente. La comunità iraniana di Roma era numerosa. La prima ondata di emigrazione era arrivata negli anni Cinquanta, quando il regime autoritario dello Scià aveva posto fine all'esperimento repubblicano di Mossadeq. La seconda ondata era stata una diretta conseguenza della rivoluzione islamica del 1979. Ma i profughi non erano arrivati soltanto per motivi politici. Erano state anche guerre e povertà a spingere quel popolo verso terre lontane.

L'automobile procedeva a rilento. Con quell'afa, avevano dovuto aprire tutti i finestrini. A un certo punto il maresciallo De Rossi fece una brusca frenata. Davanti a loro, una colonna interminabile di macchine. E un odore di pneumatici che faceva venire la nausea.

De Rossi alzò le mani dal volante e gli sfuggì un'imprecazione. Mariani invece rimase calmo. Chi aveva visto quello che aveva visto lui non perdeva le staffe per il traffico.

«Visto che siamo fermi, facciamo il punto della situazione.»

De Rossi si affrettò ad estrarre il fascicolo dalla borsa. A Mariani non sfuggì che c'era anche un pacchetto di sigarette. Il maresciallo era giovane. Credeva ancora di avere un corpo invincibile.

«Dall'autopsia risulta che l'uomo è morto per arresto cardiaco» riferì De Rossi. «Dai segni rilevati sui polsi, è stato probabilmente legato. Non sono state rinvenute tracce di droga o farmaci. Non sono stati trovati documenti di identità.»

Poveraccio. L'uomo non era stato ucciso di proposito. I suoi ospiti ci erano andati pesanti.

«Tracce degli aggressori?»

«L'appartamento è stato ripulito, ma sembra che gli intrusi cercassero qualcosa. Purtroppo non è stato possibile stabilire che cosa mancasse.»

Mariani scosse la testa. Non amava quel mestiere. Ma il suo destino era segnato dalla nascita.

Quando scappi dall'ingiustizia, la giustizia diventa un'ossessione.

«C'erano molti libri, in varie lingue, fra cui l'italiano, l'inglese, l'arabo, il persiano e l'urdu» continuò De Rossi.

«Che cosa dicono i linguisti?»

«Sembra che si tratti di testi filosofici e religiosi. Comunque è merito dell'appuntata Ajali se siamo riusciti ad avere questo appuntamento con l'imam. Con me non volevano parlare.»

Non c'era da stupirsi. Lea era più intelligente del maresciallo. Avrebbero avuto bisogno di lei.

«Vuol dire che la prossima volta ce la portiamo dietro…»

La moschea era dotata di un bel giardino. Mariani fece un profondo respiro, in mezzo al verde intenso delle foglie, e all'odore di resina degli alberi dai grossi tronchi. Ma dopo pochi passi non poté fare a meno di notare gli sguardi sospettosi o impauriti di una piccola folla che si trovava lì per cercare assistenza o per pregare: scarpe grosse, abiti lisi, uomini con la barba e troppi capelli bianchi, donne con il velo, bambini dalle gambe nude.

Mariani considerava ormai quegli emigrati come gente pacifica: era ingiusto sospettarli di attività eversive. Peccato che quasi tutti nutrissero diffidenza verso le autorità italiane e fossero restii a collaborare. Spesso erano inclini a coprire i ricercati, e facevano finta di non capire la lingua.

Quella diffidenza era un peccato originale. Nasceva dall'aver visto con i propri occhi che in occidente anche i più poveri erano dei privilegiati, a confronto con le masse derelitte dei paesi da cui erano scampati. E la radicata sensazione di ingiustizia, secondo cui bastava essere nati nel luogo sbagliato per essere oggetto di soprusi e violenze, era diffusa non soltanto fra gli emigrati originari, ma anche fra le seconde e le terze generazioni. Così si spiegavano parecchie carriere di terroristi.

L'uomo robusto e scattante che venne loro incontro era l'imam. Nonostante la lunga barba, che lo faceva più vecchio, doveva avere dieci anni meno di Mariani. L'uomo gli strinse la mano all'occidentale, poi gli si parò davanti con un inchino della testa.

«Sono al corrente dei motivi che vi portano da noi. La moschea non ha niente da nascondere» disse, con voce ferma e senza accento. Era presumibilmente nato in Italia.

Li pregò di seguirli in una stanza piena di libri, le cui finestre lasciavano entrare poca luce a causa di pesanti tendaggi scuri, e di accomodarsi a un grosso tavolo color mogano, su cui venne posata una teiera scintillante. Il tè era un rito che in quegli ambienti bisognava osservare. Mariani si portò alla bocca la bevanda calda, sperando che servisse a ben disporre quella gente nei suoi confronti.

L'imam posò sul tavolo un fascicolo, lo aprì e mise il dito su una foto. Mariani la osservò: vi era ritratto un bell'uomo, dalle folte sopracciglia scure. Capì subito che si trattava della vittima in giovane età.

«L'uomo che avete trovato morto si chiamava Nassim Sabahni ed era cittadino iraniano» spiegò l'imam. «Secondo i nostri registri, viveva a Roma, dove era arrivato come profugo, dall'inizio degli anni Settanta. Aveva sessantaquattro anni ed era pensionato. Prima di andare in pensione, ha lavorato come domestico tuttofare in varie famiglie. Lo conoscevamo bene, perché ha fatto il giardiniere anche da noi.»

Un terrorista? Mariani ne aveva conosciuti alcuni. Si trattava in genere di giovani che bruciavano di idealismo, fino a volersi arruolare in milizie islamiche. Anche chi aveva avuto il privilegio di nascere e crescere in un paese occidentale si sentiva spesso partecipe del destino di popoli con cui aveva solo un tenue legame di sangue.

Ma il morto su cui stavano indagando era troppo anziano per essere riconducibile a quel profilo.

«Secondo le nostre informazioni» lo interruppe Mariani, «era la moschea a pagare l'affitto dell'appartamento. Una cosa che mi sembra un po' strana.»

L'imam corrugò la fronte e congiunse le mani di fronte a sé. «Nassim ci pagava un affitto simbolico. La nostra organizzazione ha tutta una serie di case che può mettere a disposizione di connazionali bisognosi. Facciamo anche da tramite con i locatori italiani, che spesso sono riluttanti ad affittare agli stranieri. Comunque Nassim ci ha ripagato questo favore, lavorando di tanto in tanto nel nostro giardino.»

«È possibile che il defunto godesse di particolari protezioni?»

«Con la volontà di Dio, abbiamo benefattori ricchi e influenti. Si tratta di persone di cui non posso rivelare i nomi, ma le assicuro che sono ispirati esclusivamente da motivi religiosi. Molti di essi vivono negli Stati Uniti o in Europa. Le elargizioni vengono raccolte in un fondo fiduciario, di cui ci serviamo per alleviare le condizioni dei nostri concittadini in Italia. Nassim era soltanto una dei tanti beneficiati.»

«Ha idea di chi possa averlo aggredito?»

L'imam scosse la testa. «Nassim era un uomo di fede. Un uomo tranquillo.»

Mariani era sul punto di fare un'ulteriore domanda, ma l'imam lo precedette.

«Nassim non aveva niente a che fare con certe teste calde che abbiamo qui, se è questo che vuole sapere...»

«Sicuro?»

«Per Nassim la non-violenza era una convinzione. Non riesco a immaginare che qualcuno potesse avercela con lui» rispose l'imam. «Potrebbe essere stato anche un ladro. Avete trovato oro nell'appartamento?»

«Non c'erano preziosi.»

«Strano. Per un iraniano è normale custodire qualche pezzo d'oro in casa. Deve sapere che non ci fidiamo di questa moneta cartacea inventata in Europa.»

«Saprà benissimo che i ROS non si occupano di ladri di appartamento» interruppe De Rossi, che finora non aveva osato aprire bocca.

«Ho capito che sospettate un legame con ambienti eversivi, ma credo proprio che sia la pista sbagliata.»

Mariani sospirò. «Il terrorismo ha molte facce.»

«Sospettate davvero della mia gente?»

Mariani non poteva rispondere a quella domanda.

«Si fidi di noi» tergiversò. «Mi sono fatto un'idea di che cosa potrebbe essere successo. Purtroppo è una teoria azzardata, che sono disposto a seguire solo se riceveremo qualche riscontro.»

L'imam non rispose. Abbassò gli occhi e fece per versare altro tè, ma Mariani si alzò.

«Per oggi abbiamo finito, grazie. Si tenga a disposizione.»

«Sia fatta la volontà di Dio» rispose l'uomo barbuto, porgendogli la mano.

Prima di uscire dalla stanza, Mariani aggiunse: «Faremo di tutto per risolvere questo crimine. Non importa che la vittima fosse uno straniero.»

Al che l'imam gli rivolse un sorriso di riconoscenza, accompagnato da un ennesimo inchino.

51

Quando furono di nuovo in macchina, De Rossi parlò per primo.

«Ho l'impressione che l'imam non ci abbia detto tutta la verità.»

Mariani scosse la testa. «Almeno abbiamo un nome. E sappiamo che la vittima era in pensione. Forse riusciamo a risalire alle famiglie in cui ha lavorato. Te ne occupi tu?»

De Rossi annuì senza entusiasmo. Forse trovava quel lavoro noioso.

Invece Mariani era contento di occuparsi di terrorismo. E anche di essere andato via da San Luca appena maggiorenne.

Meglio le bombe che esplodono a caso di quelle fatte apposta per massacrare la tua famiglia.

10.

«Con molto piacere» rispose Robert a Liza.

«Allora ci vediamo fra mezz'ora. Katia le farà strada.»

Robert si incamminò dietro Katia senza opporre resistenza, anzi felice di stare a quel gioco. Seguirla gli permetteva di ammirare la sua linea, sottolineata dai pantaloni attillati e dai tacchi alti. Non aveva alcuna idea di dove lo stesse portando.

«Seguimi» gli ordinò Katia, con un tono che escludeva qualsiasi obiezione.

Percorsero un androne al cui centro si trovava una specie di isola verde con fontana, per raggiungere l'ascensore che li avrebbe portati a un piano più alto del grattacielo, in cui evidentemente abitavano non soltanto Katia, ma anche gli altri amici di Alex. Un gruppetto di privilegiati.

Con un'espressione divertita, Katia si piazzò direttamente accanto a lui, di fronte allo specchio dell'ascensore. Indulgendo per un attimo nella propria immagine riflessa, Robert non poté fare a meno di constatare che la situazione non gli dispiaceva.

«Siamo tutti vicini di casa. Liza e Daniel abitano al quindicesimo piano. Io invece al diciannovesimo.»

«Credevo che in un grattacielo fosse difficile conoscersi.»

«Io sono stata presentata. Ma gli altri si sono conosciuti nel locale che abbiamo appena lasciato» disse Katia, per poi aggiungere, con lo sguardo rivolto a un punto fisso: «Ma hai ragione: dalle nostre parti non è facile instaurare un rapporto degno di essere chiamato amicizia. I più si rassegnano a stare da soli. Purtroppo la nostra cultura la considera una conquista. Si chiama individualismo.»

Katia stava sfoderando una vena filosofica. Robert la guardò con curiosità, come per invitarla a continuare.

«Pensa a tutti quei film che si concludono con un eroe che cavalca via, lasciandosi tutto alle spalle. Per noi un eroe è chi decide di cavarsela da solo, senza bisogno di nessuno» disse lei.

Robert infilò le mani in tasca e alzò il mento. «Per essere veramente liberi bisogna essere soli» rispose, guardandola dall'alto.

A Katia si accese un fuoco negli occhi. «Chi è solo è infelice. Lo sai che la solitudine spinge il corpo a produrre ormoni tossici? Che vanno a finire nel cervello e possono causare anche malattie gravi.»

Perché gli parlava di solitudine? La vita di un uomo solo era uno sballo. Katia non ne aveva idea.

«Hai torto. La libertà ti permette di fare cose che non faresti, se dovessi giustificarti con qualcuno» rispose Robert, con un'aria trasognata. «Certe volte è... come andare sull'ottovolante.»

La porta era socchiusa, li stavano aspettando. Oltrepassando la soglia, Robert si trovò in un soggiorno smisurato. Rimase abbagliato dalle colonne di marmo, dagli effetti di luce, dai quadri moderni, dal lungo divano in pelle chiara. E dalla vista panoramica sulla città, offerta dalla parete di vetro. Poi fu come abbindolato da una musica di sottofondo: erano le note di un pianoforte.

Liza gli si avvicinò, porgendogli una mano dalle unghie affusolate.

«Che cosa beve?» gli chiese.

«Complimenti per la bella casa» rispose Robert. «Una vodka, se possibile, grazie.»

Quindi Liza lo invitò ad accomodarsi su una poltrona quadrata. Una poltrona collocata di lato al divano disposto lungo il fronte di vetro. Suo marito Daniel, lo scozzese, era invece seduto su uno sgabello del ripiano bar che separava la sala dall'ingresso. Si era tolto la cravatta e guardava il fondo del bicchiere. Robert provò a indovinare: sicuramente uno scotch.

«E lei cosa ha nel bicchiere?» chiese a Liza, quando la padrona di casa tornò con la vodka.

Liza alzò il suo calice e rise. «*In dubio, prosecco.*»

Katia si era defilata. Ma presto ricomparve nel campo visivo di Robert con a fianco la donna bionda che al Blue lui aveva soltanto intravisto. Katia la sovrastava in altezza, anche perché la donna portava scarpe basse.

«Ecco Silvia» disse Katia con un ampio gesto delle mani «mia sorella.»

Robert si alzò per presentarsi come un gentleman. Ma mentre le stringeva la mano, una scarica di inquietudine lo mise a terra. Le donne bionde, dall'incarnato pallido, facevano quell'effetto su di lui. Da tempo aveva capito perché.

Senza che Silvia avesse proferito parola, Liza le si avvicinò con un calice.

«Il tuo Cosmopolitan.»

La padrona di casa era ospitale e doveva conoscere bene i gusti di tutti gli amici.

Silvia la ringraziò con voce così flebile, che Robert percepì soltanto l'incresparsi delle labbra. Ma per rivolgere la parola a lui, Silvia alzò la voce di almeno un'ottava.

«Se è venuto per Alex, forse è meglio che sappia subito come la penso» gli disse, brandendo il bicchiere come se fosse un'arma. Robert si strinse nella spalle. Fra le due sorelle c'era evidentemente un dissidio.

«Potremmo darci del tu, se il commissario è d'accordo» la interruppe Liza, che si mise in mezzo a loro, porgendo a Katia un Aperol Spritz.

Robert annuì. E fu grato a Liza di averlo salvato.

Mentre Liza era rimasta in piedi, poggiando i gomiti sul tavolino alto, Silvia e Katia si accomodarono sul lato lungo del divano. Adesso che le osservava insieme, la diversità delle due donne gli saltò agli occhi. Con il suo abito blu dal taglio lineare, Silvia appariva come una bellezza delicata, che faceva presumere un carattere schivo. L'unico vezzo era un nastrino di raso attorno al collo. Invece Katia, con quel look con cui certamente non si faceva vedere in banca, emanava un'avvenenza aggressiva, che viaggiava sulla frequenza d'onda di istinti primordiali.

«Potresti toglierti almeno le scarpe» lo apostrofò Katia.

Lo aveva detto con un tono che voleva essere aggressivo e insinuante al tempo stesso. Al che Robert sentì una vampata di imbarazzo ed esitò.

Ma Liza gli venne di nuovo in aiuto.

«Ottima idea» esclamò, mentre si slacciava i sandali dorati, si alzava e si dirigeva a passi decisi verso una nicchia nascosta da una tenda nera. «Katia sta alludendo a quella festa, dove Alex ha fatto togliere a tutti le scarpe.»

Suo marito scoppiò in una risata tonante. «Una parte per il tutto» e tirò fuori due piedoni dalle lucide calzature all'inglese.

«Devo sfilarmi proprio tutto?» chiese Robert indicando i calzini. Silvia gli rimandò un sorriso divertito ed estrasse i piedi da un paio di ballerine, mostrando unghie laccate di rosso.

Quando Robert ebbe deposto scarpe e calzini nel guardaroba, si ritrovò a piedi nudi sul marmo glaciale del pavimento. Rabbrividì e si affrettò a raggiungere la zona divano. Fu felice di poggiare i piedi sulle fibre morbidissime del tappeto. Una sensazione di relax, e di solletico al tempo stesso, gli percorse le gambe. Si sedette, cedendo alla voglia di lasciarsi andare.

Forse per effetto del drink, o della poltrona rilassante, Robert vide svanire la soggezione che aveva provato finora. Come un velo caduto a terra. E cominciò a sentirsi a suo agio, in mezzo a quegli sconosciuti.

«Sono venuto per parlare del vostro amico Alex» disse, alzando la voce e puntando il bicchiere verso di loro.

Katia poggiò il mento sulle mani giunte e lanciò occhiate a ciascuno degli amici. Come per invogliarli a prendere la parola.

I volti degli amici si incupirono. Nessuno osava iniziare. Liza tormentava il filo di perle che aveva al collo, mentre Daniel guardava il fondo del bicchiere. Alex era improvvisamente fra loro. Come se Robert avesse chiamato un fantasma dall'aldilà.

Silvia mise su una risatina falsa. Gli occhi non le ridevano affatto.

«Colpa di Liza. È stata lei a presentarmelo» disse, puntando il dito sull'amica.

Liza sbarrò gli occhi e assunse uno sguardo perso. Non si aspettava che toccasse a lei. Il tuffo nel passato durò qualche attimo, in cui Robert la osservò. A un certo punto un debole sorriso si impadronì di lei, e le parole ce la fecero a uscire.

«Ricordo bene di quando Alex è entrato per la prima volta nel nostro locale.» E qui fece una pausa, come per raccogliere i pensieri. «Era già buio, e io ero seduta al bar, da sola.»

«Quando Alex entrava da qualche parte, era come se calcasse un palcoscenico» aggiunse Silvia.

«Si è fermato sulla soglia e ha indugiato. Era di una bellezza straordinaria» continuò Liza.

«Aveva occhi magnetici» aggiunse Katia «ma decideva lui se e quando posarli su una persona.»

«E fra tutte le donne presenti, ha deciso di accomodarsi proprio vicino a Liza» intervenne Daniel. Robert si voltò verso di lui, alzando il bicchiere.

«Il locale non era affollato, e io ero l'unica donna seduta al bar. E poi a quei tempi ero più giovane» ribatté Liza, sul cui volto era riemersa, dal passato, la sensazione lusinghiera che aveva dovuto provare quando Alex le si era avvicinato.

«E poi sono arrivata io» disse Silvia.

«La solita guastafeste» disse Daniel, versandosi un altro scotch.

Robert fece ruotare lo sguardo, come per rivolgersi a ciascuno degli amici. «Vivete in questo palazzo da molto tempo?»

«Dal fatidico gennaio 2001» disse Silvia alzando il palmo della mano, come a sottolineare la solennità della data. Robert non capì subito a che cosa si riferiva. Ma poi si ricordò la grande festa di fronte all'Eurotower, con i fuochi di artificio a mezzanotte e i mucchi di immondizia al mattino dopo. C'era chi era venuto apposta a Francoforte per brindare non soltanto all'anno nuovo, ma anche all'unione monetaria.

«Quando è stato introdotto l'euro, sono stato trasferito da Londra. E Liza mi ha seguito» precisò Daniel «da moglie fedele.»

«Anch'io sono arrivata con l'euro. Un giorno ho ricevuto una raccomandata, con su scritto che avevo vinto il concorso per la BCE» disse Silvia, con gli occhi che le brillavano.

«Tom ha preso casa qui successivamente» continuò Katia. «E io mi sono unita a questa combriccola per ultima.»

Tom. Chi è Tom?

Katia doveva avere notato l'aria interrogativa di Robert. «Tom era il migliore amico di Alex. Aveva un impegno, stasera.»

«Macché impegno!» ribatté Silvia. «Tom è in casa. Ho visto la luce accesa.»

Katia aggrottò le sopracciglia e si portò una mano alla bocca.

Chiunque fosse questo Tom, Robert decise di occuparsene in un secondo momento. Adesso doveva pensare a raccogliere informazioni su Alex.

«Ti abbiamo interrotto» disse a Silvia. «Raccontami di questo incontro fulminante.»

Silvia giunse le mani di fronte a sé e parlò, tenendo abbassata la testa, per imbarazzo, o come per concentrarsi sul ricordo.

«Era quasi mezzanotte, ma non riuscivo a dormire. Forse avevo il desiderio di conoscere un uomo.»

«Desiderio sacrosanto» commentò Daniel, lanciando un sorriso a Katia.

«Non sono entrata subito nel locale. Mi sono limitata a sbirciare, protetta dalle tende. Il locale era semideserto, ma al bar era seduta Liza. E non era da sola» continuò Silvia, che adesso aveva gli occhi lucidi. «Accanto a lei c'era uno sconosciuto, che si è voltato. Era Alex. E io sono rimasta folgorata.»

Robert riusciva a immaginarsi bene come Silvia, entrando nel locale, si fosse soffermata ad ammirare quell'uomo singolare. Che fosse stata felice di venirgli presentata. E che si fosse trattato di un colpo di fulmine.

«Un brindisi all'amore a prima vista» esclamò Katia, alzando il suo calice di Aperol Spritz. Presto tutti i bicchieri furono portati in alto.

Robert abbassò gli occhi e alzò il bicchiere soltanto a metà. *Amore a prima vista? Beato chi ci crede.*

«Ma che cosa aveva Alex di eccezionale? Di uomini belli è pieno il mondo» disse.

«Aveva qualcosa che ti stregava. Nello sguardo, nel portamento, nel modo in cui modulava la voce» rispose Liza. «Alex era unico.»

Daniel mimò di nuovo un brindisi verso Robert. «Alex sapeva suscitare le fantasie di chi gli stava di fronte. Era come circondato da un mistero. Non riuscivi mai a sapere tutto di lui.»

Katia lo interruppe: «No, era il suo coraggio a conquistare la gente. Alex non aveva paura di essere respinto. Per lui il giudizio degli altri non esisteva. Era, come dire… un uomo libero.»

«Adesso ne stai facendo un filosofo, o un illuminato» disse Silvia «invece Alex era sostanzialmente egoista.»

«Eri la sua fidanzata?» chiese Robert. Nel rapporto avrebbe dovuto scrivere chi erano i parenti più prossimi dello scomparso.

«Fidanzata... non ti sembra un termine antiquato?» lo interruppe Katia.

«Silvia era la donna di Alex» disse Liza «Non giriamo intorno alle parole.»

«Fai bene a dire "era"» precisò l'interessata.

Daniel scosse la testa. Robert notò che stava per dire qualcosa, ma che si trattenne.

«Tutte le coppie hanno problemi» riprese Liza.

Silvia alzò il Cosmopolitan che aveva appena sorseggiato, e lo buttò giù in un sorso. Poi si passò una mano sulla fronte e fece esplodere la voce.

«Alex era sempre in viaggio per lavoro. Come è andata a finire, lo sapete tutti.»

Robert si era immaginato che la relazione fra Alex e Silvia fosse stata tempestosa. E che Alex non aderisse alla fazione degli uomini fedeli. Ma dalla voce di Silvia trasparivano emozioni più strazianti di quelle di una donna tradita.

Meglio cambiare discorso. Così Robert si rivolse a Katia. «E tu, come sei venuta a stare qui?»

«Io e Silvia avevamo un padre ricco, che ci ha lasciato in eredità due appartamenti identici.»

«Per essere precisi» la interruppe Silvia, alla quale Daniel aveva portato un altro cocktail «l'appartamento di Katia era destinato a un'altra persona.»

Non tirava buon vento fra le sorelle. Ma anche questa volta Liza diede una virata salutare alla conversazione.

«Al commissario non interessano le questioni di successione ereditaria.»

Infatti non gli interessavano. Quello che pungolava la curiosità di Robert era il diverso colore della pelle delle due sorelle, ma non voleva passare per razzista. Ci pensò sopra, alla ricerca della domanda giusta.

«Piuttosto spiegatemi perché avete cognomi diversi.»

Sul volto di Silvia si propagò una vampata di rossore. Un misto di ira, sdegno, risentimento.

Domanda sbagliata.

«Il commissario crede che la poligamia esista solo in oriente» disse Silvia con scherno.

Katia abbassò la testa e stava per dire qualcosa. Ma Silvia si riprese, come pentendosi della sua uscita. Si mise a sedere in modo composto e poggiò il bicchiere ancora pieno sul tavolino.

«Scusatemi. Katia è figlia della seconda moglie di mio padre. E non parliamone più.»

Chissà che cosa aveva combinato il padre di Silvia. Si vedeva che le due sorelle avevano un'estrazione sociale diversa. Mentre i modi di Silvia tradivano una classe che si impara da bambini, Katia sfoggiava la disinvoltura di chi è abituato a cavarsela da solo. Un giorno gli avrebbero raccontato anche quella storia.

«Mia madre è morta quando avevo appena finito di studiare. Ho trovato subito lavoro, alla Lindman Bruck. È stato allora che ho traslocato» aggiunse Katia.

«Katia guadagna più di tutti noi messi insieme» disse Daniel. «Ti presento un *investment banker* in carne e ossa.»

«E che cosa fa un *investment banker* di preciso?» chiese Robert.

«Vende titoli sopravvalutati a soggetti che hanno montagne di denaro e non sanno che farsene» rispose Katia, indicando con la mano i grattacieli visibili dalla vetrata.

Daniel fece schioccare le dita. «Il denaro che i potenti creano dal nulla. E distribuiscono ai loro vassalli. Come i principi medievali.»

Robert lo guardò incuriosito. Non capiva che cosa stesse dicendo.

«Sei fortunato. Se ci fosse stato Tom, ti avrebbe attaccato un bel bottone. È il suo tema preferito» commentò Katia.

Silvia ridacchiò. «A parte il sesso.»

Gli amici di Alex erano davvero singolari. Da molto tempo Robert non aveva provato nulla di simile. Quelle persone, che sembravano stare bene insieme, erano riuscite a contagiarlo, e a metterlo in uno stato di vera e propria euforia.

A un certo punto Katia lo prese da parte, con un modo di fare che spinse gli altri a lasciarli soli, in un angolo del soggiorno, e Silvia a congedarsi.

Robert pensò di approfittarne per parlarle a quattr'occhi. Prima di aprire una vera e propria indagine, voleva essere sicuro che non ci fossero segreti inconfessabili, in grado di fornire una spiegazione banale all'accaduto.

Stavano in piedi di fronte a una finestra, da cui si vedeva il panorama della metropoli illuminata. Lei si era chinata per poggiare il bicchiere sul pavimento, al che lui le si era avvicinato. Rialzandosi, Katia si era portata sfacciatamente davanti a lui, che adesso la stava cingendo da dietro, a pochi centimetri dalla sua schiena nuda.

Robert indulse a lungo in quella posizione.

«Che cosa non mi avete ancora detto di Alex?» le sussurrò.

Katia rispose alla domanda come se si trovasse seduta di fronte a lui al commissariato, ma senza voltarsi e lasciandosi abbracciare: «Alex aveva certamente molte cose da nascondere. Se lo vuoi proprio sapere, aveva il modo di fare di papà, e forse è per questo che mia sorella ne era così innamorata. Purtroppo Silvia era un po' illusa: gli uomini come Alex hanno spesso più di una donna.»

«L'ultima volta hai detto che Alex non avrebbe avuto bisogno di sparire per mettersi con un'altra.»

«È vero. Alex non aveva alcun motivo di non mettere le carte in tavola di fronte a noi.»

Katia emise un gemito vezzoso, prima di proseguire: «Devi sapere che non ce ne importa niente della morale. Parlavamo spesso di queste cose. Ci chiedevamo se la fedeltà abbia un senso. Se sia possibile amare allo stesso tempo più di una persona. Se amore e amicizia siano la stessa cosa.»

«Vuoi dire che Alex non sarebbe sparito per una banale questione di infedeltà.» Le sue mani la accarezzavano, e Katia dovette prendere fiato, prima di rispondere.

«Non per una semplice infedeltà. Ma è possibile che avesse una famiglia da qualche parte.»

«Pensi che Alex avesse moglie e figli?» Adesso la teneva stretta in modo affettuoso.

«Una famiglia, anche all'estero, potrebbe esserci utile per rintracciarlo. Si possono troncare i legami con gli amici o con una donna, ma rompere tutti i rapporti con un figlio o una figlia è più complicato. Ci sono responsabilità da rispettare. Secondo me, è la migliore pista da seguire.»

Incredibile, come Katia riuscisse a mantenere una parlantina di tutto rispetto.

«Credi che possa averne parlato con qualcuno, per esempio con Daniel?»

«Se Alex si è confidato con qualcuno, lo ha fatto probabilmente con un uomo.»

«E chi potrebbe essere il confidente?» le chiese, sfiorandole l'orecchio con le labbra.

«Tom, quello che stasera non è potuto venire. Fa il giornalista.»

Poi Katia si voltò e gli disse, guardandolo con i suoi occhi magici: «Mi porti sull'ottovolante?»

Robert esitò. Katia era intrigante, ma le donne per lui non erano mai state una fissazione.

«È stata una bella serata» le rispose, cercando di sfoderare il massimo della gentilezza «ma preferisco un taxi.»

Quando Robert si lasciò alle spalle le porte vetrate della Torre Blu, era già notte inoltrata. La strada antistante era deserta, rischiarata soltanto dalla luna e dai bagliori quasi spenti del palazzo.

Mentre la vettura schizzava via nelle arterie ancora illuminate, Robert si abbandonò sui sedili, chiudendo gli occhi stanchi. Si era intrattenuto più che volentieri con quei quattro individui. Era stato uno sballo.

E pensare che era venuto fin lì per giustificarsi. Per dire che la polizia non poteva fare niente. Che non c'era alcun sospetto di reato.

Ma quell'incontro era bastato per fargli cambiare idea. Avrebbe fatto qualche ricerca di propria iniziativa. Anche se non era sicuro che gli amici di Alex meritassero la sua fiducia.

Quando fu nel suo letto, il sonno arrivò in fretta. E fu popolato da fantasmi.

11.

Caro Alex,

spero che questo messaggio ti raggiunga, anche in capo al mondo.

Poiché ci manchi, abbiamo deciso di denunciare la tua scomparsa alla polizia.

È stata un'iniziativa di Katia, che si è recata più volte al commissariato e deve avere suscitato interesse.

Fatto sta che finalmente il commissario Robert Bender ci ha fatto visita personalmente, e ha anche passato una serata con noi. Ne puoi vedere una foto qui a fianco.

Gli abbiamo riferito molte cose di noi, nei limiti di ciò che può essere rilevante per le indagini.

Gli abbiamo mostrato le foto del nostro viaggio a Bali. Vi sembriamo tutti molto più giovani, anche se non è passato tanto tempo. Deve essere un effetto dell'incanto che si sprigionava quando eravamo in compagnia.

Questo incanto è un'esperienza rara, che si instaura soltanto quando i rapporti fra le persone superano gli ostacoli naturali e cominciano a fluire. Un'esperienza accompagnata da una distorsione nella percezione del tempo. Sembra che il tempo non trascorra.

L'incanto non si instaura spontaneamente. Occorre essere disposti a investire qualcosa nel rapporto con gli altri.

Quando siamo in compagnia, talvolta succede ancora. L'ultima volta è stato durante la serata che abbiamo passato con Robert. Gli abbiamo parlato dei vecchi tempi, di come ci siamo conosciuti, di come tutto è iniziato. È bastato a farci sentire felici come una volta.

Non esitare a farti vivo con noi. Non temere giudizi dettati da convenzioni a cui non crediamo.

Robert non si era più connesso a Facebook, per cui si accorse del messaggio di Silvia dopo alcuni giorni. Era una di quelle sere in cui, dopo aver cenato, si sedeva di fronte al computer, per intrattenersi sui siti a lui familiari.

Il post era l'unica novità che era stata pubblicata recentemente. Lo avevano letto quasi tutti.

Robert rifletté a lungo su quelle parole. Silvia era stata la persona più vicina ad Alex. Poteva essere a conoscenza di qualcosa di importante, anche senza saperlo.

Durante la serata a casa di Liza, nessuno aveva parlato del lavoro di Alex. Nemmeno Silvia. Peccato, perché era lei la testimone più importante.

Per vincere il riserbo di Silvia, doveva incontrarla da solo. Il messaggio postato su Facebook faceva pensare che la donna nutrisse una qualche speranza di rivedere Alex.

Era fortunato, perché Silvia era online. Digitò d'istinto il primo messaggio che gli venne in mente.

«Ti va di parlarmi di Alex da sola?»

«A patto che la polizia stia indagando» ribatté Silvia.

Buona domanda. Ma anche la risposta di Robert fu pronta: «Dipende da te.»

«Per me, anche domani. Va bene alle cinque?»

Robert batté un pugno sul tavolo. Ce l'aveva fatta.

L'appuntamento era in un bar nei pressi della Banca Centrale Europea.

Poiché non riusciva a concentrarsi, Robert uscì dal commissariato in anticipo. All'uscita della metropolitana, si mise a girovagare per il distretto finanziario. Via via che si avvicinava all'Eurotower, gli vennero incontro sempre più passanti dall'abito grigio, con l'immancabile valigetta in mano: i dipendenti della BCE. Si riconoscevano dall'aspetto più dimesso rispetto al personale delle banche; dal taglio anonimo dei capelli; dalle scarpe buone ma robuste, fatte per durare. Quegli impiegati guadagnavano bene, ma erano parsimoniosi.

Appena entrato nel bar, udì la voce di una donna, che si stava rivolgendo a un avventore con un tono aggressivo.

«Il barista sarà anche un *negro,* ma tu sei proprio brutto. Hai mai pensato a una plastica facciale?»

Robert la riconobbe subito. Era Silvia Wilson. Aveva alzato la voce, e un rossore campeggiava sul suo viso pallido. Stava in piedi, una figura esile con le braccia abbandonate lungo i fianchi. Gli occhi lucidi, pieni di indignazione.

«Non ti impicciare, bellezza» ribatté l'uomo, avvicinandosi a Silvia con fare minaccioso.

Robert scrutò la scena per un attimo. Si chiese se non fosse meglio lasciar perdere. L'uomo si sarebbe calmato da solo. Poi fu afferrato da uno slancio improvviso. Si avvicinò al bancone, tirò fuori la tessera e la mostrò al barista.

«Polizia criminale. Il signore desidera il conto.»

Il barista sfoggiò un sorriso bianchissimo e batté lo scontrino sulla cassa. Dopo pochi minuti, lo sbruffone era uscito dal locale.

Robert aspettò qualche minuto sulla soglia del locale, per accertarsi che il tipo non tornasse sui suoi passi. Poi rientrò. Silvia si era già seduta a un tavolino in fondo e gli fece cenno di raggiungerlo. Il barista, che stava asciugando i bicchieri, gli rivolse uno sguardo riconoscente.

Il bar era arredato con tavoli bianchi e poster di attori famosi alle pareti. Pochi avventori indugiavano di fronte a una tazza o a un giornale. Meglio così. Nessuno avrebbe ascoltato la loro conversazione.

Mentre si avvicinava, Robert iniziò a osservarla. Se la ricordava bene. La sorella di Katia aveva una faccia d'angelo, a cui i capelli biondi e lisci conferivano un che di fatale.

«Grazie» gli disse lei, con un filo di voce.

«Sono un ficcanaso. Non posso farci niente» rispose Robert, senza smettere di scrutarla. La carnagione era pallida, appena coperta da un velo di trucco. La giacca blu che indossava sopra una camicetta accollata sembrava una specie di divisa.

Silvia lavorava alla Banca Centrale Europea. Benché fosse passato molte volte davanti all'Eurotower, Robert non sapeva molto di quell'istituzione. Così le fece qualche domanda sul suo lavoro: non soltanto per metterla a suo agio, ma anche per sfogare la curiosità.

Le domande sulla BCE accesero un fuoco negli occhi di quella donna pallida. Sembrava essere un argomento che la infervorava.

«Il giorno in cui nasceranno gli Stati Uniti d'Europa, credo che piangerò di gioia. Spero soltanto di essere ancora viva.»

Silvia si esternò in un discorso da europeista convinta. Lavorare in quell'istituzione doveva farla sentire parte di un qualcosa di più grande. Robert rimase ad ascoltarla, gettando di tanto in tanto un'occhiata al ritratto di Charlie Chaplin, che sembrava sorridere loro con ironia.

«Sono stata fortunata a vincere il concorso. Forse potrà sembrarti un lavoro monotono e ripetitivo, ma non è affatto così. Non puoi immaginarti quanti documenti riservati mi siano già passati per le mani.»

«Top secret?» chiese Robert, prostrandosi verso di lei, per mostrarle la sua attenzione.

Silvia annuì. Con fare scherzoso, guardò a destra e a sinistra, e si portò l'indice davanti alla bocca. Poi aggiunse, abbassando la voce: «Ai servizi linguistici transitano documenti riservati. Ci fanno anche avvicendare, in modo che nessuno di noi abbia informazioni complete».

Robert corrugò la fronte. Non aveva mai pensato che la Banca Centrale Europea potesse avere dei segreti non rivelabili all'opinione pubblica. In ogni modo, gli amici di Alex erano tipi singolari. E gli piacevano tutti.

Finalmente arrivò la cameriera con il latte macchiato.

«Sei gentile, Robert» disse Silvia, interrompendo i suoi pensieri, «ma non siamo qui per parlare del mio lavoro.»

Robert trovò simpatico che fosse lei a prendere l'iniziativa. Forse non era così remissiva come sembrava. Guardandola meglio, si accorse che il rossetto che portava sulle labbra sottili era un po' troppo rosso.

«Se ho capito bene, eri tu la persona più legata ad Alex» disse. «Toglimi una curiosità: perché non sei venuta tu a fare denuncia?»

Silvia spostò la testa di lato e si passò una mano sui capelli lunghi. Sfuggiva il suo sguardo, come se quella domanda l'avesse messa in imbarazzo. Robert infilò le mani in tasca, segnalando che era in attesa della risposta.

«Alex era l'asso pigliatutto. Chissà chi avrà conosciuto» disse infine, abbassando gli occhi.

Robert la incalzò: «Un'altra donna?»

Silvia scosse la testa. «Non sono confidenze che avrebbe fatto a me.»

Quella donna era evasiva, eppure dava l'impressione di sapere qualcosa.

«Se non hai niente da dirmi, perché mi hai fatto venire fin qui?»

«Alex ci ha piantati volontariamente. Era un egoista.»

«Parlami un po' di lui. Qualsiasi cosa» rispose Robert, che per soddisfare la sua curiosità era anche disposto ad ascoltare una storia d'amore.

Silvia fece un sospiro e afflosciò le spalle. Esitava. Poi si schiarì la voce. «Per me è stato amore a prima vista.»

«Che tipo era, quando l'hai conosciuto?»

Un rumore di risa si intrufolò nella loro conversazione. Due giovani con jeans striminziti e l'orecchino stavano per sedersi al tavolino accanto. Ma Robert li respinse con lo sguardo.

«Il tipo che piace a tutti» riprese Silvia. «All'inizio, ero diffidente. Alex non aveva nessuna difficoltà a essere galante con più donne contemporaneamente.»

«Il tipo che non ha intenzioni serie.»

«Era come un gioco. Quando ci incontravamo al Blue, lui cercava di sedurmi, in modo sempre più sfacciato, e io lo respingevo. Avevo paura.»

«Ma qualcosa deve essere successo...» commentò Robert, sorseggiando il suo latte macchiato.

«È stata Liza. Ha organizzato una festa, per metterci insieme. Ricordo bene i giorni che la precedettero. Non facevo che pensare a lui. Ma non volevo che fosse soltanto per una notte. Ho girovagato per giorni per i negozi del centro, alla ricerca di un abito che mi donasse un'aura sofisticata. Mi è costato un occhio della testa, ma devo aver fatto colpo, perché Alex è rimasto con me.»

«Forse non è stato merito del vestito» osservò Robert, che non aveva mai creduto alla storia dell'abito e del monaco.

«Mi sono spesso chiesta perché Alex si sia legato proprio a me, con tutte le donne che gli stavano intorno. Da quel giorno, abbiamo cominciato a vederci spesso. Alex si presentava improvvisamente alla mia porta, come se fossi sua.»

Si vedeva che Silvia stava rievocando forti emozioni. Lo sguardo divagava, il filo del discorso si interrompeva, la voce si faceva flebile. La relazione con Alex era stata probabilmente qualcosa di inconsueto.

«Forse non ci crederai, e non ci hanno mai creduto neppure gli altri, ma il nostro rapporto era particolare. Quando eravamo insieme, avevamo sempre qualcosa da dirci. Era come se il tempo si fermasse.»

Silvia si interruppe, sovrappensiero. «Ma c'era anche il risvolto della medaglia. Anche se siamo stati insieme per alcuni anni, non siamo mai stati una coppia "ufficiale". Non vivevamo insieme e Alex era spesso in viaggio per lavoro, all'estero. Le sue assenze potevano durare mesi e mesi.»

Il lavoro. Era quello il punto su cui Robert doveva insistere.

«Scusa, ma non ho ancora capito che lavoro facesse Alex. Siete tutti molto vaghi su questo punto.»

«Ne eravamo all'oscuro anche noi. Alex non rivelava alcun particolare del suo lavoro. Sappiamo soltanto che era dipendente di un consorzio petrolifero, e che questa attività richiedeva molti viaggi. Come ti abbiamo già detto, ci siamo rivolti alla società dopo la scomparsa di Alex. Non lo abbiamo fatto subito, e non è stato facile trovare i responsabili. È stato Tom a riuscirci, non senza qualche sotterfugio. Ma come risposta, gli hanno detto che Alex aveva richiesto un congedo illimitato per motivi personali, e non potevano darci altre informazioni. Ecco, questa è la persona con cui ha parlato Tom.»

Mentre pronunciava le ultime parole, Silvia aveva estratto dalla borsetta un biglietto da visita e uno spazzolino da denti.

Sul biglietto da visita erano riportati un nome e un logo: "Oil Europe: Energia del futuro".

Dopo aver gettato uno sguardo malinconico allo spazzolino, Silvia riprese il filo: «Una cosa che ho capito, forse a causa dell'intimità che avevamo, è che le mansioni di Alex dovevano essere cambiate, dopo il suo ultimo viaggio in Iraq. Alex è stato rimpatriato dopo lo scoppio della guerra, e da allora non ha più fatto lunghi viaggi. Sembrava che il suo lavoro fosse destinato a incentrarsi su Bruxelles. Speravo addirittura che potessimo andare a vivere insieme.»

Silvia afferrò il manico della tazza di tè, ancora piena. Non aveva bevuto quasi niente.

«Ma Alex deve aver parlato di quello che faceva all'estero» ribatté Robert. «È impossibile che non abbia mai accennato a un qualche dettaglio, nei confronti dei suoi amici più stretti.»

«Su questo purtroppo ti sbagli. Soprattutto negli ultimi anni, Alex manteneva il più completo riserbo. Almeno con me. Ma non credo che si sia confidato nemmeno con gli altri. Talvolta pensavo che non ci rivelasse niente per proteggerci.»

«Silvia, non è plausibile che, durante una relazione durata anni, ad Alex non sia mai sfuggito niente. Cerca di ricordare.»

Lei si strinse nelle spalle. «Quello che sappiamo te lo abbiamo già detto l'altra sera. Alex era laureato in geologia. Quando l'ho conosciuto, parlava spesso di esplorazioni petrolifere in paesi stranieri. È andato più volte in Iraq, e ci è rimasto per mesi.»

«Ma durante queste assenze, stavate in contatto oppure Alex era un tipo che non si faceva più sentire?»

«Ci sentivamo qualche volta, anche se non di frequente. Non è mai successo che si assentasse senza farsi vivo, almeno ogni tanto. Per questo la sua scomparsa ci ha insospettito. E dovrebbe insospettire anche la polizia.»

Silvia aveva preso in mano lo spazzolino da denti, e lo stava tenendo fra due dita. «Che ne dici di un test del DNA? O sono una che legge troppi libri gialli?»

«Se verrà aperta un'indagine, possiamo fare un confronto con la banca dati...» e qui si pentì di avere parlato troppo.

Ma fu Silvia stessa a finire la frase, abbassando gli occhi: «dei cadaveri non identificati?»

Robert cercò di assumere un tono incoraggiante. «Pensavo anche alla banca dati di Interpol. È una possibilità remota, ma talvolta le polizie di paesi esteri la consultano.»

Quindi portò il discorso sul punto che più gli interessava. «Silvia, non ti è mai capitato di sentirlo parlare al telefono, oppure di sbirciare nel suo computer?»

«No, non mi sarei mai permessa...» rispose la donna, senza celare una certa esitazione. Era il momento di insistere.

«Voglio raccontarti una cosa che mi è successa un po' di tempo fa. Avevo invitato a casa un'amica, che poi ha passato la notte da me.»

Non si trattava esattamente di un'amica, ma la storiella avrebbe funzionato lo stesso.

«Tocca a te parlare delle tue avventure sentimentali?» Silvia aveva voglia di scherzare.

Robert le lanciò un sorriso complice. «Te lo racconto perché al mattino seguente mi sono accorto di avere lasciato in bella vista un fascicolo della polizia. Un documento riservato. E ho notato che la mia amica l'aveva sfogliato.»

Sul volto di Silvia era passata un'ombra. E adesso si limitava ad ascoltare, senza dire niente.

«Se siete stati insieme per anni, è impossibile che non ti sia mai capitato qualcosa di simile» incalzò Robert. «Fidati di me, sono un pubblico ufficiale e non lo dirò a nessuno.»

Silvia esitò ancora per qualche istante. «Va bene, hai vinto» disse alla fine. «Anche a me è successa la stessa cosa. Una volta, mentre Alex dormiva, ho visto un dattiloscritto in cucina. Gli ho dato un'occhiata, ma era pieno di grafici e numeri, e l'ho subito richiuso. Mi ricordo soltanto il titolo.»

«Come si intitolava il documento?»

«Sul frontespizio c'era scritto a grandi caratteri: **Oil for Food.**»

«*Oil for Food*?» chiese Robert, che non aveva idea di che cosa volesse dire quel termine.

«Si tratta di un programma di aiuti umanitari dell'ONU a favore dell'Iraq. Ma ti prego di non insistere. Sono informazioni che puoi trovare su internet. Alex mi ha fatto giurare di non parlarne con nessuno.»

Dopo queste parole, Silvia alzò una mano, per chiedere il conto. Era turbata e aveva fretta di congedarsi, come qualcuno che si è accorto di aver parlato troppo. Si mise a guardare l'orologio, fingendo di essere in ritardo.

«Abbiamo finito, pago io» le disse Robert, che per il momento decise di lasciarla andare.

La vide scomparire dalla porta a vetri, a passi svelti.

Sul tavolo rimase il tè che Silvia non aveva bevuto. Robert fece vagare lo sguardo per il locale. Si fermò sul ritratto di James Dean. Poi si mise a tormentare una bustina di zucchero.

Qualcosa gli diceva che dietro la scomparsa di Alex ci fosse una storia grossa, di cui nemmeno i suoi amici immaginavano la portata.

FOLLOW THE MONEY

(rubrica a cura di Tom Berger)

Questo è il primo di una serie di articoli dedicati alla natura del denaro.

Alla domanda «che cos'è il denaro?» gli economisti sono soliti fornire risposte tautologiche e banali.

Secondo la teoria classica, il denaro si definisce tramite la sua funzione di strumento di scambio e di conservazione del valore. Ciò significa che il denaro viene utilizzato in parte per pagare i beni e servizi di cui abbiamo bisogno (strumento di scambio), in parte per conservare il corrispettivo di tali beni e servizi a scopo di risparmio, o per pagare altri beni in un momento successivo (strumento di conservazione del valore).

Prima che il denaro fosse inventato, merci e servizi venivano scambiati tramite il baratto. Siccome era difficile barattare cose eterogenee, il cui valore non era frazionabile, qualcuno ebbe l'idea di scambiare le merci con un oggetto che avesse un valore unitario. In origine, a questo scopo vennero usati pezzi d'oro o d'argento. Con questi pezzi d'oro o d'argento si potevano scambiare tutte le merci e i servizi necessari ai popoli. Era sorta la prima valuta.

Per valute si intendono i mezzi di pagamento coniati e adottati da tutti i regimi della terra, fin dall'antichità: dalle monete d'oro e d'argento, passando alle monete il cui valore nominale era inferiore alla quantità d'oro e d'argento in esse contenute, fino alle moderne banconote, che all'inizio erano una specie di assegni o cambiali, il cui valore era dato dal fatto che potevano essere scambiate dappertutto con una corrispondente quantità di moneta.

Ciascun paese della Terra coniò la propria valuta, dagli imperi dell'antichità, ai principati del medioevo, agli stati nazionali dell'era moderna e contemporanea.

Semplificando quello che accadde in secoli di storia, si può dire che queste valute continuarono ad avere un valore intrinseco fino al 1970 circa.

Nel 1970 fu infatti abbandonato il principio della parità aurea, che aveva conferito alle principali valute internazionali un valore intrinseco. Secondo questo principio, tutte le valute potevano essere infatti convertite in una determinata quantità d'oro.

Furono gli Stati Uniti a porre fine alla convertibilità del dollaro USA in oro, in seguito alle forti spese necessarie per la guerra del Vietnam. E poiché una convenzione internazionale aveva agganciato al dollaro tutte le altre valute, anche le valute europee persero il valore intrinseco garantito dalla parità aurea.

È quindi dagli anni Settanta del secolo scorso che le nostre valute sono prive di qualsiasi valore sostanziale.

Per fortuna, ciò non ha fatto finora collassare il sistema. È ancora oggi possibile recarsi in un negozio e pagare con la nostra moneta tutto quello che desideriamo. Il negoziante accetterà i nostri soldi senza battere ciglio.

In altre parole: il valore del denaro si basa esclusivamente sulla fiducia del mercato.

Purtroppo il consumatore medio non si rende conto che il rapporto fra valore e fiducia è estremamente precario. Basta poco a far crollare la fiducia degli operatori nel valore del denaro. È già successo in alcuni paesi, come l'Argentina o il Venezuela.

Quando crolla la fiducia, improvvisamente è necessaria una maggiore quantità di valuta per acquistare una certa quantità di merci: così sorge l'inflazione.

Riassumendo: il nostro denaro non possiede valore intrinseco. Possiede un valore che si basa esclusivamente sulla fiducia. Questo valore è precario.

E pensare che il denaro è un tema che tiene costantemente occupate le nostre menti. Per coloro che non ne hanno abbastanza, il denaro è fonte di emozioni negative, come la paura e lo stress, che possono sfociare in malattie gravi; per coloro che vivono una vita modesta, con un reddito sufficiente, il denaro è un miraggio, che promette l'appagamento dei desideri e la conquista del rispetto da parte degli altri; e coloro che sono già ricchi spesso vengono rosi dal confronto con chi ha ancora di più, e dall'avidità.

Auguro a tutti quelli che sono infelici per questioni di soldi di rendersi conto della vera natura del denaro.

12.

Quel pomeriggio Robert riuscì a evitare straordinari e tornare a casa a un'ora decente. Era quello che succedeva quando uno scomparso si trasformava in cadavere.

Negli ultimi tempi, la squadra Scomparsi era alle prese con casi che lo tenevano occupato a tempo pieno. Casi in cui il male aveva la meglio, perché le vittime erano cittadini di serie B.

Qualche tempo prima, era stato trovato il cadavere di una donna di cui nessuno aveva denunciato la scomparsa. Questo era quanto Robert aveva appurato e riferito alla commissione Eva. Si trattava di una donna giovane, di cui era stato scoperto un particolare enigmatico. Benché gli abiti del cadavere facessero pensare a una modesta estrazione sociale, l'autopsia aveva rivelato che la donna era stata sottoposta a interventi di chirurgia plastica ed estetica dentistica che dovevano essere costati un patrimonio. La polizia non era riuscita a identificarla. Il fatto che nessuno ne sentisse la mancanza faceva pensare a una straniera.

Anche l'ultimo caso a cui aveva lavorato era stato angosciante. Per giorni avevano cercato un bambino scomparso. La ricerca si era conclusa proprio quel giorno, con il ritrovamento del cadavere. Quando gli scomparsi venivano ritrovati morti, Robert provava un senso di fallimento. E anche un vuoto, che lo spingeva a chiudersi in casa. Voleva stare da solo.

Ci mise poco ad arrivare. Non si era mai pentito di aver preso casa in centro, a pochi passi dalla metropolitana. Piuttosto che percorrere ogni giorno decine di chilometri per vivere nel verde, come facevano i colleghi con famiglia a carico, preferiva abitare in quella via in cui si mescolavano pedoni, ciclisti e macchine. Si era abituato alle voci, alle vetrine illuminate dei negozi sempre aperti, alle biciclette parcheggiate dappertutto e all'odore dei gas di scarico.

Fu felice di chiudersi la porta di casa alle spalle. Grazie alle finestre ermetiche, nel bilocale regnava un silenzio benefico. L'aveva arredato con pochi mobili, scelti con cura. Un tavolo per otto persone. Un divano di alcantara beige. Uno schermo gigante appeso alla parete.

Guardò con nostalgia il pianoforte a muro, appartenuto a sua madre, e sentì un prurito alle dita, ma mettersi a suonare avrebbe soltanto aumentato la sua malinconia. Meglio lavorare.

Si sedette al computer, ma non per navigare senza meta come era solito fare. Voleva invece cercare informazioni sul programma umanitario *Oil for Food*, di cui aveva parlato Silvia. Trovò molti articoli e gli fu difficile discernere i fatti reali da congetture e illazioni. Alla fine, però, pensò di avere appurato quello che voleva sapere, che riassunse in una scheda:

Caso Di Matteo

Oil for Food

1990: l'Iraq fa guerra al Kuwait. L'ONU impone sanzioni contro l'Iraq.

Sanzioni = nessuno acquista petrolio dall'Iraq, la popolazione muore di fame e malattie.

La comunità internazionale protesta contro la crisi umanitaria.

Per consentire all'Iraq l'acquisto di cibo e medicinali viene istituito il programma Oil for Food (segretario: un diplomatico tedesco).

Come funziona? Il ricavato del petrolio viene depositato su un fondo. Da questo fondo vengono acquistati farmaci e derrate alimentari.

Il fondo è presto miliardario: vi vengono addebitate anche le riparazioni per il Kuwait.

Chi vende i farmaci e le derrate alimentari? Aziende francesi, olandesi, tedesche, italiane.

Dove è depositato il fondo? Su una banca francese.

In che valuta è denominato il fondo? In dollari.

1998: al fondo è consentito di acquistare anche prodotti industriali (business astronomico per gli europei).

Chi sceglie clienti e fornitori? Il regime di Saddam Hussein. Corruzione? Probabile.

2000: conversione del fondo in euro.

2003 (guerra USA all'Iraq): riconversione del fondo in dollari.

Gli ultimi due punti Robert li aveva trovati spulciando su siti dedicati al trading sulle valute. Rilesse un'altra volta un articolo tradotto dall'arabo, perché non credeva ai suoi occhi:

A partire dalla fine del 2000, il regime di Saddam Hussein cominciò a pretendere che il petrolio venduto nell'ambito del programma Oil for Food venisse fatturato non in dollari USA ma in euro, e che il fondo depositato presso una banca francese, su cui erano confluiti i proventi, fosse convertito in euro.

Questa conversione da dollari in euro, benché oggetto di iniziale derisione, fruttò al fondo un enorme profitto speculativo, perché la quotazione dell'euro in quegli anni subì un'ascesa di quasi il 30%.

Dopo l'invasione dell'Iraq nel 2003, una delle prime iniziative degli americani fu quella di ristabilire il dollaro come moneta di scambio del petrolio iracheno. Alcuni commentatori avanzarono l'ipotesi che il passaggio dell'Iraq all'euro come moneta di scambio del petrolio fosse stata una delle cause principali della guerra degli USA contro l'Iraq.

Robert si ricordava bene dell'aggressione militare all'Iraq. Proprio alla vigilia di quella guerra, era stato invitato al compleanno di suo padre. Una delle rare occasioni in cui vedeva i suoi numerosi fratelli.

Suo padre apparteneva a quella generazione di soldati che, per grazia di nascita, non erano mai stati in guerra. Uno che aveva razzolato all'insegna del motto "make love not war". Lo vedeva ancora, a capotavola, che scuoteva la testa, mentre lui e i fratelli erano impegnati in un'accesa discussione sui pro e contro della guerra.

Quella notte, Robert aveva sentito un rumore e si era alzato. Aveva trovato suo padre di fronte al televisore, con la testa fra le mani. Gli si era seduto accanto, e anche lui si era messo a guardare i reportage sui primi bombardamenti.

«Mai più guerre. L'avevamo giurato» fu l'unico commento di suo padre, che aveva gli occhi lucidi.

La guerra all'Iraq era stata giustificata di fronte all'opinione pubblica con argomenti pretestuosi. L'Iraq era stato accusato di fomentare il terrorismo islamico, e di essere anche responsabile degli attacchi terroristici dell'11 settembre, nonché di preparare un attacco all'occidente con armi di distruzione di massa. Meno male che alcuni stati europei avevano espresso palese disaccordo con le suddette teorie e non avevano partecipato alla guerra.

Che ci fosse un collegamento fra il programma Oil for Food, la guerra in Iraq e la scomparsa di Alex?

Non sarebbe stato facile appurare la verità sul quel caso. Forse Alex era una persona molto più importante di quello che i suoi amici credevano. Una persona situata al di là del muro invisibile.

Si mise a scandagliare le ultime notizie e scoprì che il caso del bambino, di cui era stato ritrovato il cadavere, era già in prima pagina. Sebbene Robert avesse cercato di tenersi in disparte durante la conferenza stampa, anche lui era stato ripreso; accanto al capo, che sovrastava in altezza, con la giacca chiara e gli occhiali scuri. Quella posa di investigatore freddo e competente gli piacque, e decise di salvarla sul computer.

Dopo pochi secondi ebbe un'altra idea che gli parve brillante: avrebbe postato quel suo ritratto su Facebook, nel gruppo degli *Alex Friends*. Stranamente, aveva iniziato a connettersi al gruppo tutte le sere, constatando che raramente qualcuno postava una notizia o un commento. Nemmeno lui aveva mai scritto qualcosa. Caricò la sua nuova foto, sperando che qualcuno la commentasse con un *Like*.

Era costretto a ripensare agli amici di Alex. Ciascuno di loro aveva stile.

Aveva fatto male a comportarsi in quel modo con Katia. Era stato un atto puerile, come per dirle «non puoi avere tutto quello che vuoi». Probabilmente Katia si era offesa e non avrebbe voluto più saperne di lui.

Anche Silvia lo incuriosiva: si era messa subito a dargli del tu e gli aveva parlato di cose molto confidenziali.

Forse era stata quella foto sul giornale a cambiare il suo stato d'animo: gli occhiali scuri gli donavano. Se dopo aver chiuso la porta di casa si era sentito vuoto, adesso era pervaso da un livello di energia che richiedeva una qualche forma di azione.

Decise di indossare gli occhiali scuri e uscire di casa.

Dopo una mezz'ora aveva già raggiunto il Blue.

13.

Lei sarebbe stata la prima a essere licenziata.

Dalla sua scrivania perpendicolare alla finestra, Katia rimase a osservare lo schema di luci gialle della Commerzbank, che si accendevano una dopo l'altra al calare dell'oscurità. La torre più alta della città, con quella guglia puntata verso il cielo come un dito, era stata l'idea di un architetto inglese.

Poi gettò un'occhiata ai contratti che stava per riporre nella borsa. Dovette scuotere la testa. *Junk.* Ancora un anno, e il valore di quei titoli sarebbe stato zero.

La sua professione era sopravvalutata dalla gente. Non occorrevano particolari conoscenze o uno speciale talento matematico per lavorare nella sala dei *trader.* Bastava avere i contatti giusti, magari avviati già durante gli studi. Un po' di tirocinio, e chiunque avrebbe potuto farcela.

Con il telecomando, aprì la porta scorrevole dello studio. Era stata un'idea sua trasformare quell'angolo, che un divisorio separava dal soggiorno, in una specie di cubicolo di redazione.

Katia era una privilegiata. Lei, che era cresciuta fra pochi metri quadri, poteva permettersi un appartamento di lusso, vestiti costosi e altri beni materiali riservati ai più abbienti. Purtroppo aveva un debole per quelle cose: abiti, borse, scarpe firmate. Non tanto perché avrebbero potuto rendere bella qualsiasi donna, ma perché erano simboli di uno status sociale che lei, da bambina, non aveva avuto. E che adesso la facevano rifulgere come una regina.

E poi con il denaro era venuto il rispetto. Si ricordava ancora di quando la chiamavano *negra,* al liceo. A lei, che non era soltanto la prima della classe, ma anche più carina di quelle ragazze dalla faccia slavata. Allora ne aveva sofferto. Ma un giorno si era accorta che erano state soltanto invidiose.

Era orgogliosa del suo bell'appartamento, della sua Porsche, del suo conto in banca. Era quella la vera libertà: se lo voleva, avrebbe potuto cambiare casa all'istante, o prendere il primo aereo per una destinazione qualsiasi, oppure non lavorare per qualche mese. Che poi era anche una libertà dagli uomini: per permettersi quel tenore di vita, non doveva sottomettersi alle voglie di un maschio presuntuoso.

Purtroppo la pacchia era destinata a finire. Un paio di anni al massimo, e il sistema avrebbe subito un collasso. *Bang*.

Fece vagare lo sguardo per la stanza. Sulla parete antistante, la locandina di *Casablanca*. Sullo scaffale, l'orologio in stile Dalí che sua madre aveva trovato a un mercatino. Sorrise, chiedendosi che ora fosse a New York, come il protagonista di quel film.

Per fortuna suo padre non le aveva procurato soltanto un lavoro ben pagato. Katia era andata al suo funerale spinta dalla curiosità di vedere, almeno di sfuggita, i componenti di quella famiglia di cui aveva sentito solo parlare o aveva visto in fotografia. Invece Silvia l'aveva subito accolta come una vera sorella, l'aveva presentata ai suoi amici e persino al suo avvenente fidanzato. Era stata lei a integrarla in quel gruppo di amici, che ormai per lei erano come una famiglia.

Conosceva la solitudine di colleghi e colleghe, che si erano trasferiti a Francoforte per lavoro, e si erano ritrovati privi di rapporti sociali e affettivi. Invece lei aveva avuto la fortuna di conoscere le persone giuste. Quando si sentiva sola, bastava che scendesse al Blue, per trovare qualcuno con cui parlare e divertirsi.

Sulla scrivania giaceva ancora il filo di perle che si era tolta tornando dall'ufficio. Accanto al cellulare privato. Katia lo prese in mano. Nessuno l'aveva chiamata.

Al diavolo gli uomini. Che però le piacevano, forse un po' troppo. Trovava irresistibili quelli con un fisico atletico, ma era attratta anche da stimoli non puramente visivi. Si faceva sedurre da una voce suadente, o da un profumo, o dalla sensualità di stoffe preziose, con cui i più intelligenti sapevano compensare quello che la natura non aveva loro dato. Era purtroppo incline all'innamoramento, anche nei confronti di individui che non meritavano quei sentimenti.

Anche lei avrebbe desiderato conoscere *Mr. Right*. Peccato che dovesse ancora riprendersi dalle ultime delusioni. Se il caso voleva farle incontrare il grande amore, sarebbe stata pronta. Ma una cosa del genere non sarebbe successa tanto presto.

Premendo un tasto sulla scrivania, fece sollevare un monitor. Un altro tasto e vi comparve una schermata suddivisa in quarti, ciascuno raffigurante una curva. *Niente impennate.* La piazza di New York stava per chiudere e nelle prossime ore non ci sarebbe stato molto movimento sui mercati.

Quella sera Katia doveva uscire con il manager di un *hedge fund* inglese. Uno che aveva intenzione di acquistare una tranche importante di un prodotto strutturato. L'affare era talmente importante che all'incontro avrebbe partecipato anche il grande capo. *Maybe.*

Non era strano che affidassero quel cliente proprio a lei. Marc Spencer era apertamente omosessuale, per cui era inutile portarlo nei soliti locali spogliarello, con table dance e donne seminude che servivano da bere. Di queste serate si occupavano i venditori maschi, e la presenza di Katia non era necessaria.

Il tavolo era stato prenotato al *Quartier Latin*, ristorante raffinato con piano bar. Katia c'era già stata, e sapeva che era frequentato da uomini soli.

Quando varcò la soglia del locale, dovevano essere le dieci in punto, perché le luci si abbassarono, come per magia. Un fuoco scoppiettava in un camino, in fondo alla sala. Un cameriere venne a sfilarle il soprabito, e Katia dapprima rabbrividì nel suo abito scollato. Era l'unica donna.

Avvistò subito Marc, che si guardava intorno con aria soddisfatta: ai tavoli erano seduti alcuni esemplari maschili di pregio. Katia si compiacque di sé stessa: aveva scelto il locale giusto. Ma anche lei doveva ammettere di gradire l'atmosfera. Alcuni di quegli uomini erano belli da guardare.

Marc la portò a un tavolo d'angolo e ordinò al cameriere due champagne. Era il tipo dell'intellettuale fine, con un paio di occhiali dalla montatura in titanio, che nascondevano un leggero strabismo. Uno da cui non c'erano da aspettarsi avances o commenti indecenti, che in quell'ambiente una donna era abituata a subire dai colleghi. E poi era già successo che, dopo aver bevuto un po', il manager si fosse messo a raccontare particolari molto interessanti di certi movimenti di mercato. Una volta le aveva anche suggerito di licenziarsi e andare a Londra, dove con il suo talento sarebbe stata accolta a braccia aperte.

A Katia interessava sapere come avevano intenzione di posizionarsi gli hedge funds londinesi. Il fatto era che la Lindman Bruck stava vendendo troppi prodotti speculativi, e prima o poi sarebbe scoppiata una crisi. Sarebbero stati proprio gli hedge funds a fiutare la crisi per primi. Ma per il momento Marc era uno dei suoi migliori clienti.

Dopo che il cameriere ebbe servito lo champagne, Katia estrasse i contratti dalla borsa e li posò sulla tovaglia immacolata.

«Allora, affare fatto?»

Marc già impugnava la sua pregiata penna stilografica. Le lanciò il suo sorriso divergente e si apprestò a firmare.

Katia non ci credeva. Marc Spencer aveva appena acquistato la tranche più rischiosa del loro nuovo bond. Del resto i fondi speculativi come il suo erano gli acquirenti predestinati per quei titoli, che potevano crollare da un momento all'altro, ma in compenso offrivano i maggiori rendimenti.

Katia si occupava di finanza strutturata fin da quando era stata assunta. Grazie a una laurea in matematica, aveva fatto a lungo parte del *back office*, il gruppo addetto alla strutturazione dei titoli, che non aveva contatti con i clienti. Ma recentemente era stata promossa a far parte del *front office*, cioè degli addetti alla vendita dei titoli. La banca era stata costretta ad aumentare il numero dei venditori, visto che il mercato tirava bene. Non era difficile vendere quei prodotti, molto richiesti non soltanto dai clienti istituzionali, come banche e fondi pensione, ma anche da privati e speculatori. Un lavoro molto redditizio.

Ma proprio il suo tirocinio iniziale, nel gruppo dei matematici, le aveva fornito le basi per farsi un'idea del valore intrinseco dei titoli in questione. In questo aspetto lei differiva dai suoi colleghi, che avevano sempre lavorato al front office, e spesso non avevano idea della merce in paniere.

Katia nutriva pesanti dubbi, non soltanto sull'effettivo valore dei titoli, ma anche sul futuro dell'intero settore. Non era soltanto la Lindman Bruck a vendere prodotti strutturati. Questi prodotti avevano avuto un'enorme espansione, e si trovavano nei bilanci di banche e investitori istituzionali di tutto il mondo. Se avessero cominciato a perdere di valore, si sarebbe instaurato un effetto a catena destinato a colpire tutta la finanza internazionale.

Katia osservò le bollicine dello champagne e lo portò alla bocca. Un gradevole solletico le corse lungo la gola.

Se all'inizio era stata entusiasta di lavorare in quell'ambiente, ormai si era resa conto di far parte di un sistema in cui il denaro si riproduceva in modo immorale, senza alcun legame con l'economia reale. Abituata a negoziare titoli per centinaia di milioni di euro, aveva cominciato a percepire quelle cifre da capogiro come semplici numeri, privi di valore sostanziale. Con il tempo era pervenuta alla convinzione che quell'assenza di valore non fosse una semplice sensazione, ma un dato matematico. I titoli da lei negoziati avevano contribuito a creare una gigantesca bolla, che prima o poi sarebbe scoppiata e avrebbe rivelato l'assenza di valore intrinseco di tutto il loro denaro.

Visto che Marc era un amico, Katia decise esprimergli i suoi dubbi:

«Hai appena fatto un investimento molto rischioso. Ma sei stato tu a insistere.»

Marc sollevò il calice a mo' di brindisi. «*No risk, no fun.*»

Non era vero. Marc, come gli altri gestori di hedge funds, non comprava i loro titoli per amore del rischio. Doveva invece essere convinto che quella macchina genera-soldi avrebbe continuato a funzionare in eterno.

«Credi davvero che non ci sarà mai una crisi?» gli chiese, puntando il mento verso di lui.

Marc assunse un'espressione sufficiente. «Fintantoché le banche centrali continueranno a emettere liquidità praticamente illimitata, il rischio che i titoli perdano valore è praticamente zero. Quindi continueremo a comprare.»

In effetti i mercati finanziari internazionali erano inondati da una massa di denaro, che vagabondava alla ricerca di investimenti. L'enorme liquidità era stata riversata sui mercati dalla politica di bassi interessi inaugurata degli Stati Uniti.

«Prima o poi questa liquidità farà aumentare i prezzi dei beni di consumo. E allora l'inflazione si mangerà tutto il denaro» osservò Katia.

«Il punto è che la gran massa di denaro non arriva ai consumatori. Sebbene le banche centrali annuncino ufficialmente di abbassare i tassi per creare crescita economica, in realtà il denaro non abbandona il circuito finanziario. Le banche non erogano crediti ai comuni mortali.»

Vero. Il sistema era molto attento a impedire che la liquidità andasse a finire nelle tasche della gente comune. Per questo era difficilissimo avere un mutuo, sia per i privati che per le piccole imprese.

In quel preciso istante comparve Jan Kobler sulla porta di ingresso. Katia fu percorsa da una scarica elettrica. L'arrivo del capo era previsto, ma Katia aveva sperato fino all'ultimo di poter concludere l'affare da sola.

«Arrivi un po' tardi, Jan, abbiamo appena finito. Se poi sei venuto per festeggiare, non abbiamo niente in contrario!» esclamò Marc, salutandolo.

Jan aveva alcuni anni più di lei, ma era un uomo carismatico, di aspetto scandinavo. Era stato assunto da poco alla Lindman Bruck, e quando aveva fatto la sua prima apparizione in sala, Katia era rimasta per un attimo con il fiato sospeso. Un altro maschio alfa.

«Che ne dite di cambiare locale?» fu la prima cosa che disse Jan, dopo averli salutati. Era appena arrivato, e già criticava la scelta di Katia.

«Le decisioni strategiche vanno prese ad alto livello» rispose lei, incassando il colpo.

Fuori li aspettava la Mercedes con autista che la banca riservava ai dirigenti. Fu una breve corsa. La vettura si fermò a pochi isolati di distanza, in un vicolo del centro storico, in fondo al quale apparivano le luci del lungofiume. Katia e Marc seguirono Kobler, che li invitò a scendere alcuni gradini, fino a una porta di legno scuro con un battente di ferro e uno spioncino.

La porta si aprì quasi subito e Katia si trovò di fronte a un spilungone incravattato in tenera età, con i capelli scuri e una barba a pizzo. Il ragazzo la guardò con diffidenza.

«Una mia collaboratrice» tuonò Kobler, facendo indietreggiare il ragazzo con lo sguardo.

Quando ebbero passato la soglia, Katia capì perché le donne, in quel locale, non erano ammesse. Il pubblico era costituito da uomini, senza eccezioni. Uomini seduti su mobili cubiformi oppure a tavoli rettangolari in plexiglas. Il tutto sotto un'illuminazione a sprazzi, che creava macchie di bianco abbagliante.

I tre presero posto a un tavolo alto, dove Marc dispose, come se nulla fosse, alcune righe di polvere bianca. Katia accettò di provarla. Anche questo faceva parte del suo lavoro.

A un certo punto notarono che Marc stava guardando insistentemente un biondino con i capelli a spazzola, seduto al bar. Con il pretesto di lasciare i due uomini soli, Jan invitò Katia a ballare.

Benché non l'avesse né voluto né previsto, Katia si trovò intrigata in un corpo a corpo con il suo affascinante capo. Grazie ai tacchi alti, le loro teste erano abbastanza vicine. Jan prese a parlarle sottovoce, su una frequenza che le fece venire i brividi.

«Come ci si sente a essere l'unica coppia etero di questo locale?» Katia aveva la pelle d'oca, ma cercò di mantenere la freddezza, portando il discorso sul *politically correct*.

«Niente pettegolezzi su Marc. È uno dei pochi clienti che non mi molestano.»

Peccato che Jan non la stesse molestando affatto.

Mentre Katia e Jan ballavano, gli altri erano già passati ai fatti. Katia non sapeva come facessero i gay a capirsi all'istante. Si era distratta un attimo, e l'avventore che Marc aveva guardato con interesse era già seduto al suo tavolo. A questo punto non le era rimasto che congedarsi da Marc, lanciandogli un sorriso da lontano.

Jan la teneva stretta, e doveva ammettere che era una stretta molto gradevole. Chissà di che cosa era capace quell'uomo, una volta spogliatosi dei suoi modi da gentleman.

Ma Marc l'aveva avvertita: «Stai attenta, Jan a Londra aveva la fama del *womanizer*. Potrebbe rovinarti la carriera. Non saresti la prima donna che viene licenziata per questo.»

Marc aveva ragione: la carriera di una donna è una corsa a ostacoli. Avrebbe saltato anche quello.

Dopo che Marc fu uscito dal locale con la sua preda, Katia tornò a sedersi al tavolo insieme a Jan. Ancora pervasa da una sensazione di euforia, cercò di far prevalere la parte razionale di sé. Gli uomini come Jan le piacevano, ma erano anche quelli che le mettevano più paura. Si chiedeva ogni volta se dietro l'apparenza si celasse un egoista, un violento o semplicemente uno che non meritava la sua fiducia. E poi aveva paura di innamorarsi, e di subire una delusione.

Le luci basse, la musica soffusa e Jan che persisteva a starle vicinissimo. Katia ebbe un momento di debolezza e lasciò che lui le sfiorasse le labbra. Inspirare il suo alito caldo fu la scintilla che la accese. Senza nemmeno rendersene conto, prese a mordergli le labbra. Una mano sui capelli, un braccio che la avvolgeva. Le bocche finirono per immergersi l'una nell'altra, aderendo come per il risucchio del vuoto. Le lingue si avvolsero, scambiandosi gli umori. Quell'uomo aveva il sapore del vino bianco.

«Andiamo a casa mia?» le disse Jan, che fu il primo a emergere dal bacio.

Katia esitò per alcuni istanti. Era accaldata, e le sembrava che gli ospiti di quel locale gay le girassero intorno, come in una giostra. Fu tentata di accettare: la lusinga di un'avventura fuori dall'ordinario era forte.

Ma lei era una *Supergirl*. Una che sapeva prendere decisioni strategiche. Strinse i pugni.

«Jan, senti… mi piaci moltissimo» e qui fece una pausa teatrale «ma… non è professionale.»

Gli sorrise, per addolcire il rifiuto. Ma alzò anche la testa e tenne il mento sollevato, come per segnalare che da quella decisione non sarebbe tornata indietro.

«Mi appello al tuo senso di responsabilità» disse Katia. «Dobbiamo ancora vendere bond per due miliardi, ed è meglio che il lavoro di squadra funzioni. Le vendette personali possono fare danni inestimabili.»

Jan, cercando di celare il disappunto, rispose con un mezzo sorriso che voleva essere ironico, e le toccò la punta del naso.

«Va bene, hai vinto. Aspettiamo la chiusura. In fondo mancano soltanto due mesi…»

Jan si riferiva alla scadenza che la direzione della banca aveva imposto al *front office* per vendere quel pacchetto di bond strutturati, di cui Marc aveva appena acquistato una tranche. Il giorno della chiusura sarebbero probabilmente di nuovo usciti, e Katia avrebbe dovuto decidere se starci o no.

Entro quella data, poteva succedere di tutto.

14.

Robert entrò nel locale e rimase sulla soglia, a perlustrarlo con lo sguardo. Ma dovette presto rassegnarsi all'evidenza: il suo campo visivo fu attraversato da figure attraenti, ma degli amici di Alex neanche l'ombra. Fece un sospiro e infilò le mani in tasca, sconsolato. Era stato un po' illuso a pensare di poterli incontrare per caso.

Ma si sbagliava. Guardando meglio, vide che al bar era seduto uno di loro: Daniel, lo scozzese di cui era già stato ospite. Si stava intrattenendo con il barista, ma qualcosa lo fece voltare e sorridere in direzione di Robert, alzando il bicchiere.

Era fortunato a trovarlo da solo. Forse gli avrebbe rivelato particolari di cui non era disposto a parlare in presenza delle donne. Si diresse senza indugio verso di lui. Daniel aveva l'aspetto di un uomo d'affari, in gessato e panciotto. Soltanto la cravatta, su cui erano riprodotti dei piccoli elefanti rossi, faceva da contrasto. Doveva essere stato un bell'uomo, che aveva messo su qualche chilo con l'età. I capelli macchiati di grigio erano ancora folti, ma la fronte era segnata dalle rughe.

«Il commissario viene a farmi compagnia?» disse a Robert, stringendogli la mano.

«Gradirei parlare a quattr'occhi» rispose Robert, al che l'altro si alzò e lo invitò a seguirlo a un tavolo in disparte.

La prima curiosità che Robert si voleva togliere era a proposito di Silvia e Katia. Che rapporti avevano con Alex? E Katia gli aveva davvero raccontato la verità? Per non insospettire Daniel, finse un interesse maschile, sperando che l'uomo gli confidasse qualche segreto.

«Non mi stupisce che ti interessi delle ragazze. Non sono soltanto belle, ma hanno una fiamma dentro. Tutte e due.»

«Parlami di loro.»

Il cameriere arrivò a prendere le ordinazioni. Daniel aspettò che si allontanasse, prima di rispondere.

«Silvia non la capisco proprio. Da quando è scomparso Alex, niente uomini» disse Daniel, allargando le braccia. «Dice che non ha voglia di imbarcarsi in avventure sentimentali.»

Robert si guardò attorno: il locale si stava riempiendo di esemplari maschili. A Silvia le occasioni non sarebbero mancate. Ma forse teneva i suoi segreti per sé.

«Meglio soli che in cattiva compagnia» rispose.

Daniel alzò gli occhi al cielo. «Del resto, uomini che reggano il confronto con Alex sono difficili da trovare.»

«E Katia?»

Il cameriere posò una vodka e uno scotch sul tavolo. Daniel lo seguì con lo sguardo, quindi alzò il bicchiere e rivolse a Robert un sorriso sornione.

«Katia è completamente diversa. Diciamo che si comporta come un uomo.»

«Me ne ero accorto» disse Robert, a cui l'attitudine sfrontata di Katia piaceva.

«Katia si concede molte avventure. Una volta mi ha confidato che si tratta di una scelta consapevole. Ma influisce l'ambiente. Quello degli investment banker è un mondo di uomini. Maschi rampanti, di tutte le età, mentre le donne sono rare. Per Katia è normale fare le ore piccole con colleghi e clienti.»

«Beata lei».

«È una questione di opportunità. Li leggi i giornali?»

Anche i poliziotti leggono i giornali. Ma non "Affari & Finanza".

«La prima pagina e la cronaca nera» rispose Robert. *Meglio omettere la pagina sportiva.*

«A capo dell'investment banking della Lindman Bruck è stato messo un certo Jan Kobler. Il tipo del maestro di tennis, ma con le chiavi della cassaforte. Che adesso è il diretto superiore della nostra amica.»

Robert si rallegrò per Katia. Forse il nuovo capo le avrebbe fatto dimenticare Alex. Sul quale era ora di portare il discorso.

«Quando ci avete lasciati soli, l'altra sera, Katia mi ha detto una cosa interessante a proposito di Alex.»

«Immagino che ti abbia esposto la sua teoria preferita» rispose Daniel, dopo avere mandato giù il suo scotch in un sorso. «Quella della famiglia segreta.»

La musica si era alzata. Robert rimase ad ascoltare le note di una melodia che sapeva suonare anche lui. Poi avvicinò la testa a quella di Daniel.

«Tu che cosa ne pensi?»

Daniel, che normalmente non distoglieva lo sguardo dall'interlocutore, guardò a terra per un momento, ma poi ritrovò il suo tono deciso.

«Katia potrebbe avere ragione» disse. «Alex era giovane e si prendeva ogni donna che voleva. Qualcuna ci rimaneva male. Ho personalmente assistito a varie scene. E nessuno può impedire a una donna di fare un figlio.»

«Ma Alex ne ha mai parlato?»

«A me Alex non parlava mai delle sue donne. Temeva che riferissi tutto alle ragazze. Per quanto riguarda Tom, è meglio che lo chiedi direttamente a lui.»

«Non eravate i suoi migliori amici?»

«Diciamo che avevamo le stesse idee politiche.»

Robert si portò in avanti col busto. «Idee politiche?»

«Adesso penserai che siamo dei radical-chic.»

«Le opinioni di Alex mi interessano.»

93

«Silvia e Alex venivano spesso a cena da noi» rispose Daniel, con lo sguardo fisso di fronte a sé. «E talvolta stavamo a discutere fino a tardi. Noi credevamo nella libertà per tutti, nell'eguaglianza, nello stato sociale e nell'Europa unita.»

Mentre pronunciava queste parole, Daniel alzò la mano in un cenno di saluto e sul suo volto si dipinse un sorriso. Robert reagì istintivamente, voltandosi.

Vide avvicinarsi un uomo più alto della media, vestito con abito blu e cravatta. Incedeva a passo sicuro, con l'espressione raggiante di chi ha voglia di divertirsi, e salutò Daniel con una pacca sulla spalla. Robert lo scrutò: non era bello, ma aveva qualcosa di accattivante. Un gran naso che campeggiava su un volto allungato. Capelli biondi, che coprivano la fronte stempiata. Si tolse la giacca, e una camicia di seta fece intravedere un fisico prestante.

Daniel aveva già iniziato a fare le presentazioni, quando l'uomo si girò dall'altra parte, rivolgendo la parola a una cameriera. Robert sorrise fra sé e sé. Avrebbero dovuto aspettare che avesse finito di corteggiare la ragazza.

Daniel invece fece una faccia spazientita. Si alzò, prese l'amico per un braccio e lo costrinse a rivolgere loro la sua attenzione.

«Ti presento Robert Bender, della polizia criminale.»

L'uomo esplose in un sorriso e strinse la mano di Robert con slancio.

Poi emise una voce baritonale: «Thomas Berger, del Corriere di Francoforte».

Robert fece mente locale. Ormai aveva familiarità con i profili su Facebook. Lo aveva subito riconosciuto come uno dei due gemelli, e si era chiesto se fosse il chirurgo o il giornalista. Ma i capelli erano troppo lunghi per una sala operatoria.

Quello era il famoso amico di Alex. Robert non poté fare a meno di osservare ogni dettaglio della sua persona. Non gli sfuggì il cronografo pregiato che Tom portava al polso. E le mani curate. Ma ciò che più balzava agli occhi non era l'aspetto fisico: era la disinvoltura dei gesti e delle parole, ai limiti della spavalderia. Gli ricordò un amico che aveva avuto in gioventù. Le loro strade si erano divise, non sapeva nemmeno lui perché. Forse fu quel ricordo a fargli provare un'immediata simpatia per quell'individuo.

«In che cosa possiamo essere utili all'apparato statale?» gli chiese Tom infilando le dita nella cintura dei pantaloni.

Alle sue spalle ricomparve la cameriera, che mise una bottiglietta di San Pellegrino sul tavolo. Robert non aveva mai capito perché bere acqua di quella marca facesse chic.

«Sto indagando sulla scomparsa di Alessandro Di Matteo. Diamoci pure del tu.»

«Robert ha già fatto la conoscenza di Katia, Silvia e Liza» aggiunse Daniel.

Tom abbassò la testa e si versò l'acqua nel bicchiere, senza bere. Si limitò a osservarne le bollicine.

«Alex si è dileguato *just in time*» disse infine. «E io dubito di sapere qualcosa che possa servire a rintracciarlo.»

La rassegnazione dei congiunti era un atteggiamento che Robert aveva sperimentato spesso. Ma qualche volta proprio le persone più prossime agli scomparsi erano a conoscenza di particolari che, correttamente interpretati, servivano alle indagini. Eccome.

«Ho visto il tuo profilo su Facebook. Sei tu il giornalista?» Robert pensò che doveva farlo parlare di sé. E stare ad ascoltarlo. Era il miglior modo per guadagnarsi la fiducia degli sconosciuti.

«Vedo che lo Stato mi ha già localizzato» rispose Tom con aria divertita. «Sono io quello che scrive di economia e finanza e vive da solo. La mia famiglia si riduce a tre persone: mio fratello e i suoi due figli.»

Mentre Tom sorseggiava l'acqua minerale, Robert si protese verso di lui. «È vero che eri il migliore amico di Alex?»

Tom annuì, incrociando le mani sotto il mento. «Nella misura in cui si può essere amici di un fantasma.»

«Tom, questo non è un interrogatorio. Parla a ruota libera.»

Tom si abbandonò sulla sedia e si mise le mani dietro la testa. Alzò gli occhi al soffitto. Sembrava che non sapesse da dove cominciare. Poi si avvicinò a Robert e iniziò a parlare. Aveva occhi azzurri, e due rughe ai lati della bocca.

«Alex era uno che c'era e che non c'era. Si eclissava per mesi. Se dovessi usare un termine economico, parlerei di "amicizia marginale".»

«Credi che avesse una residenza, o addirittura una famiglia da qualche parte?» chiese Robert, deciso a far parlare il suo interlocutore il più a lungo possibile.

«Lascia perdere le fantasie femminili di Katia e Silvia. Alex non era al cappio di nessuno.»

«Può essere scomparso a causa di una donna?» chiese Robert.

Tom rispose alla domanda con tono deciso, portando avanti il palmo della mano: «Non mettiamola su un piano così banale. Io seguirei la pista dell'oro nero.»

Robert si incuriosì. Forse Tom stava per rivelargli qualcosa del lavoro di Alex.

«Farsi dare informazioni dalla Oil Europe sarà difficile. Ha sede in Belgio e non è detto che collabori. Che cosa sapete voi?» rispose.

Daniel e Tom si guardarono, come per assicurarsi un assenso reciproco.

«Ti dice niente il termine "sicario dell'economia"?» domandò Tom.

«Sicario in senso di *killer*?» Robert si strinse nelle spalle; non sapeva di che cosa il giornalista stesse parlando.

«Mai sentito parlare di un libro dal titolo *Confessioni di un sicario dell'economia*? Te lo consiglio, è più avvincente di un thriller. L'autore è uno che ha fatto per anni questo lavoro, e che ha deciso di vuotare il sacco.»

Robert cercò con gli occhi il cameriere. Avrebbe avuto bisogno di un'altra vodka.

«E che cosa fa esattamente un *sicario dell'economia*?»

«È una specie di piazzista, che opera in paesi in via di sviluppo. Questi paesi, quando decidono di costruire impianti industriali, sono costretti a incaricare ditte straniere, perché non dispongono delle tecnologie necessarie. E i paesi industrializzati hanno imparato a sfruttare questo vantaggio, gli Stati Uniti per primi. Una volta preso di mira un determinato paese, vi vengono inviati i cosiddetti "sicari", che cercano di stabilire buoni rapporti con gli ambienti governativi e assicurare il massimo possibile di commesse alle loro società, facendo uso anche di mezzi illegali, come la corruzione.»

«Va bene. Sono procacciatori d'affari e non hanno scrupoli. Ma perché "sicari"? Arrivano anche a uccidere?»

«Immagina un paese povero, che vuole realizzare una rete elettrica, una diga, oppure un impianto di estrazione del petrolio. Occorrono capitali enormi. Dove va a prendere i soldi? Un giorno si presenta un sicario dell'economia, e offre agli esponenti governativi di questo paese il denaro occorrente, sotto forma di credito. A questo punto il paese sarà indebitato. E potrà cadere in una spirale di indebitamento, che ne acuirà la dipendenza dagli stati fornitori. È in questo modo che le potenze industriali fanno di molti paesi del mondo dei veri e propri vassalli.»

Daniel si coprì il volto con le mani e sospirò. «Si chiamano sicari perché uccidono l'economia del paese preso di mira. E non si tratta di crimini astratti. La gente muore di fame.»

«Tutte le grandi società di impiantistica hanno i loro sicari. E anche le società petrolifere» aggiunse Tom.

Robert inarcò le sopracciglia e tese le orecchie. «Volete dire che Alex era una specie di sicario dell'economia?»

«Anche le società petrolifere europee dispongono di questi specialisti» disse Daniel. «Questo è poco ma sicuro.»

La faccenda si faceva intricata. Chi era Alex? Un tecnico petrolifero, un procacciatore d'affari o qualcosa di peggio? Robert mise i fatti sul tavolo: «Ciò che sappiamo è che Alex lavorava per una società denominata *Oil Europe*. Un covo di lobbisti, ma niente di più.»

Tom allargò le braccia. «Il lobbismo era la facciata ufficiale. Ma lo scopo della Oil Europe era quello di ottenere commesse legate all'estrazione del petrolio. Con qualsiasi mezzo.»

A questo punto fu Daniel a precisare: «Crediamo che si trattasse di un lavoro pericoloso, su cui Alex manteneva il più assoluto riserbo, anche per proteggere chi gli stava vicino. Un lavoro in cui è normale avere a che fare con enormi quantità di denaro, e con governanti corrotti e sanguinari.»

«Alex può essere stato ucciso in un qualche stato del Golfo, dove la vita, anche quella di un uomo bianco, non ha molto valore» proseguì Tom.

«Può essere stato vittima di avidità, di un rivale geloso o di un incidente che nessuno si è dato la pena di denunciare» aggiunse Daniel. «Per non parlare della possibilità che sia passato agli avversari.»

«Hai ragione» disse Tom. «Gli specialisti come Alex hanno un alto *valore aggiunto*. Alex potrebbe aver ricevuto un'offerta di lavoro da parte di un paese produttore di petrolio. È una cosa che succede ai tecnici inviati dalle ditte occidentali all'estero. Vengono allettati con lauti stipendi, e anche con la prospettiva di uno stile di vita elitario.

Alex qualche volta ci ha raccontato di come viveva quando era all'estero. In quei paesi i dirigenti vivono in ville con piscina, accudite da personale a bassissimo costo, che rende superfluo qualsiasi lavoro manuale. Dei lavori umili si occupa una schiera di servitori che sono trattati alla stregua di schiavi. Si tratta di uno stile di vita che è impossibile avere qui in Europa. Non è soltanto una questione di lusso e beni materiali. La schiavitù non esiste in Europa. Ma in altri paesi, per le classi dirigenti si tratta di una cosa normale.»

Daniel scosse la testa. «Però io non ci credo. Se fosse vera l'ipotesi di un lavoro all'estero, che motivo avrebbe Alex di non farsi più vivo con noi?»

La conversazione con Daniel e il suo amico giornalista si protrasse a lungo. Per motivi di segreto istruttorio, Robert evitò di accennare a un possibile coinvolgimento di Alex nel programma Oil for Food. Ma aveva già stabilito un collegamento fra il documento intravisto da Silvia e le congetture dei due uomini.

Avevano finito per ordinarsi più volte da bere, ed era ormai notte inoltrata quando decisero di separarsi. Ma appena Tom si fu congedato, Daniel gli si rivolse come se fossero vecchi amici.

«Non credi di avere bevuto troppo per guidare? Vieni a dormire da noi. Abbiamo una stanza sempre pronta per gli ospiti.»

Robert rimase sorpreso ed esitò ad accettare. Era abituato a passare le notti a casa propria e non c'era nessuno nella sua cerchia di amici con cui avesse una tale confidenza. E poi era un pubblico ufficiale.

Non era nemmeno venuto in macchina. Sorrise all'idea che Daniel non ci avesse pensato.

Fu colto da un certo disagio, che si andava ad aggiungere alla confusione generata dall'alcool. Non sapeva a cosa andasse incontro, approfondendo il rapporto con quella cerchia di persone. Non aveva idea di quali intenzioni avessero con lui: erano soltanto curiosi di conoscere un poliziotto, volevano entrare in possesso di informazioni riservate, o c'era dell'altro? Sarebbero scomparsi subito dalla sua vita, una volta soddisfatta la curiosità?

E se anche fossero diventati amici, poteva permettersi lui di frequentare locali costosi o fare viaggi esclusivi?

«Non disturbi affatto» insisté Daniel. «Anzi, mi fai compagnia. Liza è partita per un congresso.»

Robert si guardò intorno nel locale semivuoto. Era davvero tardi, e la sua vista era già offuscata dalla troppa vodka. Ma esitava ancora.

«E poi domattina facciamo tutti colazione insieme. Vedrai che viene anche Katia.»

A questo punto decise di accettare. Una tale occasione di conoscere meglio gli amici di Alex non gli sarebbe ricapitata tanto presto.

«Anche se può sembrarti strano, sia a me che a Liza piace avere ospiti» disse Daniel, mentre salivano in ascensore.

Fu così che Robert si ritrovò con piacere nella casa spaziosa in cui aveva già vissuto una serata particolare. Anche la camera degli ospiti aveva una parete di vetro, e gli sembrò di addormentarsi su una nuvola, in mezzo alla città. Ma forse era l'effetto dell'alcool.

Mentre cedeva al sonno, la sua mente fu attraversata dai protagonisti di quella storia. Pensò a Katia, che era atterrata nel suo ufficio come un'extraterrestre. Pensò alla risata tonante di Daniel. A Silvia, che era bionda come sua madre. Infine ad Alex, che aveva visto soltanto in fotografia, ma che in parte aveva già cominciato a cambiare la sua vita. O era solo un fantasma?

Un fantasma in cui alcuni individui fuori dal comune avevano creduto di vedere l'amico, il fidanzato, l'amante, senza sapere chi fosse realmente.

15.

«Un Ricard» rispose Victor, che dal suo solito tavolo aveva un'ottima visuale su ogni angolo del locale. E sui vertiginosi grattacieli, che, attraverso la grande vetrata, si stagliavano netti nella luce del mattino.

Francoforte sul Meno non era bella come Parigi. Con quel distretto finanziario sviluppato in verticale, assomigliava a metropoli come Londra o New York. Una città in cui si andava a vivere per lavoro. Piena di banche, società finanziarie, consulenti e altri operatori del mercato.

Intelligenti, i tedeschi. La capitale finanziaria non era Berlino. E non era a Berlino che si trovavano la Corte Costituzionale e la Corte di Cassazione. Così i politici non potevano giocare a golf insieme ai giudici e ai magnati della finanza. Si chiamava *decentramento* ed era stato voluto dalle potenze vincitrici della seconda guerra mondiale, al fine di contrastare le tentazioni autoritarie. Ma con il tempo i tedeschi avevano fatto di necessità virtù. Distribuire le funzioni vitali dello Stato su tutto il territorio nazionale aveva i suoi vantaggi. In questo contesto, a Francoforte era toccata la funzione di capitale del denaro, che da qualche anno significava anche essere capitale dell'unione monetaria.

Fra tutti i luoghi in cui la sua missione avrebbe potuto portarlo, non era quello il peggiore. A Francoforte si poteva mangiare e bere come a Parigi, e la prostituzione era legale come ad Amsterdam. E poi era una città che vantava tradizioni liberali, quasi rivoluzionarie. Quando passava davanti alla chiesa di San Paolo, a Victor piaceva ricordare che in quel luogo consacrato si era riunita la prima assemblea di cittadini che rivendicavano diritti democratici, in nome degli ideali della Rivoluzione Francese. Qui era sorto il primo parlamento tedesco, nel 1848.

Per fortuna le radici democratiche avevano con il tempo prevalso. Il martirio dei socialisti durante il nazismo non era stato vano. Quel paese vantava uno stato sociale di dimensioni enormi. Diversamente da dove era cresciuto lui, lì non c'era bisogno di essere ricchi per fare una vita dignitosa. Da una decina d'anni era stato persino introdotto un reddito minimo per le persone bisognose e nullatenenti. Forse era proprio questa combinazione fra miracolo economico e solidarietà sociale a rendere la vita più piacevole da quelle parti, rispetto alle metropoli angloamericane, in cui Victor non si era mai sentito a suo agio.

Francoforte era un luogo che non dormiva mai. Di notte i negozi non chiudevano, e nelle banche c'era sempre qualche piano illuminato. Era proprio durante le ore notturne che gli era capitato di conoscere individui dal fascino singolare. Come quelli che era stato incaricato di osservare, in quel grattacielo di recente costruzione chiamato Torre Blu.

Di quel palazzo residenziale, più basso delle altissime costruzioni adibite a ufficio, gli erano piaciute subito le linee tondeggianti e le tonalità azzurrine. E il suo appartamento al diciannovesimo piano. L'ideale per uno scapolo come lui.

Per recarsi al Blue doveva soltanto prendere l'ascensore. Come molti locali di quella città, era quasi sempre aperto. E se di notte era un locale dalle luci soffuse e l'atmosfera chic, si trasformava di giorno in un caffè ristorante, dotato di terrazza panoramica, che veniva aperta nelle belle giornate di sole.

Quell'atmosfera di club esclusivo doveva piacere anche al personale, fatto di giovani sempre sorridenti e dall'aspetto curato, che masticavano anche un po' di francese. Bastavano loro, in particolare le ragazze, a mettere Victor di buon umore.

Il suo sguardo vagò per la sala. Si aspettava di vedere entrare da un momento all'altro le tre persone che aveva già osservato la sera prima. Ormai conosceva le loro abitudini.

Dalla porta di ingresso spuntò Daniel Stevens, accompagnato da Robert Bender, che doveva avere smaltito la sbornia.

Quando gli avevano telegrafato che era stata coinvolta la polizia criminale, Victor si era aspettato di trovarsi di fronte a un cinquantenne con la pancetta. Invece il commissario era giovane e in forma. Con un metro e novantaquattro di altezza, da ragazzo aveva giocato come portiere in una squadra di serie C. Chissà se quella nota sul suo talento di pianista era vera.

Oggi portava un paio di occhiali scuri, con cui forse voleva atteggiarsi ad agente speciale. Il commissario non aveva la minima idea di quanto potesse essere noioso quel lavoro.

I due uomini si accomodarono sulla terrazza. Ok era una bella giornata, ma faceva ancora un po' freddo. Su questo punto i tedeschi erano incorreggibili: bastava che il sole facesse capolino, e i locali all'aperto si riempivano di gente.

Victor rimase nella sua postazione. *Se non sbaglio, manca ancora qualcuno.*

Non dovette aspettare a lungo. La figura longilinea di Katia comparve sulla soglia. Tacchi alti, jeans firmati e camicia di seta. Ma i capelli avevano un ciuffo ribelle e le occhiaie si vedevano anche da lontano. Era quello che succedeva a fare le ore piccole in quei locali in cui gli *investment banker* portavano i clienti.

Katia era cambiata, dall'ultima volta. Chiunque non fosse stato in possesso dei dati anagrafici degli amici di Alex, l'avrebbe scambiata per la sorella maggiore.

Era a causa del pasticcio in cui si era messa Katia che Victor era dovuto tornare in tutta fretta a Francoforte; quella donna avrebbe fatto bene a stare più attenta a chi si portava in casa.

Victor seguì Katia con lo sguardo, fino a che si fu seduta in terrazza al tavolo degli altri due. Robert Bender si era tolto gli occhiali, e sembrava crogiolarsi al sole.

Povero commissario. Probabilmente non scoprirai mai la verità.

16.

«Facciamo colazione in terrazza. Vieni anche tu?»

Il messaggio laconico di Daniel era intrigante. Che cosa voleva dire "facciamo"? Liza era andata a un congresso, e Silvia il sabato mattina era sempre impegnata. Si trattava di soggetti di sesso maschile, che poi era ciò di cui lei aveva bisogno.

Quando si era svegliata, al mattino, era ancora frastornata dalla notte precedente. Rifiutare l'invito di Jan l'aveva lasciata alle elucubrazioni cerebrali, e quando era riuscita ad addormentarsi era già l'alba.

Un po' di esercizio fisico le avrebbe fatto bene, per cui decise di scendere le diciotto rampe di scale a piedi. Era senza fiato, quando apparve sulla soglia della terrazza del Blue.

Daniel era seduto in un angolo. Accanto a lui aveva preso posto una persona che Katia non si aspettava di incontrare tanto presto: il commissario della squadra Scomparsi. Robert indossava un paio di occhiali da sole che gli donavano, e appariva rilassato, visto che era stravaccato sulla sedia. Quando la vide, si raddrizzò pigramente e le rivolse un sorriso.

Katia fu costretta a strizzare gli occhi, accecata dalla luce del sole. Anche a causa degli occhiali scuri, non riuscì a registrare alcuna emozione sul volto del commissario. Invece lei, in piena luce, era probabilmente una pagina aperta. Chissà se Daniel aveva raccontato al commissario del lavoro che faceva, e delle serate che per una come lei erano obbligatorie.

«Abbiamo bevuto ieri sera e, visto che non desidero far perdere la patente a un pubblico ufficiale, ho offerto a Robert la stanza degli ospiti» esordì Daniel, invitandola a unirsi a loro.

Dopo aver salutato Daniel con un abbraccio, Katia si rivolse a Robert, mentre andava a sedersi di fronte a lui: «*Detective*, ho l'impressione che d'ora in poi ci vedremo spesso, o mi sbaglio?»

Robert si protese in avanti, poggiando un gomito sul tavolo, ma senza togliersi gli occhiali. «Preferisco essere chiamato per nome. Ci siamo già dati del tu.»

Katia annuì, soddisfatta di quella compagnia. Quindi le parole iniziarono a fluire senza ostacoli. Su iniziativa di Daniel, si rimisero a parlare di Alex. Doveva essere stato il tema che avevano affrontato la sera prima. Katia conosceva bene la teoria a cui propendevano gli uomini: un lavoro pericoloso, a stretto contatto con politici corrotti e sanguinari. Katia espose a sua volta la sua opinione, sostenendo che la ricerca di un eventuale figlio o altro consanguineo di Alex avrebbe potuto portarli più rapidamente sulla pista giusta.

Era contenta che non ci fosse Silvia. Era meglio che non partecipasse a quella discussione. Sia la possibilità che Alex fosse vivo con un figlio, sia quella che fosse morto in Medio Oriente, l'avrebbero probabilmente gettata nella disperazione. Aveva ancora qualche senso di colpa, nei confronti di colei che si era sempre comportata come una vera sorella.

Finalmente arrivò Tom, che si mise a distribuire pacche sulle spalle, accennando poi a qualcosa di cui dovevano avere discusso la sera prima. Katia non percepì le sue parole, ma si limitò a osservarlo, nella sua camicia elegante. Stava per ripensare al passato, ma riuscì a scacciare quei ricordi.

Per quanto riguardava Daniel, fra loro c'era un rituale che tenevano nascosto: facevano l'amore una volta all'anno. Luogo del peccato era un lussuoso hotel di Davos, in cui dovevano recarsi per lavoro. Lassù, in un paesaggio innevato, Katia si faceva riscaldare volentieri da quell'amico su cui poteva contare. Non aveva sensi di colpa, avendo capito che il suo matrimonio con Liza funzionava anche in virtù delle saltuarie infedeltà, che entrambi si concedevano.

Robert era stato una piacevole sorpresa. E pensare che lei era andata di persona in quel commissariato, con il preciso scopo di spingere la polizia a cercare Alex. Uno scopo che avrebbe perseguito con tutte le armi a disposizione di una donna. Disposta a fare qualsiasi sacrificio pur di trovare Alex, si era aspettata di avere a che fare con un cinquantenne, forse simpatico, ma in sovrappeso, alcolizzato e con problemi familiari. Invece aveva incontrato un tipo simpatico, giovane e ben messo. Altro che sacrificio. Peccato che Robert avesse sempre declinato tutte le sue avances; anche a casa di Liza, quando Katia già credeva di avercela fatta. Katia doveva escogitare qualcosa di speciale, per vincere quella resistenza. Ci volevano emozioni forti.

Sebbene lei fosse cresciuta in luoghi più verdi, anche i dintorni di Francoforte offrivano possibilità di contatto con la natura. Improvvisamente ebbe un'idea.

«Che ne dite di fare una gita da qualche parte? Potremmo andare al *Ponte dell'Avvoltoio*. Basta un'ora e mezzo per arrivarci» propose.

«Vuoi dire il ponte mobile di Mörsdorf?» rispose Daniel, lanciando un'occhiata prima verso Tom, poi all'indirizzo di Robert, che corrugò le sopracciglia e si portò in avanti.

Tom, che aveva appena messo lo zucchero nel caffè, rimase con il cucchiaino in mano, come se cercasse di ricordare qualcosa. «Che cos'è, un luogo di pellegrinaggio?»

Katia ricordava bene l'ultima gita che avevano fatto a quel ponte. *Just the four of us.* Non era andata a finire come aveva immaginato. Forse era quello il motivo per cui voleva tornarci.

«Era una trovata per far divertire il commissario» rispose lei, guardando insistentemente Robert, come per esortarlo a dire di sì.

«Prendiamo la mia macchina» esclamò Daniel alzandosi.

Dapprima Robert non mosse le gambe lunghe. «Mi spiegate dove volete portarmi?»

«È un luogo che piaceva ad Alex» rispose Tom. «Un'attrazione turistica che ti costringe a sfidare la paura. Si tratta di percorrere una passerella strettissima, in bilico a cento metri su una scarpata.»

«Non dirci che hai paura» aggiunse Katia, per pungolarlo. «Uno come te deve essere abituato al pericolo.»

Robert guardò a destra e a sinistra. Mai i suoi occhi già emanavano il lampo della curiosità. Alla fine il commissario si alzò, accondiscendente. Ormai era già stato contagiato dall'idea di passare con loro una giornata particolare, e li avrebbe seguiti ovunque.

Dopo una mezz'ora erano in autostrada. Sui finestrini batteva un sole accecante. Daniel guidava, Tom era seduto accanto a lui, mentre lei e Robert avevano preso posto sui sedili posteriori. Katia si era tolta la giacca, rimanendo con le spalle nude. L'aria condizionata e il freddo dello schienale in pelle la fecero rabbrividire. Sperò che quel fremito si fosse trasmesso al commissario.

Durante il tragitto, non fecero che parlare di Alex: il tema che li accomunava, e che forse Robert usava come scusa per passare un po' di tempo con loro.

«Mi avete riferito molte cose di Alex. Ne avete parlato come di una persona solare, che non aveva nemici, né particolari difetti, a parte l'infedeltà. Non sarà per caso un personaggio che vi siete semplicemente inventati?»

«Purtroppo non ce lo siamo inventati» rispose Tom, voltandosi verso Robert. «Alex era davvero un fenomeno. Ma è anche vero che negli ultimi mesi sembrava depresso. Del resto era appena tornato dall'Iraq. Tu l'hai mai vista, una guerra?»

Robert si mosse sul sedile, portandosi in avanti. «Credi che abbia subito un trauma?»

Un trauma, Alex? Katia sapeva che lo avevano fatto tornare dall'Iraq dopo lo scoppio della guerra. Ma aveva sempre creduto che fosse un uomo di affari, indifferente ai conflitti che erano normali al di fuori dei confini dell'Europa. Il suo ultimo ricordo di Alex era quello di un individuo nel pieno delle sue forze. Altro che trauma.

«È possibile che sia stato rimosso da qualche incarico. Non lo inviavano più all'estero, e qui a Francoforte era costretto all'inattività. Pensa che spesso veniva nel mio ufficio, a farsi spiegare il mio lavoro» intervenne Daniel.

Arrivarono al parcheggio nel primo pomeriggio. Il sole era ancora alto, e si incamminarono alla volta del ponte sospeso. Attraversarono un breve tratto di bosco, non sufficientemente fitto da impedire ai raggi del sole di infiltrarsi. Di tanto in tanto si aprivano radure, da cui si godeva una bella vista sul paesaggio sottostante. L'aria era pervasa di odori aromatici, che arrivavano fino ai polmoni.

Gli amici camminavano fianco a fianco, scambiandosi ogni tanto qualche parola. Ma prevaleva il silenzio, come se la bellezza della natura li rendesse inclini a un atteggiamento meditativo.

Anche Tom era più taciturno del solito. Procedeva a rilento nei suoi begli abiti, e aveva anche preso Katia per scherzo sottobraccio, facendole percepire il fruscio del cachemire. Paradossalmente, quell'uomo dal volto non bello aveva più senso estetico di tutti gli altri. Peccato che avesse rotto il suo silenzio soltanto per fare una domanda da cui trapelava il rammarico: «Perché Silvia non è venuta?»

«Perché oggi è di turno» aveva risposto Katia.

«Silvia fa la volontaria presso un centro di accoglienza per profughi. Non te lo ha detto?» aveva precisato Daniel.

Silvia era un modello, in tutto e per tutto: carina, modesta, altruista. Sarebbe andata in paradiso.

Finalmente giunsero all'ingresso, già presidiato dai turisti. Si trattava di un ponte pedonale molto stretto, sospeso a un'incredibile altezza di cento metri sopra una valle. Con una lunghezza di circa trecentosessanta metri, era uno dei più lunghi ponti sospesi in Europa. Da esso si poteva ammirare un panorama esaltante. Ma il panorama non era l'unico motivo che portava i turisti sul Ponte dell'Avvoltoio. La sua attrattiva principale era costituita dal fatto che, attraversandolo, occorreva esporsi alla sensazione di precipitare nel vuoto. Un'esperienza estrema, in cui si mescolavano il terrore e l'estasi.

Katia era già stata in quel posto, con Alex, Silvia e Tom. Anche allora avevano vissuto sensazioni esilaranti. Quello che era successo in seguito forse aveva a che fare con quel luogo. E forse Katia aveva voluto rivivere le emozioni di allora.

Il ponte appariva lunghissimo e stretto, come una corda tesa sull'abisso. Bastava guardarlo, per essere colti da una sensazione irrazionale di paura. Tu e il nulla.

Persino Tom fu abbandonato dalla consueta disinvoltura e impallidì. Invece Daniel mise per primo un piede sulla passerella, facendo loro coraggio.

«Avanti, un po' di adrenalina ci farà bene.»

Robert, che per entrare nella polizia criminale aveva certamente dovuto affrontare un addestramento fisico e psichico, rimase un bel po' a gingillare con gli occhiali da sole. Ma alla fine riuscì a fare il primo passo, e poi un altro, e un altro ancora.

Poi fu la volta di Katia. Alla vista della scarpata, su cui il ponte era teso come il filo di un equilibrista, sentì contrarsi lo stomaco. Non che lei non conoscesse la paura. Precipitare giù per la scala sociale era un pericolo con cui aveva a che fare tutti i giorni. Ma quello era un pericolo fisico. Forse la gente veniva fin lì per rammentarsi che la vita poteva finire da un momento all'altro.

Si fece coraggio e abbandonò la terra ferma.

A ogni passo, il rollio aumentava. Un piede dopo l'altro. A un certo punto fu costretta a gettare uno sguardo in basso, sul baratro che si apriva sotto di lei. Fu colta da un senso di sgomento. Sotto, non c'era niente. Trecentosessanta metri sono un'eternità, quando si è sospesi nel vuoto.

Stare lassù era una sfida con sé stessi. Davanti a lei si apriva un panorama mozzafiato su una moltitudine alberata, sulle colline confinanti con il cielo, sul verde della vallata sottostante. Sotto i suoi piedi, la passerella oscillava. Katia era pervasa da brividi. Non sapeva se fossero i raggi solari o le emozioni a farla sudare. Si accorse che ansimava, e che il cuore le batteva più forte. Era una sensazione esilarante.

Katia conosceva quegli studi psicologici in cui si dimostra che i legami fra le persone si rafforzano in situazioni in cui si condividono forti emozioni. Attraversare un ponte sospeso, sopra un'altissima scarpata, era una di quelle situazioni. Proprio per questo aveva indotto Robert ad accompagnare lei e i suoi amici fin lì. Il commissario avrebbe indagato sulla scomparsa di Alex soltanto se si fosse sentito uno di loro.

Quando Katia fece una sosta a metà tragitto, barcollava ancora. Tom era molto indietro. Doveva essersi fermato. Chissà se anche lui stava provando le stesse emozioni.

Rimase per qualche attimo ad aspettare Tom, pensando a che cosa avrebbe potuto fare di lui, se fossero stati lì da soli. Come già era successo in passato, stavano provando sensazioni inconsuete, che non avrebbero dimenticato tanto in fretta.

Anche Daniel e Robert si erano fermati, qualche metro davanti a lei.

Katia si voltò ancora una volta. Che cosa aspettava Tom a raggiungerli?

Mise a fuoco quello che stava vedendo. Tom si sporgeva dal parapetto metallico, e guardava in basso. Katia fece un calcolo mentale: le protezioni ai lati della passerella erano studiate per persone di altezza normale. Ma Tom era molto alto, e avrebbe potuto facilmente perdere l'equilibrio.

«Tom, fuck you! Che cosa fai?»

Sentì il cuore battere forte. Più guardava l'amico, proteso in avanti, più si convinse che c'era qualcosa di strano nell'inclinazione del suo corpo.

Mille pensieri le passarono per la testa. «Tom, aspetta» fu l'unica cosa che riuscì a dire.

C'erano molte cose che non sapeva di Tom. E molte altre che avevano sempre alimentato la sua immaginazione.

Lei e Silvia non erano state le uniche a soffrire, dopo scomparsa di Alex. Nemmeno Tom era più lo stesso. Lui cercava di nasconderlo, ma Katia l'aveva capito.

Di slancio, Katia si rimise a percorrere la passerella all'indietro. In quel momento il ponte non era affollato. Ma a dividerla da Tom c'era pur sempre una decina di persone.

Cercò di farsi strada, superando gli altri visitatori. Doveva avere la faccia stravolta, perché un allarme si propagò fra le persone.

«Che cosa succede?» gridò qualcuno.

Poi i timori si trasmisero da un visitatore all'altro, con un effetto domino. La passerella si mise a oscillare più forte. Stava per scoppiare il panico. Katia si piegò in due. Aveva fitte allo stomaco.

Due guardiani si precipitarono sul ponte. E una voce risuonò da un megafono:

«Si prega di non perdere la calma e di rimettersi in fila. La situazione è sotto controllo.»

Katia si appoggiò al parapetto e guardò verso la fine della passerella. Non sapeva se ce l'avrebbe fatta a raggiungerla.

«Katia, tutto bene?» le chiese Robert, improvvisamente vicino a lei.

A questo punto, vide di nuovo Tom. A qualche metro da lei. Aveva soltanto fatto una sosta più lunga e adesso stava procedendo, sospeso su quel nulla, con il volto esposto al sole.

Katia strinse i pugni e gli voltò le spalle, stizzita. Aveva avuto paura per lui. Tom l'aveva ingannata, un'altra volta.

Davanti a sé, vide Robert che le tendeva la mano. Gli sorrise e si incamminò insieme a lui. Riuscì persino a farsi prendere sottobraccio.

Quando fu sull'altra sponda, ormai era spossata. Aveva provato la paura di non farcela, e il sollievo di avercela fatta. Era bagnata di sudore. Il cuore le si era rivoltato nel petto e batteva ancora forte.

A un certo punto, le emozioni cambiarono di segno. E si trasformarono in una sensazione di felicità. Katia ebbe uno slancio. Fu l'euforia del momento. Si gettò al collo di Daniel, e poi di Robert. Loro ne sembrarono felici e ricambiarono. Avrebbe scambiato volentieri qualche bacio con entrambi. Peccato che ciò fosse proibito dalle convenzioni sociali.

Non si sarebbero scordati tanto presto di quella gita. Adesso la loro amicizia era più profonda.

«Beviamo qualcosa, prima di tornare? Offro io» propose Tom.

E come al mattino, si ritrovarono seduti su una terrazza panoramica. Ma da quella non si vedevano i grigi grattacieli edificati dall'uomo, ma altitudini e precipizi che le forze della natura avevano modellato in milioni di anni.

Quando furono di nuovo in automobile, era già pomeriggio inoltrato.

Katia era seduta vicino a Robert, a una distanza che si era impercettibilmente ravvicinata. Sarebbe bastato lanciargli un piccolo segnale.

Dato che prima o poi avrebbero dovuto raccontargli anche quella storia, Katia decise di servirsi del vezzo preferito di Alex. Prese il polso di Robert e lo accarezzò. E anche se Robert non sapeva ancora che cosa volesse dire quel gesto, fu sufficiente a farle ottenere quello che voleva.

Fu un tantino diverso da come Katia se lo era immaginato. Ma come diceva la battuta finale di quel film?

Nessuno è perfetto.

17.

Al diavolo le donne. Sono sempre loro a insistere.

Robert era uscito dalla Torre Blu quando ormai era già domenica mattina. Non era riuscito a resistere. Lassù, su quel ponte, si era sentito come un dio. E si era abbandonato alla lusinga del momento. Non era la cosa giusta, ma era stato uno sballo. Katia era un tipo particolare.

Quando tornò al lavoro, il lunedì mattina all'alba, era pieno di energia. Persino il caffè della macchinetta aveva un odore inebriante. E aprì subito il fascicolo di Alex.

Forse fantasticava, ma c'era qualcosa che suscitava in lui un irresistibile interesse per quel caso. Che fosse incappato in una storia di spionaggio? Quanto aveva appurato sul programma Oil for Food, o sulla possibilità che Alex fosse un *sicario dell'economia,* faceva pensare a una cosa del genere.

Per prima cosa, si propose di fare qualche ricerca sui dati anagrafici dello scomparso. Nonostante tutte le disposizioni di legge sul trattamento dei dati personali, la polizia aveva accesso all'anagrafe dei residenti, ai registri automobilistici e a molti altri dati che i comuni cittadini sono normalmente costretti a rivelare, se vogliono locare un appartamento o aprire un conto in banca.

Il computer era lento e Robert aspettò con impazienza la schermata iniziale. Il suo sguardo si posò sul metronomo che campeggiava sulla scrivania. Serviva a ricordargli che il tempo a sua disposizione era limitato.

Scandagliando banche dati, Robert fece una scoperta interessante: Alex non era più iscritto all'anagrafe e non risultava fra la popolazione residente. La cancellazione dei dati, di cui non c'era traccia, doveva essere avvenuta di recente, perché Robert aveva fatto la stessa ricerca subito dopo la prima denuncia di Katia. Inoltre l'appartamento non era intestato a lui, e non era mai stata immatricolata un'automobile a suo nome. Nei comuni registri, in cui

113

normalmente è riportato qualsiasi cittadino, come l'ufficio delle entrate, Alex non era rintracciabile. Nemmeno le società telefoniche avevano il nome di Alex fra gli abbonati.

Almeno era riuscito a raccogliere qualche informazione sulla società presso cui Alex era occupato. Si chiamava "Oil Europe" e aveva sede a Bruxelles. Questa società era anche locataria dell'appartamento dello scomparso. Il fatto che la società si trovasse in Belgio rappresentava un ostacolo non indifferente per le indagini, perché per un interrogatorio ufficiale dei responsabili sarebbe stata necessaria una rogatoria internazionale.

L'assenza di Alex dai comuni registri civili era sospetta. Si trattava di un privilegio riservato ai diplomatici, o agli esponenti di organizzazioni internazionali. Qualsiasi cittadino era obbligato a denunciare la propria residenza, e non ottemperare a quell'obbligo costituiva un reato. Senza un certificato di residenza era anche impossibile stipulare contratti con fornitori di utenze e società telefoniche.

Robert fu costretto a ipotizzare che quello di Alex fosse un nome falso, creato per nascondere la sua vera identità, che era rimasta ignota anche ai suoi amici più intimi. Era vero che l'identità di Alex era stata confermata dalla Oil Europe. Ma era possibile che la Oil Europe facesse parte del complotto.

Ripensando al suo colloquio con Tom e Daniel, e a quanto rivelato da Silvia, Robert si era ormai convinto che la scomparsa di Alex fosse davvero sospetta.

Quello che aveva scoperto sarebbe stato sufficiente per sollecitare l'avvio di un'indagine ufficiale presso i suoi diretti superiori.

Guardò l'orologio digitale: doveva sbrigarsi, perché la conferenza strategica della squadra stava per iniziare. Una volta alla settimana gli agenti si riunivano a un grande tavolo ovale, per fare il punto sui casi pendenti e sui nuovi casi da affrontare.

Robert prese il fascicolo sotto il braccio, chiuse a chiave il suo ufficio e si avviò per il lungo corridoio. Era deserto e pervaso da un odore di detergenti. Da quando erano iniziate le vacanze scolastiche, molti colleghi erano in ferie.

La squadra scomparsi contava appena sei agenti, comandati dal sovrintendente Theo Sander. Un uomo che aveva già passato i cinquanta e che dava molta importanza al suo aspetto. Non si toglieva mai la cravatta e sfoggiava scarpe di manifattura. Anche i suoi modi erano quelli di un uomo di classe: Robert non lo aveva mai visto in preda agli scatti collerici che spesso avvilivano i colleghi.

Purtroppo Sander aveva una personalità che, pur affascinando uno psicologo dilettante come Robert, gli impediva di farselo amico. Il sovrintendente era fondamentalmente uno snob, capitato per chissà quale motivo in polizia, nonostante fosse figlio del CEO di un'importante banca di affari. Con il risultato che guardava tutti dall'alto in basso, aspettava soltanto il prossimo scatto di carriera e faceva fare tutto il lavoro ai sottoposti.

Se il capo avesse ottenuto l'agognata promozione, il posto di sovrintendente sarebbe toccato a Robert. E lui a quella promozione ci teneva, anche se il suo lavoro non sarebbe cambiato di molto.

Erano numerose le denunce che pervenivano alla Scomparsi. Ma soltanto una parte di esse faceva scattare un'indagine. Quando a scomparire erano persone adulte e capaci, la presunzione di scomparsa volontaria era la regola. La procedura era radicalmente diversa soltanto nel caso della scomparsa di bambini, per i quali venivano avviate ricerche immediate, con elicotteri e unità cinofile. Purtroppo i casi di bambini scomparsi erano sempre più frequenti, e bastavano a tenere occupati lui e i colleghi a tempo pieno.

Robert entrò nella sala conferenze: mobili di legno scuro alle pareti, un tavolo ovale, un frigorifero e una caffettiera automatica. A quell'ora del giorno vi entrava molta luce da fuori, che faceva saltellare la polvere sospesa nell'aria.

Erano soltanto in cinque. Katrin, con i capelli raccolti in uno chignon e gli occhiali rotondi sulla punta del naso, stava scartabellando un fascicolo e alzò appena la testa, per salutarlo. Peter era in piedi di spalle e stava discutendo con Sander, accompagnandosi con gesti concitati. Robert rinunciò a capire di che cosa i due stessero parlando, fece un cenno di saluto e si mise a sedere accanto a Nadia.

Aprì il suo fascicolo di fronte a sé, con la foto di Alex in bella vista.

«Possiamo iniziare, siamo al completo» dichiarò Sander.

La squadra Scomparsi era la cenerentola della polizia criminale. Bastava che qualcuno prendesse le ferie, e l'organico si riduceva ai minimi termini.

Prima di iniziare la consultazione sui nuovi casi, Sander passò a riassumere i casi chiusi la settimana prima. Il peggiore difetto del sovrintendente era quello di usare troppe parole. Più che esporre i fatti, gli piaceva tenere discorsi.

Anche i suoi colleghi lo trovavano noioso: Katrin aveva messo su uno sguardo trasognato, Peter teneva le braccia incrociate. E Nadia scarabocchiava su un taccuino. Ma nessuno aveva il coraggio di rompere le righe.

Dopo aver fatto finta di ascoltarlo per un po', Robert si alzò e lanciò un'occhiata significativa prima all'orologio, poi alla foto di Alex.

«È ora di passare ai casi nuovi, se permetti.»

Sander rimase a bocca aperta. Robert gli stava mancando di rispetto. Ma siccome era a lui che delegava tutto il lavoro, il capo lasciò perdere. Con un gesto della mano e l'aria di chi porta pazienza, invitò Robert a prendere la parola. *Finalmente.*

«Si tratta di una denuncia abbastanza vecchia, su cui credo che sia giunto il momento di aprire un'indagine. Almeno è questo il parere che mi sono fatto dopo aver approfondito la vicenda nei giorni scorsi.»

Katrin alzò la testa dalle sue scartoffie e si sistemò gli occhiali sul naso.

«Sentiamo» disse Sander, giungendo le mani sotto il mento.

«Premetto che le mie informazioni si basano esclusivamente su quanto riferito dalle parti. Devo ancora procedere al riscontro oggettivo dei dati.»

Nadia scosse la testa. Doveva ricordarsi di quel caso. Katia aveva sempre suscitato la sua diffidenza.

Robert continuò, con lo sguardo che faceva la spola fra i presenti e la foto di Alex.

«Si tratta di uomo di trentaquattro anni. Si chiama Alessandro Di Matteo e possiede doppia cittadinanza. È scomparso da Francoforte un anno fa. Era dipendente di un consorzio petrolifero e veniva inviato all'estero per lavoro.»

«È stato un familiare a denunciarne la scomparsa?» chiese Sander, che aveva assunto un'espressione incuriosita.

«Non siamo in possesso di una denuncia da parte di familiari. La scomparsa è stata segnalata da una donna, che si è presentata a nome di un gruppo di amici. La donna sostiene che Di Matteo si sia dileguato nel nulla.»

«La classica scomparsa volontaria» intervenne Nadia. «Sono stata io a ricevere la denuncia.»

«Anch'io all'inizio ho pensato che si trattasse di allontanamento volontario. Ma ho cambiato idea» disse Robert, spingendo il fascicolo con la foto di Alex verso Sander.

Il sovrintendente lo prese in mano e inizio a sfogliarlo con interesse.

La voce bonaria di Peter risuonò alla sua sinistra. «Che cosa ti ha fatto cambiare idea?»

Robert evitò di parlare dell'aggressione di cui era stata vittima Katia. *Meglio non complicare le cose con gli intrighi internazionali.*

«Ho avuto modo di interrogare, a titolo informale, anche gli altri amici. Da queste testimonianze sono emersi dettagli sospetti.»

Sander alzò la testa dall'incartamento. «Sussiste un qualche elemento che possa far sospettare un reato?»

«Di Matteo aveva una relazione stabile con una delle donne, la quale possedeva le chiavi del suo appartamento. Ma quando ha provato a entrarvi, circa un mese dopo la scomparsa, si è accorta che la serratura era stata cambiata e la porta era stata sostituita da una porta blindata.»

Robert guardò quindi i presenti, nell'attesa di una domanda che nessuno gli fece esplicitamente. Esitò, quindi rispose ugualmente: «Ho provato ad aprire la serratura con i mezzi a nostra disposizione. Ma la porta è davvero blindata. Escludo anche la possibilità di entrare dalla finestra, visto che l'appartamento è al sedicesimo piano di un grattacielo. Ci vuole un mandato di perquisizione.»

«Hai chiesto al locatore?» chiese Katrin.

«Si tratta della società di cui Di Matteo era dipendente. Ha sede in Belgio ed è stata molto riluttante a rispondere alle mie domande.»

Sander assunse un tono spazientito. «Sei sicuro che non abbiamo casi più urgenti?»

«Ho riscontrato una cosa molto strana. Alessandro Di Matteo non è iscritto all'anagrafe dei residenti e non è riportato in alcun registro civile. Ciò può far pensare a un privilegio diplomatico, oppure a un'identità falsa. Inoltre c'è un altro elemento che rimanda alla pista diplomatica: una delle testimoni riferisce di avere visto in casa dello scomparso un documento relativo a un programma umanitario dell'ONU.»

Mentre poneva l'accento sull'ultima parola, Robert notò un'ombra calare sul volto di Sander.

Peter spalancò gli occhi. «Hai detto ONU?»

Nadia lanciò a Robert un'occhiataccia. Non gradiva essere tenuta all'oscuro dei dettagli.

Improvvisamente, Sander scattò in piedi. «Per oggi abbiamo finito» disse. «Robert, ti faccio sapere.»

Robert e gli altri si scambiarono una serie di sguardi sorpresi. Il capo aveva fretta di chiudere la seduta. A Robert non sfuggì che aveva infilato il fascicolo Di Matteo nella sua valigetta.

Dopo quella conferenza, passarono tre lunghissimi giorni in cui Robert non ricevette alcuna notizia. Nemmeno Nadia, per le cui mani passavano tutte le carte, sapeva che cosa avessero deciso i superiori.

Nel pomeriggio del terzo giorno Robert era ancora in ufficio, intento a formulare una domanda di detenzione preventiva. Erano già le sette, quando sentì il rumore secco della maniglia. Non fece in tempo ad alzare la testa, che il capo aveva già deposto il fascicolo Di Matteo sul suo tavolo.

«Il tuo caso è approvato» disse Sander, facendo un passo indietro, come per prendere le distanze.

«Apriamo un'indagine?» esclamò Robert, scattando in piedi.

«È ufficiale» rispose Sander con noncuranza. «Per prima cosa dovrai ottenere la perquisizione dell'appartamento. Dobbiamo escludere che ci sia un cadavere occultato da più di un anno.»

Qualcosa diceva a Robert che nell'appartamento non avrebbero trovato niente. Ma perché il capo gli aveva parlato in seconda persona?

Theo Sander dovette capire ciò che Robert stava per chiedergli, perché anticipò la risposta: «Purtroppo ho anche una brutta notizia. Dovrai condurre l'indagine da solo.»

Robert mise le mani sul tavolo e lo guardò con aria interrogativa.

«Provvisoriamente. Lo sai che in questo momento siamo a corto di personale» continuò il sovrintendente, che allungò un braccio per assestargli un colpetto sulla spalla. «Ma sono sicuro che te la caverai benissimo.»

Robert non rispose. Si limitò a seguire con lo sguardo il capo, mentre girava i tacchi e usciva, senza ulteriori spiegazioni.

Il fatto che lo lasciassero da solo era un po' strano. Evidentemente quel caso non aveva fatto scattare alcun particolare zelo investigativo.

Aprì il fascicolo: l'atto era firmato dalla direzione criminale e dal procuratore. Robert poteva davvero iniziare.

Nel suo ufficio già si allungavano le ombre del crepuscolo. Era tardi, e sarebbe stata ora di staccare. Ma Robert era deciso a scoprire la verità e non poteva mollare sul più bello. Accese la lampada da tavolo. Poi diresse il cono di luce verso la foto di sua madre. Era lei che gli aveva insegnato a non fare compromessi.

Lo aspettava una laboriosa ricerca al computer. Per prima cosa, cercò di allargare a livello internazionale la ricerca sui dati anagrafici di Alessandro Di Matteo, sul datore di lavoro, sul locatore dell'appartamento. Si propose di contattare la società e l'amministrazione condominiale, per fare una richiesta informale delle chiavi, con la velata minaccia di distruggere la loro sacrosanta proprietà privata.

L'istanza per ottenere l'ordine di perquisizione dal giudice avrebbe dovuto presentarla lui stesso. Si mise a cercare il modulo.

Per quanto riguardava l'appartamento di Katia, non c'era bisogno del giudice. La donna aveva acconsentito a un sopralluogo da parte della polizia scientifica. Robert le avrebbe anche mandato un esperto di informatica, per controllare il suo pc.

Prima di staccare, a Robert venne in mente che c'era un'altra cosa che poteva fare. Un'operazione di routine, per la quale non avrebbe avuto bisogno di alcuna autorizzazione. Qualcosa gli diceva che era meglio così.

Avrebbe inserito la segnalazione sulla scomparsa di Alex nella banca dati dell'Interpol.

Batté qualche tasto sul computer e riuscì a connettersi all'archivio. Prese il fascicolo Di Matteo, fece una scansione della foto e inserì tutti i dati relativi a quel caso in un nuovo record. Non mancò di completare i dati con il suo nome, il suo grado e i suoi contatti.

Quando ebbe finito, contemplò il risultato: il rapporto era chiaro ed esauriente. La foto di Alex era intrigante. Robert cominciò a sperare che qualcuno, da qualche parte dell'emisfero terrestre, fosse disposto a scambiare informazioni con un ficcanaso della polizia di Francoforte.

18.

Fra meno di un'ora sarebbero atterrati all'aeroporto.

Tornare a casa, dopo quasi due anni di assenza, evocava in lui sensazioni non facilmente decifrabili. Non era sicuro che si sarebbe riadattato facilmente all'ambiente da cui proveniva. Quell'esperienza lo aveva cambiato a tal punto, da farlo sentire non soltanto maturo, ma anche immune alle avversità della vita.

Guardandosi intorno, constatò che era nuovamente circondato dalla solita gente che viveva in una condizione di privilegio senza nemmeno accorgersene. Gente afflitta da problemi di poco conto, che potevano essere facilmente risolti con un semplice cambio di prospettiva e una maggiore apertura verso le occasioni offerte dall'esistenza. Gente a cui non mancavano i presupposti materiali per essere felici, ma la forza, il coraggio, la consapevolezza.

Lui veniva da luoghi afflitti da guerre ed epidemie. Luoghi dove la vita umana contava poco, dove la sopraffazione era normale, dove vigeva la legge del più forte.

La missione lo aveva portato in Congo, in Nigeria e altri paesi africani. Conosceva ospedali improvvisati, aveva visto la morte e la sofferenza, aveva vissuto l'impotenza di chi non poteva fare più niente.

Soprattutto aveva visto un mondo diverso da quello in cui era cresciuto. Un mondo in cui i diritti umani erano soltanto parole, e la gente comune doveva quotidianamente affrontare violenze e soprusi. A confronto con quel mondo, aveva capito di essere sempre stato un privilegiato, un tizio che aveva avuto la fortuna di nascere in un paese europeo.

«Anche lei a Francoforte per lavoro?» gli chiese la maliarda che occupava il sedile vicino al suo da quando si era imbarcato per l'ultima tappa del suo viaggio.

«In un certo senso. Lavoro in ospedale» le rispose, sperando di essere scambiato per un infermiere. La donna, abbigliata in un completo business che lasciava scoperte le gambe, era avvenente. Ma aveva qualcosa nella voce, o nel profumo penetrante di cui era inondata, che lo avrebbe spinto non ad accorciare, ma ad allungare le distanze.

«Che coincidenza! Anch'io sono occupata nella Sanità» rispose lei, apprestandosi a prendere la borsetta. Forse voleva dargli un biglietto da visita. Ma lui la fermò con lo sguardo.

La maliarda aveva cercato di attaccare discorso per tutto il volo. E lui aveva tentato più volte di mettere in bella mostra la fede che portava ancora al dito. Ebbe un fremito, mentre se la rigirava fra le dita. Era ora di togliersela, una volta per tutte.

E pensare che aveva avuto molte avventure con donne incontrate in aereo. Con colleghe, infermiere, interpreti. Con donne che gli avevano sfrontatamente proposto di fare sesso come se fosse la stessa cosa che andare a cena. Quello dei "Medici senza Frontiere" era un ambiente in cui si veniva a contatto con una gran quantità di persone, di ogni etnia ed estrazione sociale. Per di più, sembrava che sotto il sole infuocato di quelle latitudini la morale non avesse lo stesso peso che aveva in Europa. O forse era il senso di una possibile morte imminente a spingere gli individui ad afferrare la vita. *Memento mori.*

Una hostess dalla divisa blu e gialla venne a controllare l'allacciamento delle cinture. Un trambusto di voci e battenti chiusi si sparse nella cabina.

Non vedeva l'ora di tornare al lavoro. Il mestiere di chirurgo faceva per lui. Si sentiva a suo agio nelle corsie di ospedale. Gli dava soddisfazione vedere i pazienti guarire. E sapere che era merito suo. Dell'ospedale amava persino le nottate, le corse in automobile per raggiungerlo di urgenza. Persino l'odore dei disinfettanti. E poi, quando era in sala operatoria, talvolta cadeva in uno stato di tale concentrazione che il tempo sembrava fermarsi, e la percezione si limitava a quell'attività, a quell'istante, in modo esclusivo e assoluto. Emergendo da quello stato di grazia, si accorgeva di essere stato felice.

Una voce metallica annunciava che erano in fase di atterraggio.

Christian scorse dal finestrino le cime dei grattacieli. Lo aspettava una metropoli piena di occasioni e, allo stesso tempo, di trappole insidiose. Ma che cosa avrebbe potuto capitare a un privilegiato come lui?

E poi non era più l'uomo timido e insicuro che era venuto a compiere gli studi in città. Era anche per oltrepassare quei confini che si era offerto volontario per l'Africa.

All'uscita, non gli fu difficile individuare Tom, che emergeva dalla folla per altezza. Gli venne incontro col suo solito modo di fare espansivo, tenendo per mano i suoi bambini. Sebbene vivessero con la ex moglie, anche Tom si era occupato di loro in quei due anni. Alla vista dei suoi figli quasi adolescenti, Christian non poté fare a meno di rimpiangere quello che si era perso in quegli anni di assenza.

«Ben tornato fra i peccatori» esclamò Tom, mentre Christian abbracciava lui e i bambini, felice.

Mentre procedevano tutti insieme verso l'uscita, Christian avvertì il profumo penetrante che lo aveva accompagnato in aereo. Si voltò e vide un'espressione di sorpresa stampata sul volto della maliarda. La donna stava constatando che di lui esisteva un doppione. Nonostante i capelli corti e gli occhiali, il fatto che lui e suo fratello fossero identici non sfuggiva a nessuno.

19.

Robert si era già abituato all'idea di condurre quell'indagine da solo. La cosa aveva innegabili vantaggi, perché gli avrebbe consentito di mantenere stretti contatti con gli amici di Alex, senza che a qualche collega venisse l'idea di rilevare un conflitto di interessi, o di criticare la sua mancanza di "distanza professionale".

Da quando l'ultima ondata di tagli al personale aveva provocato il licenziamento del collega con cui condivideva la stanza, si trovava a occupare da solo un ufficio di non pochi metri quadri, che in cuor suo chiamava scherzosamente "centrale operativa della Commissione Di Matteo".

Era una giornata tersa: dalla grande finestra Robert poteva vedere il lungofiume e, a una certa distanza, la torre della Lindman Bruck. Rimase per qualche minuto a fissare il muro, incerto sul da farsi. Si mise quindi a riordinare la carte, che si erano accumulate sul suo tavolo. Il caffè aveva un sapore dolciastro. Doveva ancora preparare gli interrogatori dei testimoni. Per quanto riguardava la perquisizione dell'appartamento di Alex, l'autorizzazione tardava ad arrivare.

Mentre stava cercando di concentrarsi, squillò il telefono: era la segretaria del capo.

«Sander vuole vederti subito.»

Robert si chiese il motivo di quella convocazione urgente. C'era stato qualcosa, nella voce della donna, che non faceva presagire niente di buono.

Forse gli stavano per ordinare di archiviare le indagini su Alex. Non sarebbe stata la prima volta che un qualche potente riusciva a far pressione sulla polizia, al fine di calare un velo su verità scomode. Qualcosa gli diceva che anche la vicenda di Alex apparteneva a quel genere di verità.

Si avviò per il corridoio con le mani in tasca.

La segretaria lo fece passare subito nell'ufficio di Theo Sander. Un ufficio spazioso, con molte targhe alle pareti, e una scrivania in cui ogni cosa era al suo posto. Ma il capo non era solo. Di fronte a lui era seduta una donna. Voltandosi, lei rivelò un volto dai lineamenti regolari, ma corrucciato da un'espressione severa. La riga le spartiva i capelli neri, raccolti all'indietro in una coda di cavallo. Doveva avere qualche anno più di lui.

La donna si alzò, si tolse un paio di occhiali a farfalla e gli si parò di fronte con una postura eretta, che aveva qualcosa di autoritario. Se gli avessero detto che quella donna aveva un grado militare, Robert non si sarebbe stupito.

«Nicole Schmidt, polizia federale.»

Robert fece un passo indietro, come per difendersi: la donna aveva un viso dolce, ma anche spalle larghe e un'altezza superiore alla media. La voce era ferma, di testa.

Dopo le presentazioni, e dopo che furono passati a darsi del tu, Sander inaugurò la seduta.

«Ti ricordi il caso di quella donna di cui non siamo riusciti a identificare il cadavere?»

«Quella con i denti rifatti?»

«Poiché supponiamo che si originaria dell'Europa dell'est, abbiamo richiesto a Berlino assistenza per ottenere informazioni dall'estero. Nicole fa parte del gruppo di esperti che si occupano dei rapporti con le polizie di altri paesi. Rimarrà con noi per qualche mese, e terrà anche un corso di aggiornamento.»

Balle. I corsi di aggiornamento non c'entravano niente. La polizia federale non si faceva viva per caso. Robert ebbe un brutto presentimento.

Fu Nicole a prendere la parola.

«Theo è stato molto gentile a illustrarmi i casi a cui state lavorando. E mi ha detto che c'è una scomparsa su cui stai indagando da solo. Se non sbaglio, è un caso internazionale. Sono stata autorizzata ad affiancarti nelle indagini.»

Robert rimase perplesso. Erano passati soltanto pochi giorni dalla sua segnalazione su Interpol, e già un'agente inviata da Berlino voleva ficcare il naso nel caso Di Matteo. Un caso che fino a poco tempo prima non aveva destato alcun interesse.

Mentre Nicole illustrava i vantaggi della loro collaborazione, Sander si limitava ad annuire, e a confermare con un cenno del capo o con un commento monosillabico le parole della donna. Robert ebbe l'impressione che il capo le avesse già passato, per un qualche motivo a lui sconosciuto, le competenze decisionali.

«Robert, portaci il fascicolo Di Matteo.»

Robert annuì di malavoglia e si apprestò a obbedire. Mentre percorreva il corridoio, fu assalito da un'ondata di dubbi. Che cosa voleva la polizia federale? Lo avrebbero aiutato, o erano lì per intralciare le indagini su un caso scomodo? Il suo istinto di ficcanaso si era rivelato giusto. Quella non era la storia di una banale scomparsa.

Il fascicolo giaceva sulla sua scrivania. Robert lo aprì e rimase a osservare la foto di Alex. Gli parve che lo scomparso guardasse proprio lui, come per dirgli "scopri la verità".

Ebbe un attimo di lucidità: la polizia federale voleva occuparsi di quel caso, senza però avocarne la competenza ufficiale. Ciò poteva essere dovuto a motivi di segretezza, per esempio di fronte alla stampa, o a un disaccordo fra le alte gerarchie.

Robert decise di fare buon viso a cattiva sorte. In fondo la cosa aveva aspetti positivi. Non avrebbe dovuto fare tutto il lavoro da solo, ma sarebbe rimasto titolare dell'indagine. E chissà che la polizia federale non disponesse di informazioni a cui lui non aveva accesso.

Tornato nella stanza di Sander, Robert si mise a esporre a Nicole i dettagli del caso. Le parlò delle persone coinvolte, di quelle che stavano per interrogare, e del datore di lavoro, a cui avrebbero dovuto fare visita.

Quando ebbero finito, era ormai ora di staccare. Ma la nuova collega lo incuriosiva. Doveva essere sola in città. Forse poteva invitarla a bere qualcosa.

Fu così che la seguì fino all'uscita.

«Se vuoi, ti accompagno» le disse, mentre scendevano i gradini.

«Non c'è bisogno, grazie» rispose lei, che rimase ferma di fronte all'ingresso e diede un'occhiata al cellulare.

«Francoforte ti piacerà» iniziò a disquisire Robert. «Abbiamo un centro storico appena restaurato, con le facciate a graticcio, la torre medievale, la casa di Goethe...», ma dovette interrompersi, perché una BMW nera si era fermata di fronte a loro.

Accidenti. Il modello a otto cilindri.

Nicole fece per sgattaiolare all'interno dell'abitacolo. Ma, prima di salire, si voltò verso Robert, come se fosse pentita di doversi congedare in quel modo.

«Ho capito» esclamò lui. «Niente grattacieli. Sei diretta verso un hotel in collina. Come la gente che conta.»

«Sbagliato» gli rispose Nicole, divertita. «Sono alloggiata alla Torre Blu. Ci vediamo lì, commissario.»

20.

A ripensarci, quello che era appena successo significava che Alex non sarebbe tornato.

Katia guardò l'orologio: da pochi minuti era già domenica, e lei stava facendo ritorno a casa da sola. Lo specchio dell'ascensore fu implacabile: più si osservava, più l'espressione del suo volto si irrigidiva in un broncio. Non sapeva se fosse invidia o indignazione, ma quella novità l'aveva presa in contropiede. Aveva sempre pensato che Silvia credesse nell'amore eterno, e che sarebbe rimasta fedele ad Alex ancora per parecchio tempo. *Bullshit.*

E pensare che aveva già deciso di affrontarla apertamente. Di chiederle se davvero non sapesse dove fosse Alex. E quale fosse il segreto che le tenevano nascosto.

Dopo la scomparsa di Alex, i suoi rapporti con la sorella si erano raffreddati. Qualcosa le diceva che Silvia preferiva tenere le distanze, e lei aveva rispettato quella decisione. In fondo, erano molto diverse, e non avevano più nulla da dirsi.

Quel sabato mattina, Katia aveva ricevuto una chiamata di Tom, mentre stava ancora attraversando le vie del centro. Pensando che fosse qualcuno della banca, aveva preso in mano il cellulare per rispondere. Ma era rimasta di sasso, vedendo il profilo dell'amico. Non si aspettava che lui la chiamasse. Era passato molto tempo da quando si sentivano continuamente al telefono.

«Pronto?» aveva risposto con un filo di voce, temendo che nel frastuono assordante della strada non sarebbe riuscita a sentire quello che Tom aveva da dirle.

Dall'altro capo del telefono l'aveva raggiunta una voce che scoppiava di allegria. Come se fra loro non ci fosse mai stato uno screzio.

«Katia!» aveva esclamato Tom. «Stasera devi venire assolutamente al Blue. È tornato Christian.»

Christian, il dottore? *Damn*. La doppietta formata da Tom e il fratello geniale era proprio quello che ci voleva per farla andare su di giri. L'ultima volta che si erano visti, due anni prima, erano rimasti a bere e scherzare fino a tardi. E anche qualcosa di più. Era purtroppo stata una serata d'addio, prima che Christian partisse per un lungo soggiorno all'estero.

Katia non vedeva l'ora di rivedere Christian. Ma non era corsa a casa a farsi bella e indossare qualcosa di sexy. Dopo una lunga riflessione, aveva optato per uno stile purista: camicia di seta, collana di perle e tailleur blu. Non voleva bruciarsi con un'avventura.

Quando entrò nel locale, non riuscì subito a distinguere chi era seduto al loro tavolo. La sala era piena, e sulla pista la gente ballava un ritmo latino. Katia gradì quelle frequenze, ed ebbe voglia di muoversi a passo di musica.

Mentre avanzava ancheggiando, avvistò la mano di Daniel che si alzava in segno di saluto. Il capannello di gente che le aveva ostruito la vista si diradò, e Katia riconobbe subito due schiene familiari. Erano i gemelli seduti l'uno accanto all'altro.

Katia ignorò Tom e si rivolse direttamente a Christian, sorprendendolo alle spalle.

«Christian, non ci credo. Sei proprio tu?»

Christian ricambiò il saluto alzandosi, sorridendo e prendendole la mano. Fu lei ad abbracciarlo. Poi gli si mise a sedere di fronte.

«E il bambino si è salvato?» chiese Daniel. Katia doveva avere interrotto una conversazione.

«Sì, ma abbiamo rischiato grosso. Il farmaco non era ancora omologato» rispose Christian, guardando un punto fisso di fronte a sé.

Katia si era preparata a partecipare a una conversazione seria. Ma prevalse in lei la sorpresa nel vedere Christian così cambiato. E per cambiato, intendeva cambiato in meglio: il fratello di Tom aveva la

130

pelle bruciata dal sole. Era lo stesso uomo, ma il suo sguardo era limpido e diretto.

Si ricordava Christian come uomo riservato, persino un po' timido. Un'immagine coerente con quanto le aveva raccontato Tom («come ha fatto a laurearsi in medicina a tempo di record? Mentre io andavo a divertirmi, lui stava sempre a studiare»). Una timidezza che non gli aveva impedito di mettere al mondo ben due figli, il che faceva di lui l'unico uomo che, all'interno di quel gruppetto, potesse essere definito "potente" in senso biologico.

Ma adesso Christian non sembrava avere paura. Anzi pareva circondato da un'aura di invincibilità. Era come se invitasse gli altri ad avvicinarsi. Anche lei.

«L'Africa deve averti stregato» intervenne Liza. «Confessa che vorresti essere ancora lì.»

Christian rispose con un cenno di assenso. «Sarei rimasto, se non avessi due figli.»

Era la copia esatta di Tom. Vedendoli uno accanto all'altro, Katia si era di nuovo stupita dell'incredibile somiglianza. Se Christian non avesse avuto capelli cortissimi, sarebbe stato difficile distinguerli. Avevano le stesse mani, gli stessi lineamenti non belli, con un naso troppo pronunciato, e quel fisico di cui Katia aveva un ricordo ancora un po' conturbante. Per di più, indossavano gli stessi abiti, come i ragazzini. Sicuramente un'idea di Tom, a giudicare dal taglio e dalla stoffa pregiata della camicia scura, che faceva spiccare l'abbronzatura di Christian.

«Fra le tue passività c'è anche un fratello» disse Tom, al che tutti scoppiarono in una risata.

Christian parlò a lungo della sua vita in Africa, rispondendo alle domande degli amici, e anche di Katia. Era sempre stato eloquente. Ma adesso aveva imparato a modulare la voce. Rimase tutta la sera al centro dell'attenzione, con suo fratello che si limitava a fargli da spalla.

131

«Sei cambiato» gli disse Katia. «Lo sai che si vede?»

Christian sembrò riflettere per un momento. Giunse le mani, poi rialzò la testa e la guardò in faccia.

«Non ho più paura di morire, Katia» rispose. «Quando vedi la morte tutti i giorni, impari ad apprezzare ogni singolo momento della vita.»

Di fronte a quell'uomo, che aveva il corpo del suo ex ma sembrava essere privo dei suoi gravi difetti, Katia fu tentata di mostrarsi disponibile. Ma Christian era troppo buono. Sapeva benissimo quello che c'era stato fra lei e suo fratello e cercò persino di coinvolgere Tom nella conversazione, spostando il tema sui suoi ultimi articoli. Gli articoli che lei conosceva a memoria. Con una scusa qualsiasi, Christian cambiò persino posto, cosicché lei si trovò seduta direttamente di fronte a Tom.

Ma Katia se ne infischiava. Non aveva nessuna intenzione di riprovarci. Gli aveva dato una bella lezione, al ponte sospeso. Lo aveva ignorato, andandosene via con il poliziotto.

E nel momento in cui lei ripensava al suo incontro con Robert Bender, lo vide entrare, come per telepatia, e dirigersi a passi sicuri verso di loro.

«Sono venuto a portare buone notizie» esclamò il commissario, mentre veniva invitato a sedersi in mezzo a loro. «Sulla scomparsa di Alex verrà aperta un'indagine.»

Tom si avvicinò a Katia col busto e la guardò di sottecchi. «È davvero quello che vogliamo?»

Robert non sembrò particolarmente emozionato nel rivedere Katia. Era invece concentrato a studiare le differenze fra Tom e suo fratello. Il solito curioso.

«Per prima cosa ho richiesto un ordine di perquisizione per la casa di Alex» continuò Robert. «Presto cominceremo con gli interrogatori ufficiali. Verrete tutti convocati in commissariato.»

«Un vero interrogatorio, come in un film?» disse Daniel.

«L'unico ad avere un alibi di ferro dovrei essere io» intervenne Christian, che in Africa doveva avere imparato anche a scherzare.

Al pensiero di doversi sottoporre a un interrogatorio, Katia fu colta da una certa inquietudine. Il momento in cui avrebbe dovuto raccontare tutta la verità stava per arrivare. Forse le sue omissioni non erano rilevanti per le indagini, ma non stava a lei deciderlo.

«Nel frattempo, vi prego di stare attenti e di non dare troppa confidenza agli sconosciuti. E se scoprite qualche anomalia nei vostri computer, posso mettervi a disposizione un tecnico della polizia.»

Robert alludeva allo spiacevole episodio che era accaduto proprio a lei. Da quel giorno, Dennis non si era più fatto sentire.

Guardandosi attorno, Katia si accorse che mancava Silvia. Considerati gli orari degli impiegati statali, si chiese il perché di quel ritardo sulle normali abitudini della sorella.

Silvia arrivò in tarda serata, quando tutti avevano già mangiato e bevuto. Se aveva impiegato tutto quel tempo per farsi bella, c'era riuscita. Indossava un abito blu anni Cinquanta, che faceva sembrare le spalle più larghe e la vita più stretta. Per di più abbastanza corto da mettere in mostra le gambe. E al collo portava il nastrino di raso che piaceva al suo uomo svanito nel nulla.

Silvia era cambiata, dopo la scomparsa di Alex. Quelli che non se ne erano accorti, erano ciechi. Talvolta si vestiva in modo un po' troppo sexy.

Katia non era affatto compiaciuta di quel cambiamento. Sospettava che Silvia nascondesse qualcosa che la riguardava. Ma poi aveva scacciato quel pensiero. Silvia non era una rivale: lei cercava l'eroe romantico, in grado di portarla all'altare, di fondare una stirpe e, nel tempo libero, di salvare l'umanità. Era libera di coltivare quell'illusione, a cui Katia aveva smesso di credere da tempo.

Mentre si avvicinava al loro tavolo, Katia incontrò gli occhi di Silvia e le sorrise. La sorella ricambiò, e Katia pensò per un attimo che forse avrebbero potuto tornare a essere amiche.

Il sorriso non sfuggì ai due uomini che le sedevano di fronte, e non avevano visto Silvia entrare. Tom si voltò appena, salutando Silvia quasi di sfuggita. Invece Christian fece mezzo giro su sé stesso e rimase in quella posizione, come fulminato.

Katia vide prima le pupille dilatate di Silvia, che fu sul punto di inciampare sui tacchi alti, e poi la faccia di Christian, che rivelò tracce evidenti di rossore quando si fu di nuovo voltato.

Liza fu velocissima. Si alzò dal suo posto di fronte a Christian e lo cedette a Silvia. A sua volta, Robert si alzò per far sedere Liza. La sciarada era completa.

«E adesso, abbiamo po' di musica in programma» disse Robert, lanciando uno sguardo complice al cameriere.

Katia lo seguì con lo sguardo, mentre si sedeva al pianoforte bianco e iniziava a suonare. Una melodia romantica riempì l'aria. E presto si trasformò in un trillare di tasti insistente, che le fece perdere il senso del tempo e dello spazio.

«E bravo il commissario» disse Tom, che si alzò e porse la mano a Katia. «Dai, andiamo al pianoforte.»

Katia si appoggiò allo strumento e rimase ad ascoltare il nuovo pezzo. Le sembrò di galleggiare su una nuvola. Robert forse non lo sapeva, ma era la musica di un film. Una famosa sequenza di tre note, ripetute in modo ossessivo. Quel film parlava di un amore a tre. Tom era di fronte a lei, con un'espressione strafottente sul volto.

Durante quello stato di trance, le capitò di gettare un'occhiata verso il tavolo. Silvia e Christian avevano avvicinato le teste e stavano conversando fitto fitto.

Quando lei e Tom tornarono a sedersi, i due si erano già dileguati. Silvia doveva avere sfoderato tutte le armi femminili per abbindolare Christian, e alla fine era riuscita a portarselo via. Gli altri non commentarono. In quel gruppo, ciascuno era libero di fare quello che voleva. Soltanto Tom perse la spavalderia, e anche la parlantina. Li lasciò prima del solito, con un'espressione imbronciata.

Invece di addormentarsi, Katia si abbandonò alla giostra dei pensieri. Se Silvia aveva deciso di mettersi con Christian, doveva essere successo qualcosa ad Alex.

II. LA FOTO

1.

Quando Robert varcò la soglia dell'ufficio, Nicole era già seduta alla seconda scrivania. Coda di cavallo, riga perfettamente nel mezzo, occhiali a farfalla e un tailleur elegante. Robert sorrise. I federali iniziavano a lavorare presto.

Il lampeggio del telefono attirò la sua attenzione, spingendolo a mettere a fuoco le cifre sul display: *0221...* Robert trasalì. *Il prefisso di Colonia.* Credeva che quella storia fosse finita.

«Nemmeno mi saluti?» La voce ferma di Nicole lo riportò al presente.

«Buongiorno, scusa» rispose Robert, avvicinandosi all'agente federale. Sulla scrivania lei aveva il fascicolo della commissione Eva, aperto sulla foto della donna dai denti rifatti.

Robert lo prese in mano, cercando di concentrarsi. «Una prostituta?»

«L'operazione ai denti e gli interventi di chirurgia plastica sono stati eseguiti in Germania. Si tratta di interventi molto costosi. Chi la manteneva disponeva di sufficiente liquidità» rispose Nicole.

«Segni di violenza?»

«No. La donna era probabilmente consenziente. Però sono state trovate tracce di ferite interne pregresse, già cicatrizzate.»

«Che cosa ne deduci?»

«Che non fosse una prostituta da marciapiede, ma una mantenuta di alto bordo, obbligata persino a rispondere a determinati criteri estetici. E che sia stata eliminata dal suo amante, o sfruttatore, perché se ne era stancato, o era diventata scomoda. Questi casi non sono rari. Nella nostra società ci sono cittadini di serie A e cittadini di serie B.»

Robert si strinse nelle spalle e tornò alla sua scrivania, dove lo aspettava il caso Di Matteo. Doveva sfruttare la presenza di Nicole. Un'agente della polizia federale poteva riuscire a vincere la reticenza della Oil Europe. A farsi dare un appuntamento a Bruxelles, per esempio. A lui non era andata bene, ma forse Nicole aveva l'appoggio di gerarchie più alte.

Era indispensabile fare una visita di persona alla società. Avrebbero avuto la possibilità di capire molte cose che i contatti telefonici non rivelavano. E chissà che in quei corridoi non si aggirasse qualcuno disposto a rivelare qualcosa alla polizia di Francoforte. Spesso bastava una segretaria, un cameriere, un impiegato scontento, che volesse vendicarsi dei superiori.

Robert prese in mano il calendario e spalancò gli occhi. Quasi se lo era scordato. Quel giorno avevano in programma l'interrogatorio del primo testimone nel caso Di Matteo: l'avvocata Liza Schwarz-Stevens.

Quando si presentò, Liza aveva i capelli grigi e cortissimi. Robert quasi non la riconobbe, abituato a vederla con la sua chioma biondo platino. D'altronde, aveva capito che si trattava di una parrucca, ma quello non era il momento di farle domande sulla sua salute presente o passata. Cercò di intuire quello che Liza aveva probabilmente vissuto. Grazie a un tailleur attillato e agli occhiali alla moda, Liza era affascinante anche senza la parrucca. O forse era il profumo classico, che si era già sparso per la stanza.

Robert le presentò Nicole Schmidt, senza rivelare grado o funzione.

«Vogliamo iniziare?» disse Liza, apostrofando sia lui che Nicole con disinvoltura.

A differenza di altri interrogati, l'avvocata sembrava muoversi a proprio agio nei locali della polizia. Pareva che sapesse dove erano ubicate le sale degli interrogatori, ma quando fece per precedere Robert a passi decisi, prese la direzione sbagliata.

«A destra, prego» la richiamò Robert. E dopo pochi minuti raggiunsero una sala completamente arredata in bianco, con un tavolo in plexiglas e l'illuminazione a giorno.

«È una delle sale nuove» disse Robert. Liza si guardò intorno, incuriosita. Poi si accomodò sulla sedia, senza che nessuno l'avesse invitata a farlo. Robert e Nicole presero posto di fronte a lei.

Robert premette un tasto sulla console, appoggiò i gomiti sul tavolo ed esordì con un tono formale: «Avvocata, ci racconti di quando ha visto Alessandro Di Matteo l'ultima volta.»

Liza abbassò gli occhi e allungò le unghie affusolate sul tavolo. Sembrò concentrarsi, prima di rispondere.

«All'inizio di maggio del 2004, non ricordo esattamente la data. Ci eravamo tutti dati appuntamento in un locale, che si chiama Blue e si trova nel palazzo in cui abitiamo. Era una specie di festa d'addio, perché Alex stava per partire per un lungo viaggio. Ed è stato davvero un addio. Ho visto Alex per l'ultima volta durante quella serata. Non ricordo che ora fosse, ma quando io ho lasciato il locale, Alex era ancora seduto al nostro tavolo. Tutto qui.»

«Ha ricevuto in seguito un qualche messaggio da Di Matteo, per esempio una telefonata, o un messaggio elettronico?» chiese Robert.

«No» rispose Liza scuotendo la testa. «Dopo quella data non ho mai ricevuto alcuna comunicazione da Alex.»

«In che rapporti personali era con lo scomparso?»

Liza allargò le braccia. «Eravamo vicini di casa, e con gli anni siamo diventati amici. Siamo stati anche in vacanza insieme. Quando Alex non era in viaggio, ci vedevamo almeno una volta alla settimana. E quando era all'estero, ogni tanto ci inviava messaggi, segni di vita insomma. Per questo ci siamo allarmati, quando non si è più fatto sentire. E poi mi sono stupita per un altro fatto, ma non so se è rilevante.»

«Racconti pure» intervenne Nicole, con il tono di chi dice "questo lo decidiamo noi".

«Pochi mesi prima della scomparsa di Alex, mi era stato diagnosticato un tumore. Alex mi è stato vicino, mi ha confortata e si è sempre interessato all'andamento delle cure. Per questo mi aspettavo che si sarebbe fatto vivo, almeno per chiedermi se fossi guarita. Ma non è successo.»

«Aveva rapporti sessuali con Di Matteo?» La domanda era pertinente, ma Robert notò una smorfia di disapprovazione sul volto di Nicole.

L'avvocata non sembrava per niente imbarazzata. «Sì, quando ci siamo conosciuti, e poi saltuariamente. Deve sapere che Alex era un uomo sessualmente molto attivo. È sicuramente stato con la maggior parte delle donne che frequentano il Blue.»

Robert aveva già capito che gli amici di Alex avevano la tendenza a spassarsela. Anche quelli sposati o fidanzati.

«Pensa che questa intensa attività sessuale possa avere a che fare con la sua scomparsa?»

«Sta parlando di gelosia?» rispose Liza, alzando le sopracciglia. «Lo sapete meglio di me che per gelosia si può anche uccidere.»

«Era lei il suo avvocato?» chiese Nicole.

Liza esitò e passò qualche attimo prima che rispondesse. Nicole lanciò a Robert un'occhiata che voleva essere impercettibile.

«Una volta mi ha incaricato di patrocinarlo» disse infine Liza. «Ma si tratta di una storia che non ha niente a che fare con la sua scomparsa, e su cui desidero osservare il segreto professionale.»

Robert decise di non insistere, per il momento.

«Secondo lei, come si spiega o che cosa può esserci dietro la scomparsa di Di Matteo?»

L'avvocata prese fiato, raddrizzò la schiena e passò a illustrare la propria interpretazione dei fatti, come se fosse stata in tribunale.

«Alex aveva una cosiddetta *personalità alfa*. Era un uomo abituato ad affermarsi, anche a scapito di altre persone. Ciò può avere causato invidie o gelosie, e addirittura un crimine. Alex aveva carisma ed era in grado di esercitare un'attrazione irresistibile, sia sugli uomini sia sulle donne. Un fascino che andava al di là della pura attrazione sessuale.»

Nicole aveva aperto il fascicolo e stava guardando la foto di Alex. «Continui» disse.

«Con le sue qualità, Alex sarebbe potuto entrare in politica. Oppure nel consiglio di amministrazione di una delle banche di affari di questa città. Talvolta mi chiedevo perché avesse deciso di lavorare proprio per un ente petrolifero.»

Robert, nel frattempo, si era messo a gingillare con una biro. «Ha trovato una risposta a questa domanda?»

«Le sembrerà strano» rispose Liza «ma forse era spinto da motivi ideali. Non so che lavoro facesse esattamente, ma sicuramente ricopriva un ruolo in cui sono necessarie competenze sociali. Aveva studiato geologia, ma in una mansione puramente tecnica sarebbe stato sprecato. Forse era un venditore, ma se venissimo a sapere che aveva un incarico politico, non mi stupirei. Il fatto che non si sia fatto vivo mi ha sempre fatto pensare a una scomparsa involontaria. Personalmente, credo che sia vittima di un delitto o che sia stato costretto a troncare tutti i suoi vecchi rapporti.»

A questo punto Robert puntò la penna verso di lei.

«Qualcuno crede che Alex avesse una famiglia altrove. Lei che ne pensa?»

«Se vuole insinuare che potesse avere moglie e figli qualche parte, credo di poterlo escludere. Ho fatto a lungo l'avvocato matrimonialista, e ho conosciuto parecchi uomini con figli naturali. Fra le classi alte, non è uno stile di vita troppo raro» disse Liza, puntando gli occhi in quelli di Robert. «Ma credo che Alex fosse deciso a non mettere figli al mondo.»

«C'è qualcosa che vorrebbe aggiungere, che potrebbe essere importante per le indagini?»

«Non so se è importante, ma è bene che lo sappiate: Alex aveva fatto testamento, pochi mesi prima della sua scomparsa.»

Robert fece un balzo in avanti sulla sedia. «Testamento? E ce lo dice ora?»

Liza fece un gesto della mano, come per sminuire l'importanza della cosa. «Non ci trovo niente di strano. Per le persone di una certa condizione sociale, è normale predisporre disposizioni testamentarie in giovane età.»

«Ha una copia di questo testamento?» chiese Robert, voltandosi verso Nicole. Che però mantenne un'espressione stranamente indifferente.

Ma lui voleva vederci chiaro. La storia del testamento era importante. Mise le mani sul tavolo e guardò Liza negli occhi, segnalando che esigeva una risposta.

Liza allargò le braccia. «Me lo ha detto in privato, una sera in cui aveva bevuto. Non conosco né il contenuto del testamento, né il nome del notaio.»

Robert rifletté. Anche se avessero trovato il notaio, avrebbero sbattuto contro la barriera del segreto professionale. Meglio non insistere su quel dettaglio, per il momento.

«Un'ultima domanda» continuò Robert. «Negli ultimi tempi, è stata avvicinata da qualcuno che le ha chiesto informazioni su Alex?»

Liza corrugò la fronte. Sembrava stupita. «No. Le uniche persone con cui ho parlato di Alex sono Daniel, Tom, Silvia e Katia. E nessuno mi ha mai chiesto informazioni.»

Prima di uscire, la donna rivolse un sorriso benevolo a Nicole. E Robert se ne accorse. Forse quel sorriso significava che Liza voleva parlarle a quattr'occhi.

Dopo averla salutata, lui e Nicole uscirono dalla sala degli interrogatori e si incamminarono per il corridoio.

«Se già stata al Blue?» chiese Robert.

«Lo sai che alloggio alla Torre Blu.»

«Cerca di incontrare Liza da sola. Credo che sappia più di quello che ci ha detto. Potrebbe confidarsi con una donna.»

Nicole lo guardò di sottecchi, poi si portò due dita alla fronte e rispose, ridendo: «Agli ordini.»

Rimasto solo, Robert cercò di riordinare i fatti. Anche se Liza non aveva detto tutto, c'erano alcune novità che aveva appreso dalla sua testimonianza:

- scomparsa di Di Matteo: inizio maggio 2004
- Liza è sicura che Alex non abbia figli
- Alex aveva fatto testamento nel 2004.

2.

Katia si stava chiedendo se Jan Kobler volesse vendicarsi di lei o semplicemente prenderla in giro.

Con fare solenne e il tono di voce delle grandi occasioni, le aveva affidato un incarico a dir poco atipico: voleva che fosse lei a scegliere la sua nuova segretaria.

La segretaria del caporeparto si era licenziata da poco. Non perché avesse qualcosa contro Kobler: aveva semplicemente ottenuto un posto presso la banca in cui era stato assunto il suo vecchio principale. Doveva essere trovata al più presto una sostituta.

Niente di strano, se Katia non fosse stata a conoscenza dei rapporti che intercorrevano fra i capi e le segretarie in quell'ambiente. Per di più, nonostante la posizione predominante dei superiori, le segretarie erano normalmente consenzienti, anzi affascinate da quegli uomini di classe, circondati dall'aura di potere conferita dal denaro. Un fascino a cui spesso era soggiaciuta anche lei, con la differenza che Katia si trovava in una posizione gerarchica più alta rispetto a quella di una semplice segretaria, e poteva anche permettersi di dire di no.

Ripeteva a sé stessa il concetto usando parole di brutale sincerità: Jan voleva che fosse lei a scegliere una donna con cui sarebbe andato regolarmente a letto.

Per una valutazione corretta, avrebbe dovuto conoscere le preferenze di Jan, il che le era rimasto precluso per colpa esclusivamente sua. Si immaginava che gli piacesse il tipo femminile, docile, sottomesso, ma non ne era troppo sicura. Venne afferrata da fantasie che sicuramente Jan aveva voluto evocare, mettendola in quella situazione un po' piccante.

Ma era ora di dimostrare professionalità: se il capo dell'investment banking della spettabile Lindman Bruck voleva la segretaria ideale, lei l'avrebbe trovata.

Fra i vantaggi di quel compito c'era anche quello che non avrebbe dovuto passare la giornata in un cubicolo della sala trader, fra il frastuono dei venditori al telefono con i clienti. Aveva invece potuto chiudersi nell'ufficio deserto della futura segretaria. Appena entrata, Katia era stata avvolta da un benefico silenzio, interrotto soltanto dal ronzio del computer.

Alzò gli occhi dalla scrivania. La parete antistante era occupata da una serie di orologi che segnalavano l'ora delle capitali finanziarie. Peccato che quella pianta di ficus, in un angolo della stanza, fosse finta.

Si avvicinò alla finestra e guardò in basso, come aveva fatto tante volte. E ogni volta doveva stupirsi di quella sensazione irrazionale che la afferrava, appena lo sguardo raggiungeva la strada. Vista da lassù, la città assumeva l'aspetto di un modello in miniatura. Le persone apparivano piccolissime, e anche le automobili sembravano giocattoli. Come se il mondo reale fosse qualcosa di immaginario e distante.

Tornò a sedersi e osservò i curriculum che aveva disposto di fronte a sé. L'ufficio del personale aveva già operato una prima selezione fra le candidate, scegliendone tre che presentavano i requisiti di qualifica e di esperienza professionale richiesti per quel lavoro. Sarebbe toccato a Katia incontrare le candidate personalmente, per scegliere quella più adatta.

Jan aveva giustificato quell'incarico con le seguenti parole:

«Sai che non desidero contese e gelosie nel mio reparto. L'hai detto anche tu che si tratta di emozioni che possono essere di ostacolo agli affari. Per questo ti prego di incontrare le tre candidate e di scegliere quella che ti è più simpatica. O almeno quella con cui credi di poter collaborare senza inutili frizioni.»

«E quali sarebbero le qualità che consideri prioritarie?»

«Approccio sistemico, capacità di mantenere nervi saldi anche in situazioni di stress, resilienza…»

«Spiccate capacità organizzative, bella presenza, competenze sociali» aveva aggiunto Katia, con l'aria di chi ripete una filastrocca imparata a memoria.

«Insomma, desidero che questa segretaria non provochi intrighi e gelosie nel reparto. Né fra gli uomini, né fra le donne. Ci siamo capiti?»

Una volta superata la prima sorpresa, Katia aveva cominciato a familiarizzare con l'idea di essere la persona adatta a quel compito. In fondo Jan le stava dimostrando fiducia.

Quel lunedì mattina faceva molto caldo.

Katia si alzò per abbassare l'aria condizionata, prese un'acqua minerale dal frigo bar e appese il suo blazer nel guardaroba. Tanto non la vedeva nessuno. Sentì sulle braccia nude un senso di refrigerio e riprese a lavorare.

Le tre candidate erano molto diverse fra loro, già a giudicare dalle foto.

Erano state convocate tutte e tre per quella giornata. Katia le ricevette, facendo attenzione a che non si incontrassero.

La prima era una ragazza molto disinvolta, dal piglio deciso e un modo di fare forse un po' troppo maschile. Aveva sicuramente le capacità organizzative richieste per quel lavoro, ma Katia temeva che si mettesse a rivaleggiare con gli uomini. Meglio lasciar perdere.

La seconda era una donna dalla bellezza matura, la voce bassa e un modo di fare accattivante e sensuale. L'ufficio del personale l'aveva certamente scelta soltanto per il suo bell'aspetto. Benché avesse molta esperienza professionale, le sue referenze e i voti conseguiti non erano il massimo. Katia intuì che, in quel caso, l'apparenza prometteva molto di più di quella che era la sostanza.

La terza candidata era di un'avvenenza che l'aveva quasi messa in imbarazzo. Katia aveva sempre invidiato le donne bionde, dai lineamenti regolari. Forse per questo Laura le era piaciuta. Aveva un'aura raffinata, con i capelli raccolti in uno chignon e un profumo che Katia aveva riconosciuto subito: *Dune* di Christian Dior. Katia si intrattenne a lungo con lei, facendo passare la conversazione per temi futili, prima di farle domande più spinose, relative al suo curriculum.

Laura, che era quasi coetanea di Katia, era stata per molto tempo segretaria di direzione presso una banca concorrente, fino a diventare assistente personale di un membro del consiglio di amministrazione. Un posto di lavoro sicuro e ben pagato, dal quale nessuna impiegata si sarebbe separata senza una buona ragione.

«Perché si è licenziata dalla EBS?» chiese Katia, cercando di non assumere un tono inquisitorio.

Laura abbassò gli occhi. «Il clima di lavoro si era deteriorato.»

Katia capì al volo e decise di non insistere. Deglutì, ricordando quella volta in cui era capitato anche a lei. Era un destino che purtroppo accomunava molte donne, anche ai piani alti.

La scelta fu facile. Una come Laura non aveva concorrenti.

Dopo pochi giorni, la nuova arrivata iniziò il suo lavoro come segretaria personale di Jan Kobler. E la sua vicinanza risvegliò in lei sensazioni insolite.

A Katia erano sempre piaciuti gli uomini. Era persino fissata su peculiarità virili, come le spalle larghe, il collo taurino, il torace ampio. Andava pazza per le gare di nuoto maschili. E aveva un debole per gli uomini calvi.

Ma talvolta le capitava di osservare un po' troppo a lungo le bellezze femminili. Se ne era accorta soltanto di recente, e aveva pensato che si trattasse di invidia, per donne che considerava più belle o più sexy di lei.

Anche i locali spogliarello, in cui i colleghi la portavano per accompagnare i clienti, facevano uno strano effetto su di lei. Forse era un bisogno di identificazione. Che anche a lei fosse piaciuto servire da bere con il seno nudo? Oppure spogliarsi di fronte a perfetti sconosciuti?

Ricordava con piacere un episodio che aveva vissuto quando ancora frequentava l'università, e che allora non aveva compreso.

Stava aspettando la metropolitana in una zona di periferia. A qualche metro da lei, aveva notato una ragazza slanciata, con i capelli dorati che le scendevano lungo le spalle. E non l'aveva soltanto notata. L'aveva guardata con insistenza, tanto che lei doveva essersene accorta.

Così, quando si era seduta nel vagone, la ragazza le si era avvicinata con molta disinvoltura, mettendosi a sedere di fronte a lei.

Non le aveva detto niente di esplicito, ma dopo qualche chiacchiera le aveva dato il suo numero di telefono, proponendole di uscire insieme. Si chiamava Arianna e lavorava in palestra. Non era una studentessa come lei.

Purtroppo Katia non aveva capito niente, o aveva represso quello che aveva capito benissimo. Pensò che Arianna le avesse rivolto la parola per conoscere gente nuova. Non le era passato nemmeno per la testa di uscire da sola con lei. Le aveva telefonato, ma soltanto per invitarla a una serata con amici.

Durante quella serata, Katia aveva dovuto constatare che i corteggiatori maschi ad Arianna non interessavano affatto. Ed era stata l'ultima volta in cui l'aveva vista.

3.

Il tenente Mariani esplose in uno starnuto. Faceva caldo, la macchina era scomoda e l'odore dei gas di scarico insopportabile.

Aveva ingenuamente supposto che alla fine di luglio ci sarebbe stata meno gente per le strade, ma si era sbagliato. Era rimasto imbottigliato nel traffico di Roma e sarebbe arrivato tardi in caserma.

Guardando fuori dal finestrino, si domandò perché continuasse a vivere in quella città così caotica. Avrebbe potuto chiedere il trasferimento in una località più tranquilla. E anche più lontana dall'inferno a cui era scampato. Ma quel posto aveva anche qualcosa di magico, che lo teneva invischiato come in una rete dalle maglie sottili. Se qualcuno glielo avesse chiesto, avrebbe certamente trovato risposte retoriche. In realtà i motivi del suo legame con Roma erano irrazionali.

Alla sua destra, si ergeva il Colosseo. L'automobile procedeva così a rilento che Mariani cominciò a distrarsi, rimuginando sul delitto Sabahni, di nuovo colto dall'ipotesi che si era ormai fatta strada nella sua testa.

La serratura dell'appartamento era stata forzata in un batter d'occhio. D'altronde non si trattava di una serratura sofisticata. La vittima non aveva evidentemente paura di furti e rapine, e nemmeno di aggressioni personali. Gli intrusi dovevano avergli fatto una bella sorpresa.

L'uomo era morto per arresto cardiaco, dopo aver subito violente percosse. Era possibile che quella morte fosse stata un incidente, non voluto dall'aggressore.

Dall'appartamento erano stati sottratti documenti, ma non erano state lasciate tracce. Anzi, sembrava che le stanze fossero state sottoposte a una pulizia professionale.

Il morto era di origini iraniane e riceveva un sussidio da un'organizzazione sciita. Peraltro, sembrava trattarsi di una persona

149

di condizioni modeste ma, dai libri che aveva in casa, si poteva dedurre una certa cultura. Forse Sabahni era un intellettuale.

Di fronte a questi indizi, Mariani non poteva fare a meno di sospettare che l'uomo fosse stato liquidato da un servizio segreto straniero. I soliti agenti a caccia di terroristi, in palese violazione del diritto internazionale.

Era già successo che i servizi segreti americani avessero sequestrato in Italia un cittadino di origine egiziana. Si trattava di un caso famoso, che era persino finito di fronte a un tribunale, e si era concluso con la condanna di più di venti agenti della CIA e il sequestro dei loro beni in Italia. Anche se il processo di estradizione si era insabbiato e i condannati non avrebbero probabilmente mai scontato la pena, era pur sempre la prima volta che la giustizia di un paese occidentale sanciva che l'operato di agenti segreti stranieri fosse un reato.

Si trattava soltanto di una vaga supposizione, che Mariani non osava esternare, nemmeno con i suoi più stretti collaboratori.

Sull'ipotesi che Sabahni fosse un elemento eversivo non avevano ottenuto alcun riscontro. Benché avessero scandagliato il passato dell'iraniano, non erano riusciti a trovare alcuna traccia di attività terroristiche. I servizi segreti stranieri, però, erano famosi per i loro scambi di persona.

L'uomo era arrivato in Italia all'inizio degli anni Settanta, all'età di circa trent'anni, dove aveva ottenuto asilo affermando di far parte di una famiglia perseguitata dal regime dello Scià. Mariani sapeva che a quel tempo i profughi iraniani venivano accolti facilmente in Italia, che desiderava intrattenere buoni rapporti con l'Iran, per ottenere una fetta delle cospicue concessioni petrolifere di cui il paese disponeva.

Secondo quanto raccolto nel fascicolo, Sabahni era vedovo, perché la moglie era tragicamente deceduta durante il viaggio in nave che li aveva portati in Italia. La causa del decesso non era indicata.

L'uomo non si era mai risposato e aveva sempre lavorato come domestico, tuttofare o giardiniere presso varie famiglie di Roma.

Quando Mariani infine arrivò in caserma, De Rossi era già al lavoro.

«Ci sono novità, tenente. Fra le famiglie in cui Sabahni ha lavorato, ce n'è una che lo ha occupato per più di dieci anni. È la famiglia di un dipendente dell'Eni, che viveva assieme alla moglie e due figli in una villetta a San Saba.»

Mariani rispose con un ghigno. De Rossi era stato insolitamente rapido a consultare i registri degli enti pensionistici.

Il maresciallo continuò la sua esposizione, senza scomporsi: «Abbiamo cercato informazioni su questa famiglia. Il padre e la madre sono defunti, mentre uno dei due figli risulta residente in Belgio. L'unica persona che abbiamo rintracciato è il figlio maggiore, che vive ancora al vecchio domicilio.»

«Ottimo lavoro. Hai chiesto se possiamo farci due chiacchiere?»

«Ho fissato un appuntamento per oggi stesso. Ma c'è purtroppo un problema: Fabrizio Di Matteo è disabile. È affetto da... una grave sindrome psicomotoria.»

«Spastico, insomma.»

Mariani si pentì di aver pronunciato quella parola. Sarebbe stato difficile capirsi, ma era pur sempre un testimone. Se Sabahni lo aveva servito per dieci anni, questo Fabrizio doveva conoscerlo bene.

4.

Era stato sufficiente uno squillo del telefono per far ricordare a Tom, ancora assonnato alle undici, che quello era il giorno della conferenza stampa alla Banca Centrale Europea.

Quel rito, a cui tutti i giornalisti finanziari dovevano essere presenti, si ripeteva ogni sei settimane. Il presidente sarebbe salito sul palco e avrebbe letto il comunicato ufficiale sui tassi di interesse e sulle prospettive di politica monetaria.

In base alle aspettative del mercato, i tassi di interesse sarebbero rimasti invariati. Evidentemente, la BCE non poteva fare altro che allinearsi alla politica di bassi tassi di interesse perseguita dagli Stati Uniti.

Visto che faceva parte dei giornalisti che avrebbero fatto domande, era possibile che sarebbe finito nel mirino di qualche telecamera. Per questo scelse con cura abiti e scarpe, in stile casual-chic, aggiungendo una sciarpa in tessuto pregiato. Non era escluso che una qualche donna lo notasse.

Guardandosi un'ultima volta allo specchio, constatò che i capelli un po' lunghi lo rendevano più giovane, conferendogli un che di creativo.

L'Eurotower non era lontana, e decise di prendere la bicicletta.

La strada era larga e assolata, ma i grattacieli che incombevano dall'alto vi creavano un sinistro effetto di luci e ombre. Dopo avere doppiato i piloni rossi del Centro Giapponese, Tom sbucò su uno slargo pedonale punteggiato da alberi, e si fermò per far passare una mamma con la carrozzina. Poi riprese a pedalare: in fondo già apparivano le luci gialle e azzurre dell'enorme scultura dell'euro, che sovrastava l'ingresso della BCE.

La conferenza stampa risultò, come al solito, noiosa. I burocrati della politica monetaria continuavano a imbonire l'opinione pubblica, affermando che tenere bassi i tassi di interesse fosse necessario per potenziare la crescita. In realtà era soltanto un modo per consentire ai governi di indebitarsi a bassissimo costo.

Mente ascoltava e prendeva appunti, Tom non poté fare a meno di scuotere la testa.

Il problema era che l'enorme liquidità che le banche centrali immettevano sul mercato non andava a finanziare le attività produttive, che avrebbero potuto creare posti di lavoro. I destinatari della gran massa di denaro erano principalmente le grandi banche d'affari, che se ne servivano per operazioni puramente speculative, non tese a creare nuove merci e nuovi servizi.

Un effetto di questa politica era un costante rialzo del mercato azionario, e anche di quello obbligazionario. Aumentavano anche i prezzi degli oggetti d'arte, e in genere di tutti i beni di investimento. In alcuni paesi erano aumentati anche i prezzi degli immobili. Ma non quelli dei beni di consumo.

Le élite finanziarie stavano molto attente a che la liquidità non finisse nelle tasche dei comuni mortali, perché ciò avrebbe fatto aumentare i prezzi al consumo, e quindi l'inflazione. E l'inflazione poteva annientare i grandi patrimoni, che per ora invece continuavano a crescere.

Mentre la folla usciva dalla sala stampa, Tom si era già messo alla ricerca di Silvia, impegnata probabilmente a organizzare il lavoro degli interpreti, nelle retrovie.

La trovò in un corridoio, trafelata, mentre si dirigeva verso l'ascensore con due faldoni in mano, facendo finta di non vederlo.

«Silvia, aspetta» le disse, rincorrendola nell'ascensore.

Era carina anche con quei grandi occhiali, che le davano un'aria intelligente. Aveva un fuoco negli occhi. Forse era davvero invaghita di suo fratello. Non si era accorta che era una trappola emozionale: una banale reazione, scatenata dall'identità di due gemelli. Era tutta la vita che Tom partecipava a quell'esperimento.

«Non vedi che ho da fare?» rispose lei, irritata. Ma con le mani sembrava volersi aggrappare ai faldoni.

Tom la seguì nella sua stanza. Dopo essersi assicurato che fossero soli, le si avvicinò da dietro, cingendole la vita. Lei si lasciò abbracciare e lui posò il mento sui suoi capelli morbidi. Ne inspirò l'odore, a cui avrebbe voluto abbandonarsi. Poi Silvia si voltò, decisa. Tom le immerse uno sguardo appassionato negli occhi.

Cercò di baciarla. Ma Silvia ritrasse il volto, glielo appoggiò sulla spalla e gli disse, senza guardarlo in faccia: «Tom, i nostri incontri sono finiti. Sono innamorata di tuo fratello e voglio essere sua».

La voce di Silvia tremava.

Tom sussultò. Non si aspettava parole così chiare. Si staccò da lei e le voltò le spalle. Quando si decise a risponderle, guardando il muro, la sua voce era carica di scherno.

«È stato il fascino del camice bianco?»

«Credi di essere il solo che fa quello che vuole?»

Silvia era sfacciata. Ma forse voleva soltanto vendicarsi.

Tom infilò le mani in tasca, ancora rivolto verso il muro. «Ammetti che vuoi soltanto andarci a letto. O cerchi marito?»

«Si chiama amore. Ma sono cose che tu non capisci» rispose lei. A questo punto Tom si voltò di scatto, mostrandole gli occhi lucidi.

«Se ha fatto il *medico senza frontiere,* non deve essere un egoista come te» continuò lei.

Tom rimase in silenzio. Silvia doveva essere impazzita, se era convinta di amare un uomo che non conosceva neanche un po'. Ma forse era soltanto astuta. Stava facendo i suoi calcoli.

«Avevo ragione io. È il camice bianco.»

Silvia si strinse nelle spalle, abbassò gli occhi e li rialzò. «Ti ho detto che lo amo!» disse, alzando la voce all'improvviso. «Non faccio che pensare a lui. Non ho capito niente di quello che ha detto Trichet.»

«Silvia, pensaci bene. Christian ha idee diverse dalle tue. Dalle nostre.»

Si ricordò dei loro eccessi. Di quella vacanza che avrebbero dovuto passare in tre. Per ripicca, lui aveva invitato anche Katia. Silvia c'era rimasta male.

«Sei soltanto geloso.»

«Fai tutto questo per ricattarmi?»

«È stato bello, Tom. Ho provato emozioni indescrivibili. Ma è un periodo della mia vita che si è concluso. Adesso vorrei una vita normale. Non puoi togliermi questo diritto.»

Tom scosse la testa e affondò le mani nelle tasche. Le voltò di nuovo le spalle e riprese a guardare il muro.

«E Alex?» chiese. «Che cosa farai, se un domani dovesse tornare?»

«Domani… potremmo essere tutti morti.»

La frase preferita di Christian. Silvia ci aveva messo poco a impararla.

«Secondo i tuoi criteri, Alex era infedele. Ma una volta mi ha fatto una confidenza: mi ha detto che eri l'unica donna con cui desiderava addormentarsi.»

«Alex era un egoista, come mio padre e come te. Se mi avesse davvero amata, avrebbe desiderato un figlio. Invece, niente.»

Tom evitò di dirle quello che sapeva.

«Se tu fossi rimasta incinta, Alex sarebbe stato felice. Sei tu che non hai voluto» e cercò di nuovo di baciarla. Ma Silvia prima lo tenne stretto a sé, poi lo respinse.

Alla fine, Tom decise di comportarsi da uomo. A malincuore, tirò fuori il mazzo di chiavi dalla tasca.

«Questa volta non è come con Alex» le disse, facendo scorrere le chiavi fra le dita.

Silvia annuì, e lo guardò con riconoscenza.

Poi i gesti di Tom si fecero concitati. Controllò le chiavi più volte, una a una. La chiave dell'appartamento di Silvia non c'era.

Strano.

Non si ricordava di averla tolta dal mazzo.

FOLLOW THE MONEY

(rubrica a cura di Tom Berger)

Desidero oggi soffermarmi su una funzione del denaro di cui gli economisti classici non parlano.

Il denaro è ciò che ci costringe a lavorare: è la necessità di procurarci denaro a spingerci a dedicarci a un'attività produttiva, senza la quale la nostra società non sarebbe in grado di funzionare.

Se per ipotesi ciascuno di noi potesse procurarsi merci e servizi gratuitamente, è possibile che molti di noi preferirebbero il dolce far niente.

Qualcuno obietterà che non è vero, perché non poche persone lavorano anche per altri motivi: per sentirsi apprezzati, per realizzarsi, per incontrare gente, per non annoiarsi. Un'obiezione sicuramente fondata, che però è valida principalmente per coloro che, per fortuna, estrazione sociale o determinazione, sono riusciti ad accaparrarsi una professione in grado di offrire soddisfazioni.

Esiste però una gran massa di persone che è costretta a fare lavori massacranti, sottopagati, umilianti, che verrebbero immediatamente abbandonati se non ci fosse il ricatto del denaro. Spesso si tratta di lavori necessari alla sopravvivenza di una comunità, come il lavoro di badante, cameriere, spazzino, raccoglitore di frutta, operaio. E parlo anche di quei lavori considerati dignitosi, che però offrono una retribuzione modesta, sproporzionata rispetto all'importanza di queste attività per la società: l'infermiere, l'insegnante, il poliziotto.

Se le merci e i servizi fossero disponibili gratuitamente, molti di noi cesserebbero di dedicarsi a un lavoro produttivo. Gli scaffali nei supermercati rimarrebbero vuoti, negli ospedali non ci sarebbero infermieri, i ristoranti non avrebbero personale. Per non parlare degli uffici statali, i cui sportelli dovrebbero chiudere.

Sospetto anche che non pochi professionisti, che dichiarano di lavorare per la soddisfazione, preferirebbero dedicarsi ai propri hobby e ai piaceri della vita.

Per la maggior parte di noi, lavorare è l'unica possibilità di procurarsi il denaro che ci serve ad acquistare i beni di cui abbiamo bisogno per condurre una vita dignitosa. Le persone che non hanno bisogno di lavorare per vivere sono una minoranza assolutamente esigua.

Questo aspetto del denaro è legato a importanti conseguenze.

In primo luogo, il denaro può svolgere questa funzione di incentivo al lavoro soltanto se rimane una risorsa limitata.

Immaginate che un'infermiera o uno spazzino percepiscano improvvisamente un reddito molto più alto di quanto normalmente previsto per questi mestieri. Anche in questo caso, essi smetterebbero probabilmente di lavorare dopo un certo tempo. Con un reddito normale, che impedisce loro di mettere soldi da parte, essi faranno invece questo lavoro per tutta la vita. Naturalmente è importante che il reddito sia sufficiente per fare una vita appena dignitosa, o almeno che venga percepita come tale.

Si tratta di un fenomeno già descritto da Karl Marx: il lavoro viene retribuito con il reddito necessario e sufficiente a soddisfare i bisogni (o le aspettative) di coloro che lo esercitano. E tali bisogni e aspettative dipendono (in ordine) dalla provenienza geografica, dall'estrazione sociale, dal sesso e dall'istruzione. Semplificando, ciascuno riceve esattamente la retribuzione che gli basta per vivere.

Un operaio residente in un paese del terzo mondo si accontenterà di una retribuzione più bassa rispetto a un operaio residente in uno stato dei G7. Una donna riceverà un salario più basso rispetto a un uomo. Chi è dotato di un titolo di studio viene normalmente retribuito meglio di chi ha un basso livello di istruzione.

La condizione sociale è un fattore determinante ai fini della retribuzione: professioni importanti per la società, come l'insegnante, sono oggetto di retribuzioni modeste, perché gli insegnanti sono in genere persone di modesta estrazione sociale, e si accontentano di stipendi modesti.

Ma le retribuzioni percepite dalla stragrande maggioranza della popolazione sono limitate, e spesso esigue, anche per un altro motivo.

Se le masse avessero improvvisamente più denaro del normale a disposizione, ciò farebbe aumentare il prezzo dei beni di consumo, cioè scatenerebbe l'inflazione. E l'inflazione è un fenomeno molto temuto da quella minoranza che può vivere senza lavorare, e dalle élite finanziarie in genere.

Naturalmente è in parte vero anche quello che ci dice l'economia classica: le retribuzioni devono rimanere modeste, affinché l'industria e lo Stato possano permettersi di offrire posti di lavoro. Se venissero improvvisamente aumentati i salari degli addetti all'industria manifatturiera, i prodotti smetterebbero di essere competitivi e le industrie fallirebbero. E se venisse aumentato lo stipendio degli insegnanti, ciò sarebbe un bel salasso per lo Stato (che però potrebbe permetterselo, ma di questo parleremo un'altra volta).

Le retribuzioni delle masse sono basse anche a causa della globalizzazione: da quando i consumatori possono comprare beni e servizi in tutto il mondo, l'industria manifatturiera può scegliere fra pagare ai propri addetti soltanto stipendi bassi, oppure trasferire la produzione in paesi del terzo mondo.

Con questa riflessione sulla funzione del denaro come strumento per indurre le masse a fare lavori utili alla società, vi lascio per oggi.

5.

Aveva fatto bene a non sottovalutare Nicole. Lei con la Oil Europe aveva sfondato.

All'inizio la società aveva fatto muro. Ma Nicole non si era scoraggiata. Era scomparsa per alcuni giorni, e alla fine di agosto era tornata con la buona notizia. Fra qualche giorno si sarebbero recati in Belgio.

Robert era proprio curioso di entrare nei locali della Oil Europe.

Secondo le informazioni raccolte da Nicole, essa faceva capo a un consorzio composto da importanti enti petroliferi dell'Europa continentale. Fra i soci figuravano aziende francesi, italiane, tedesche e olandesi. A giudicare dal bilancio consuntivo, la società non sembrava ricevere finanziamenti statali o parastatali.

In base a quanto riportato sul materiale informativo ufficiale, la Oil Europe si occupava di tutelare gli interessi degli enti petroliferi europei di fronte agli organi legislativi dell'Unione. Era questo il motivo per cui aveva sede a Bruxelles.

Il personale della società era composto principalmente da consulenti, fra i quali Alessandro Di Matteo, di cui avevano ottenuto il curriculum. Vi si poteva leggere che in passato aveva preso parte a missioni il cui scopo era ottenere contratti di sfruttamento sui pozzi petroliferi del Golfo Persico.

Robert era ancora chino sulle carte, intento a esaminare i dati raccolti da Nicole, quando Sander entrò nel suo ufficio, rimanendo sulla soglia con le braccia incrociate.

«Tutto bene, Bender? Come va con i federali?»

Robert alzò la testa, sorpreso. Il capo era in maniche di camicia e gocce di sudore gli luccicavano sulla fronte. Ciò nonostante, si prendeva la briga di venirlo a trovare.

«Almeno non devo fare tutto il lavoro da solo» rispose.

«Ho una buona notizia: la direzione ha assunto uno stagista. Uno studente di informatica, che rimarrà con noi qualche mese. Pensavo di farlo lavorare con te.»

Robert annuì, senza entusiasmo. Lui aveva richiesto un esperto di informatica, e non un ragazzino a cui fare da baby-sitter. C'era soltanto da sperare che si attaccasse alle gonne di Nicole e non alle sue.

Dopo che Sander fu uscito, Robert esaminò il calendario. Prima di partire per Bruxelles dovevano affrontare l'interrogatorio di Silvia, in programma per il giorno seguente: un interrogatorio importante, perché forse era lei la persona che conosceva più dettagli della vita di Alex.

A fini investigativi, era una fortuna che l'interrogatorio di Silvia avesse luogo dopo che la donna aveva conosciuto un altro. Robert sapeva per esperienza che, quando una donna non si sentiva più legata a uno scomparso, era più propensa a rivelare quello che sapeva, e a ricordarsi di dettagli fino a quel momento taciuti. Una questione psicologica: la capacità di vedere la persona amata sotto un'altra prospettiva si instaurava normalmente dopo una rottura.

Avendo visto con i propri occhi come Silvia fosse stata fulminata da una nuova passione, c'era da aspettarsi che avrebbe fornito una versione più oggettiva delle circostanze in cui Alex si era dileguato.

Il giorno dopo Silvia arrivò puntuale, al seguito di Nadia che la annunciò e la fece passare.

«Eccomi qui» disse, salutando Robert e Nicole. «Scusate, ma è la prima volta che entro in un presidio di polizia.»

Rimase in piedi, sistemandosi sulla spalla un borsone da ufficio. Era insicura, ma radiosa. Robert fu lieto di constatare che la donna non dava più quell'impressione di vedova triste, con cui l'aveva conosciuta, ma alternava sorrisi smaglianti alla sua naturale riservatezza.

Si recarono tutti e tre nella saletta degli interrogatori più vicina.

Silvia si guardò intorno disorientata. Il grande vetro a destra doveva incuterle paura.

«Là dietro non c'è nessuno. Usiamo questa stanza soltanto perché dobbiamo registrare quello che ci dirà» la riassicurò Robert. «Ma non si preoccupi. Sono soltanto quattro chiacchiere.»

A un cenno di Nicole, Silvia si mise a sedere, poggiando il borsone sul pavimento.

«Ci ha portato qualcosa?» chiese Robert, accennando con il mento a quel fardello. Continuava a credere che Silvia fosse la depositaria inconsapevole di qualche segreto.

Silvia annuì, si chinò sul borsone e ne estrasse un voluminoso album dalla copertina in pelle.

«Questo l'ho trovato a casa di Alex» esitò «l'ultima volta che sono riuscita a entrarci. Ma contiene soltanto fotografie.»

Robert lo prese in mano, ne sfogliò qualche pagina senza un vero interesse e lo passò a Nicole, facendolo scivolare sul tavolo in plexiglas. Poi iniziò con le domande di rito.

«Silvia, che tipo di rapporto aveva con Di Matteo? Possiamo considerarla come una familiare dello scomparso?»

Silvia si passò una mano sui capelli. «Una familiare? Non saprei. Ho conosciuto Alex tre anni fa, e avevamo una relazione molto intensa. Ci eravamo persino scambiati le chiavi di casa. Ci separavamo al mattino per andare a lavorare, come una coppia sposata.»

Qui Silvia esitò, prima di continuare. A Robert non sfuggirono i movimenti nervosi delle mani.

«Purtroppo, però, Alex era spesso in viaggio. Erano viaggi che potevano durare pochi giorni, ma anche alcuni mesi. E io non sapevo che cosa facesse durante queste assenze.»

«Non restavate in contatto?»

«I contatti erano sporadici. Il lavoro di Alex era soggetto a un rigido segreto professionale. Mi aveva detto che gli era proibito essere rintracciabile, e anche rivelare il luogo in cui si trovava. Alex non inviava messaggi, né fotografie. Ma talvolta riusciva a telefonarmi.»

Il lavoro di Alex. Era sempre lì che sbattevano la testa.

«Vuole dire che non conosceva le destinazioni dei suoi viaggi?»

«Qualche volta mi ha parlato dei luoghi che aveva visto, ma soltanto al suo ritorno. Da quello che ho capito, era spesso in Iraq, in Iran e nei paesi magrebini. Ma spesso andava anche a Parigi o a Roma.»

Nicole, che si limitava ad ascoltare attentamente, sussurrò qualcosa all'orecchio di Robert, il quale si rivolse a Silvia. «Crede che potrebbe riuscire a mettere insieme un calendario dei viaggi di Alex, in base alle informazioni a sua disposizione? Un calendario che si spinga il più possibile a ritroso. Spesso basta cercare fra le vecchie mail, per ricostruire gli eventi del passato. O forse lei è una di quelle persone che tengono un diario?»

«Anche se avessi tenuto un diario, non vi aiuterebbe a trovare Alex» rispose Silvia, scuotendo la testa.

«Allora passiamo alla domanda più importante: quando ha visto Alex per l'ultima volta?»

Silvia abbassò gli occhi. Quando li rialzò erano lucidi. «Il 3 maggio del 2004. È uscito di casa verso le tre di notte, e da allora non l'ho più visto.»

Robert si mosse sulla sedia. «Che cosa è successo quella sera?»

«Avevamo passato la serata al Blue, con gli altri, poi è venuto a dormire qualche ora a casa mia. Ripensandoci, forse Alex quella sera voleva dirci addio. A un certo punto si è fatto serio, e ha detto che stava per partire per una missione importante all'estero, di cui non conosceva la durata. Che non poteva rivelarci alcun particolare, ma che sarebbe tornato. Prima di lasciarmi, mi ha anche detto che la sua prima tappa sarebbe stata Bruxelles. Aveva… aveva intenzione di arrivarci in macchina.»

163

Nicole non disse niente. Aveva preso a sfogliare l'album, e sembrava molto concentrata.

«Questo spiega perché l'automobile di Alex sia sparita dal garage. Ma dopo la sua partenza, non si è proprio più rifatto vivo?» chiese Robert.

«Non con me. Non ho mai più ricevuto né messaggi, né telefonate, né lettere da Alex. All'inizio non mi è sembrato strano. Ma dopo qualche mese, mi sono convinta che abbia voluto lasciarmi.»

«Allora lei crede che Alex sia scomparso volontariamente» intervenne Nicole, dopo aver finalmente richiuso l'album.

«Non so se si sia trattato di un atto volontario. È anche possibile che le circostanze lo trattengano in un luogo lontano da noi. Però sono sicura che Alex non aveva intenzione di portarmi nel suo mondo. L'atto di lasciarmi, quello è stato un atto volontario.»

«Per questo non è stata lei a sporgere denuncia?» continuò Robert.

«La denuncia è stata un'idea di Katia.»

Robert stava per dire qualcosa, ma Nicole lo anticipò. «Un'altra domanda. Nei mesi che hanno preceduto la sua scomparsa, ha notato qualche cambiamento nelle abitudini o nell'umore di Alex? C'era qualcosa che lo preoccupava?»

Silvia si rattristò. «In effetti, Alex sembrava…» esitò, guardando prima l'uno e poi l'altra, «sembrava depresso negli ultimi mesi. Non aveva più, come dire, l'energia di una volta. Bisogna anche capire che era stato in Iraq al tempo dei primi bombardamenti. Lui non ne parlava, ma non mi era sfuggito che non veniva più inviato in paesi lontani, e il suo lavoro lo portava al massimo fino a Bruxelles. Ero contenta che passasse molto tempo qui in città. Ma non escludo che si trovasse in una specie di congedo per malattia.»

Congedo per malattia? Silvia era la prima che parlava di una cosa simile.

«Dopo la partenza di Alex, quando ha cercato per la prima volta di entrare nel suo appartamento?» chiese Robert, tornando su un punto di cui Silvia gli aveva già parlato. Ma quello era un dettaglio che andava approfondito, anche a beneficio di Nicole.

«Ci ho provato subito. Il giorno dopo. Forse lo troverete stupido, ma Alex mi mancava, e volevo semplicemente dormire nel suo letto. Confesso che ho provato ad accendere il computer, ma non ne conoscevo la password. Si vedeva che Alex aveva fatto le valigie, un cassetto e l'armadio erano ancora aperti. Sul comodino c'era un bicchiere d'acqua, un libro e anche questo» rispose Silvia, indicando l'album con la copertina di pelle nera. «È un album di fotografie. Sfogliandolo, sono tornati i ricordi, che fanno ancora male. Per questo vi prego di tenerlo, forse potrebbe essere utile alle indagini.»

Robert riprese l'album in mano e ne aprì qualche pagina. Conteneva moltissime foto e sarebbe stato difficile distinguere quelle importanti ai fini dell'indagine. Puntò il dito su una particolare foto, allungando gli occhi curiosi verso Silvia.

«Su quella foto eravamo a Bali, nell'autunno del 2003» disse lei, con un lampo negli occhi. Ma poi si strinse nelle spalle. «È l'unico viaggio che abbiamo fatto tutti insieme.»

Allora Robert prese a indicare altre foto.

«Qui si vedono anche Liza, Daniel, Katia e Tom. È stato bello.»

«Qui siamo a Roma, io e lui soltanto. Un fine settimana romantico.»

«Questa foto invece è stata scattata ad Amsterdam, una volta che Alex ci è stato insieme a Tom.»

Robert si accorse delle emozioni che quelle immagini scatenavano in Silvia e decise di non insistere. Avrebbero avuto occasione di esaminare quel materiale con attenzione. Se era stato Alex stesso a lasciare quelle foto in bella vista, forse racchiudevano un qualche elemento in grado di portarli sulla pista giusta.

«Alex faceva uso di stupefacenti?» continuò Robert.

Silvia ebbe uno slancio e quasi gridò. «Alex era contrario alle droghe. Vuole sapere che cosa diceva? "Non c'è bisogno della chimica per provare l'estasi".»

«Quando si è accorta che la serratura dell'appartamento era stata cambiata?»

«Circa due mesi dopo la partenza di Alex. Avevo nostalgia e volevo rivedere la sua casa. Ma le mie chiavi non entravano più nella serratura. È stato a quel punto che ho pensato che Alex se ne fosse andato definitivamente.»

«Lo sapeva che l'appartamento era intestato alla società dove Alex lavora? Ha cercato di chiedere informazioni?» intervenne Nicole.

«È stato Tom a contattare la società. Gli hanno detto che Alex aveva chiesto un congedo temporaneo dal lavoro, senza entrare nei dettagli.»

«Silvia, devo chiederle una cosa importante» disse Robert, alzandosi e poggiando le mani sul tavolo. Era arrivato il momento della domanda più spinosa, quella che avrebbe potuto privare la donna delle sue sicurezze. «Da quando Alex è scomparso, è mai stata avvicinata da persone che volevano informazioni su di lui?»

Lo sguardo di Silvia cominciò a vagare per la stanza. Si passò una mano sui capelli, poi si coprì il volto con le mani. La paura l'aveva assalita: aveva capito che una cosa del genere doveva essere successa a qualcuno dei suoi amici.

«No, io non sono mai stata avvicinata da nessuno. E poi io non mi fido di gente che non conosco.»

«Forse qualcuno della Banca Centrale Europea?»

«Nessuno sapeva della mia relazione con Alex. Ho sempre cercato di tenere nascosta la mia vita privata.»

«Hai mai pensato alla possibilità che qualcuno sia entrato in casa sua e abbia manomesso il suo pc?»

Silvia non rispose, ma si limitò a sbattere la testa in segno di diniego. Robert la studiò: si era molto incupita, rispetto al momento in cui era entrata in quella stanza. Per un qualche motivo, la donna non sembrava escludere quella possibilità.

Robert decise di alleviare la sofferenza di Silvia. Scambiò un'occhiata con Nicole, la quale gli rivolse un cenno di assenso.

«Basta così, Silvia» gli disse, porgendole una mano. «Ci è stata di moltissimo aiuto.»

Quando uscirono dalla saletta, Robert si premurò di impadronirsi dell'album. Non sapeva perché, ma lo avrebbe chiuso a chiave nel suo cassetto.

«O vuoi dargli un'occhiata tu?» chiese a Nicole, per assicurarsi il beneplacito dei federali.

«Non credo che ci sia niente di interessante» disse lei con indifferenza, e lo lasciò solo.

Quando fu in ufficio, Robert prese i suoi appunti e vi aggiunse le informazioni che erano scaturite dall'interrogatorio di Silvia.

- data esatta della scomparsa di Di Matteo: 3 maggio 2004
- sostituzione della porta: inizio luglio 2004
- pc di Silvia Wilson: necessaria analisi informatica
- album di fotografie: visionare attentamente.

6.

Il viaggio a Bruxelles era in programma per il mattino di lunedì. Alle sette in punto Robert raggiunse il parcheggio della centrale, dove aveva appuntamento con Nicole. Si mise ad aspettare appoggiato alla macchina. Il grande spiazzo a scacchiera era semideserto, ma dal cavalcavia già proveniva il rumore dei mezzi pesanti. Non faceva freddo, ma l'aria era pungente e il cielo coperto. Una tipica mattinata di estate. Robert si arrotolò le maniche della giacca.

Dopo pochi minuti, vide la barra alzarsi e la BMW nera avanzare verso di lui, con i fari che sembravano due occhi imbronciati. Nicole era alla guida. Peccato. Robert aveva già assaporato l'idea di viaggiare con l'autista.

«Buongiorno» disse Nicole, aprendogli lo sportello. «Dormito bene?»

Robert prese posto accanto a lei. L'automobile era spaziosa e pervasa da un odore di caffè. Robert appese la giacca al gancio del sedile posteriore e spinse il sedile all'indietro, per allungare le gambe. Anche con otto cilindri ci avrebbero messo almeno quattro ore per arrivare nella capitale belga.

«Il caffè è per te» esclamò Nicole, indicando un bicchiere di carta sul portavivande. «Spero di averci indovinato con lo zucchero.»

Robert la ringraziò, sollevò il coperchio e si portò la bevanda bollente alle labbra. Lui avrebbe preferito fare una sosta al bar, ma bisognava essere pragmatici.

Nicole fece rotta verso ovest. Robert fece per accendere il navigatore, ma lei fece un cenno di dissenso con la mano. La donna era immune al fascino della tecnica. O si atteggiava a tale.

In meno di mezz'ora furono sull'autostrada. Dopo pochi chilometri apparve il segnale di uscita per Wiesbaden, al che Robert non poté fare a meno di rivolgere una domanda alla sua illustre accompagnatrice.

«Toglimi una curiosità. Perché questa operazione viene diretta da Berlino e non dalla sede? È lì che stanno i pezzi grossi, o sbaglio?»

«Quale operazione? Il tuo caso mi interessa e basta» rispose lei. «E poi io ho sempre lavorato alla sede di Berlino. Forse perché sono nata dall'altra parte del Muro.»

Un silenzio calò fra di loro. L'imbarazzo che divideva chi era cresciuto nelle ristrettezze dell'est da chi aveva avuto il privilegio di nascere a ovest. Robert fece un calcolo mentale. Al momento della riunificazione, Nicole doveva essere stata quasi trentenne. Abbastanza giovane per rifarsi una vita, ma abbastanza vecchia per non dimenticare.

«Capisco. Non ti sei trasferita a Wiesbaden per non lasciare la famiglia.»

«Non era la mia famiglia.»

Nicole assunse un'espressione triste. Poi serrò le mandibole, senza proferire più parola. Si aggrappò al cambio, accelerò e sembrò concentrarsi sulla guida. Se fossero stati su un aereo, quello sarebbe stato il momento di allacciarsi le cinture. E di tacere.

Procedevano a gran velocità sulla carreggiata sinistra. Il boato sommesso dei cilindri li accompagnava come un cane fedele. Robert rimase a lungo in silenzio, osservando i camion che si snodavano a destra, uno dopo l'altro, in una fila interminabile. Targhe dei più disparati paesi d'Europa, merci che andavano e venivano da qualche parte. *Destinate ai nostri negozi e alle nostre tavole.* Era questo il mondo in cui vivevano. Quello che era successo a Nicole apparteneva al passato.

L'autostrada era monotona. Robert continuò a guardare fuori dal finestrino, ma a un certo punto trasalì: la segnaletica di avvicinamento a Colonia. Robert cercò di ignorare quei cartelli, ma ciascuno di essi toglieva l'aria al cuore.

Colonia – 90 km

Innamorarsi della persona sbagliata. Perché era capitato proprio a lui?

169

Colonia – 50 km

Era iniziato come uno sballo. E si era trasformato in sentimento.

Colonia – 30 km

Si era comportato da vigliacco. Per via della promozione. O era stata la paura di legarsi a fargli mollare tutto?

Finalmente il tormento ebbe fine. Il cartello successivo segnalava l'uscita per Aachen, accompagnata dal nome latino "Aquisgranum". La città dove era stato incoronato Carlo Magno. Robert sorrise all'idea che i confini di quel regno medievale coincidevano più o meno con il primo nucleo della Comunità Europea. L'Europa esisteva da più di un millennio.

Un semplice cartello "Benvenuti in Belgio" segnava un confine a cui un automobilista disattento non avrebbe fatto caso.

A destra, un'area di servizio presidiata da un distributore Total. Nicole propose di fare una sosta.

«E tu, hai famiglia?» esordì lei, mentre sorseggiavano un latte macchiato, seduti a un tavolino. Il bar della stazione di servizio era uno spazio angusto, delimitato da alti scaffali su cui erano esposte le più svariate mercanzie. Pochi avventori, odore di caffè, il rumore del registratore di cassa.

Robert esitò. Forse non era il caso di parlare della sua vita privata con un'agente federale. Ma poi si sciolse in un sorriso.

«Una famiglia numerosa. Mio padre si è sposato quattro volte.»

Nicole inclinò la testa di lato e gli sorrise. Non aveva più l'espressione severa con cui lo teneva a distanza. Al contrario, sembrava divertita.

«Ho capito. Natale con cinquanta persone. E regali a volontà.»

«I miei fratelli più giovani sono ancora ragazzi. Ma è vero che la nostra casa era sempre piena di gente. Io me ne sono andato alla terza moglie.»

La faccia di Nicole si fece seria. «La foto sulla scrivania è di tua madre?»

Robert sentì una fitta al cuore. Abbassò la testa e mormorò: «Tumore.»

C'era stato un tempo in cui avrebbe voluto rompere i rapporti con suo padre. Ma poi lui si era fatto vivo a un suo concerto, e gli aveva raccontato come sua madre fosse l'unica donna che avesse amato. Il che valeva anche per Robert.

Quando rialzò la testa, si accorse che anche gli occhi di Nicole erano velati.

«Anche la mia è morta. Ma non di malattia» disse lei. «In prigione.»

Robert aveva già sentito molte di quelle storie. Nella ex DDR si poteva essere sbattuti in carcere per un motivo qualsiasi.

«Io sono stata data in adozione. E a diciotto anni sono finita nell'Armata Popolare.»

La prima impressione di Robert non lo aveva ingannato. Nicole era stata davvero una donna soldato. E l'addestramento militare della DDR aveva una fama sinistra.

Nicole riprese a sorridere e gli puntò contro il cucchiaino. «È stata dura, ma a differenza di mia madre io ho imparato a difendermi.»

Rimasero assorti per qualche minuto. Nel frattempo il locale si era riempito, e il vociferare dei clienti si mescolava allo scoppiettare della macchina da caffè.

Nicole diede un'occhiata all'orologio. «È ora di rimettersi in viaggio. Ma prima dobbiamo fare benzina.»

Per non farle sporcare il tailleur elegante, Robert decise di comportarsi da gentleman, offrendosi di azionare la pompa del self-service. Mentre la sganciava dalla colonna, l'odore del petrolio gli investì le narici. Un odore urtante, ma anche inebriante.

L'avventura con la Oil Europe stava per iniziare.

Arrivarono a Bruxelles verso le undici. Il sole alto già si rifletteva sui finestrini. Robert indossò gli occhiali scuri.

Nicole gli aveva spiegato che la Oil Europe era domiciliata in centro, a pochi passi dal complesso in cui avevano sede gli organi più importanti dell'Unione Europea. Era in quella zona che si trovavano le principali lobby industriali e finanziarie degli stati membri. Un indirizzo di tutto rispetto.

Un'impiegata li condusse attraverso un lungo corridoio, affiancato da una vetrata a destra, fino a una saletta per conferenze, arredata all'insegna di tonalità bianche e beige. Vennero fatti accomodare attorno a un tavolo a ferro di cavallo, che dominava la stanza. Robert avvertì il profumo delle orchidee, disposte in un vaso.

Quando rimase solo con Nicole, Robert temé che li avrebbero fatti aspettare. In fondo era soltanto un colloquio informale. Ma si sbagliava. Dopo pochi minuti, un uomo dai capelli bianchi fece il suo ingresso nella stanza.

«Il mio nome è George Lamarque» si presentò, porgendo la mano prima a Nicole, poi a Robert. «La società vi dà il benvenuto e sarà lieta di rispondere a tutte le vostre domande.»

L'uomo, che parlava tedesco con un accento francese, si accomodò a capotavola e li invitò a sedersi. Lo seguirono una segretaria, che prese posto un po' in disparte, e un giovane uomo in livrea. Un tipo alto e sottile, dalla pelle ambrata e gli occhi scavati. Quest'ultimo si avvicinò a Robert con educazione, chiedendogli che cosa desiderasse da bere, questa volta in inglese. Robert aveva già notato che i dipendenti della Oil Europe, fra loro, parlavano in francese.

Dalle presentazioni, Robert capì che la Oil Europe aveva destinato a quell'incontro con la polizia di Francoforte un dipendente prossimo alla pensione. L'uomo era cordiale e accompagnava le parole con ampi gesti delle mani, ma per un qualche motivo Robert ne scordò subito il nome.

«Innanzitutto vorrei chiarire che Alessandro Di Matteo era per noi un prezioso collaboratore. Per questo intendiamo cooperare a tutto campo con le forze di polizia, affinché venga fatta luce sulla sua scomparsa. Ammesso che si tratti davvero di una scomparsa» furono le parole con cui l'anziano dipendente esordì.

«Quando avete visto Di Matteo per l'ultima volta? E che cosa le fa credere che non sia scomparso?» chiese Robert. Con Nicole aveva già concordato che sarebbe stato lui a fare le domande. Lei voleva tenere un basso profilo, evitando di rivelare le sue funzioni.

«Dovete sapere che Di Matteo aveva fatto richiesta di congedo per dodici mesi. È una possibilità prevista dal suo contratto. Ed è venuto qui il 3 maggio 2004, per consegnare la macchina, le chiavi dell'appartamento e sbrigare le ultime formalità. Dopo quel giorno, non abbiamo più avuto sue notizie.»

«È venuto personalmente? Posso parlare con la persona che l'ha visto per ultimo?»

L'uomo scosse la testa. «È una segretaria che non lavora più da noi.»

Strano. Non c'era alcuna prova che Alex fosse davvero arrivato a Bruxelles.

«Alla data odierna, i dodici mesi dovrebbero essere già passati» chiese ancora Robert. «Avete già preso una decisione per quanto riguarda il suo rapporto di lavoro?»

«Intendiamo aspettare. Di Matteo aveva chiesto un congedo non retribuito. Se dovesse tornare, verrà riassunto nelle sue vecchie funzioni.»

«Che sarebbero?»

«Come le ho detto, si trattava di un dipendente prezioso per noi. Le sue capacità spiccavano quando si trattava di intavolare trattative e negoziare condizioni con i paesi produttori di petrolio. Per esempio, è stato lui a contribuire in modo decisivo al perfezionamento di alcuni contratti con l'Iraq.»

Il giovane in livrea aveva servito le bevande ordinate e si era seduto in un angolo, in attesa di ricevere istruzioni.

Dopo essersi versato un'acqua minerale, l'anziano dipendente riprese: «Dovete sapere che gli enti petroliferi dell'Europa continentale non hanno mai avuto vita facile in Medio Oriente, e per questo motivo tendono a cooperare, superando le divisioni nazionali. Questa cooperazione è uno dei motivi per cui questa società è stata costituita.»

Robert lo guardò, come per esortarlo a continuare. Anche senza saperlo, quell'uomo poteva essere in possesso di informazioni preziose.

Lamarque assunse una posizione eretta, come per sottolineare l'importanza di ciò che aveva da dire: «Fino ai primi decenni del Novecento, l'estrazione e lo sfruttamento del petrolio nei paesi che si affacciano sul Golfo Persico erano in mano a società britanniche, che si erano aggiudicate i diritti di concessione all'epoca del dominio coloniale. Ma, a partire dalla fine degli anni Venti, società francesi e italiane hanno cercato di rompere questo monopolio, riuscendo a poco a poco a infiltrarsi nel grande affare del petrolio. A tal fine, le società europee hanno sfruttato il processo di decolonizzazione, cercando l'amicizia dei nuovi stati indipendenti.

Con la seconda guerra mondiale, sono entrati in scena anche gli Stati Uniti. Le società petrolifere americane hanno iniziato la loro espansione partendo dalla penisola araba.»

Robert e Nicole si scambiarono un'occhiata.

«È da allora che questa parte del mondo, ricca di una risorsa indispensabile per la nostra civiltà, assiste a una tacita rivalità fra società angloamericane e società europee. C'è un latente conflitto fra europei e americani per accaparrarsi una risorsa così importante come il petrolio. Un conflitto che non viene portato all'attenzione dell'opinione pubblica» continuò l'uomo.

«La tattica delle società europee è sempre stata quella di opporre alla superiorità strategica e militare degli Stati Uniti una sottile opera di diplomazia, che spesso si serve anche di corruzione e altri mezzi non proprio legali.»

E dopo una pausa, in cui era rimasto assorto, aggiunse: «Purtroppo, nel marzo del 2003 gli americani hanno scatenato un vero e proprio conflitto armato in Iraq. E contro le armi, la nostra opera di diplomazia può fare ben poco. Probabilmente sarete a conoscenza di tutto quello che della guerra in Iraq è stato riferito sui giornali. Ma non tutti sanno che alla vigilia di questa guerra alcune società europee, anche grazie all'opera dei nostri consulenti, erano riuscite ad aggiudicarsi sostanziosi contratti in Iraq.

Una delle conseguenze immediate del conflitto è stata la nullità di questi contratti. Un lavoro di anni andato in fumo. Non c'è da stupirsi che Di Matteo volesse prendersi una lunga vacanza.»

«Di Matteo si trovava in Iraq allo scoppio della guerra?»

«È rimasto per alcuni giorni, che gli sono bastati per vedere bombardamenti, uccisioni di civili, distruzione del patrimonio archeologico. A un certo punto, gli abbiamo ordinato di tornare» concluse Lamarque, giungendo le mani sul tavolo.

Robert corrugò la fronte. Non era sicuro di aver capito. «Vuole dire che Di Matteo si era dedicato per anni alla realizzazione di progetti che sono stati resi impossibili dall'intervento militare degli Stati Uniti in Iraq. E che la vostra società ritiene possibile che fosse stato colto da una forma di depressione, che lo avrebbe spinto a chiedere un lungo congedo.»

L'uomo annuì. «Dopo il suo ritorno dall'Iraq, Di Matteo ha ricevuto incarichi di poco conto, qui in Europa, che probabilmente non lo appagavano.»

«I contratti di cui si occupava Di Matteo avevano a che fare con il programma *Oil for Food*?» chiese Robert a bruciapelo.

Dopo una brevissima esitazione, l'uomo rispose senza perdere il contegno: «Anche i nostri consulenti, come molti altri, hanno lavorato nell'ambito del programma *Oil for Food*. Ma non possiamo fornire alcun dettaglio in proposito, né sui tipi di contratto di cui si occupava Di Matteo.»

Erano arrivati al muro invisibile. Non gli avrebbero rivelato niente di ciò che Alex stava davvero facendo in Iraq. Dal momento che era inutile insistere, Robert cambiò argomento.

«Ritiene possibile che Di Matteo sia stato ingaggiato da un governo straniero?»

«Non possiamo escluderlo. Ma sappiate che i nostri consulenti vengono esaminati a fondo, prima di essere assunti. A parte le capacità professionali e diplomatiche, c'è un criterio ai cui i candidati devono aderire: devono essere *europeisti* convinti. Vale a dire che devono fare questo lavoro non soltanto per i soldi o la posizione sociale, ma perché credono nell'Europa unita e nei valori dell'Unione. Un europeista convinto non si mette facilmente al servizio di un governo straniero.»

Robert ripensò a Silvia. L'anziano dipendente stava parlando dell'Europa con lo stesso fervore con cui gliene aveva parlato lei. A che cosa credevano gli europeisti? Silvia aveva parlato di valori affermatisi dopo secoli di lotte, rivoluzioni e guerre, come le libertà individuali, la democrazia, l'eguaglianza di fronte alla legge, l'indipendenza della giustizia, la solidarietà sociale. Era possibile che un europeista convinto potesse voltare le spalle a governi che avessero tradito questi principi?

Se Alex aveva deciso di voltare le spalle all'Europa, non lo avrebbero saputo dalla Oil Europe. La società era reticente. A quell'incontro avevano mandato un impiegato di basso rango, che si era limitato a far loro una lezione di storia.

Con i mezzi a disposizione della polizia, non sarebbero riusciti a ottenere dalla Oil Europe le informazioni di cui avevano bisogno. Probabilmente nemmeno con una rogatoria internazionale.

Robert decise allora di lanciare un'esca che si era preparato. Lo fece mentre la conversazione volgeva al termine. Nella stanza c'erano il dirigente, la segretaria e l'impiegato dagli occhi scavati.

«Forse può sembrarvi puerile, ma io sono un assiduo frequentatore di un nuovo social network, che si chiama Facebook. Sono persino entrato in un gruppo creato dagli amici di Di Matteo. Il gruppo si chiama *Alex Friends*, e vi possono accedere tutti quelli che si interessano di questa storia.»

Aveva alzato il tono di voce, in modo che tutti sentissero. Nicole sembrò rivolgergli uno sguardo di rimprovero. Ma era ancora lui che guidava quell'indagine.

Le sue parole non suscitarono alcun commento. Come se nessuno avesse sentito. Robert si perse d'animo. Forse la sua uscita non sarebbe servita a niente.

Poi la sua attenzione fu catturata dall'ingresso di un'impiegata, che portava un vassoio. Quando l'ebbe depositato sul tavolo, Robert si accorse che vi giacevano in bella vista due chiavi, a cui era attaccato un cartellino.

«A dimostrazione del fatto che intendiamo collaborare» commentò Lamarque, con un mezzo sorriso compiacente, «ecco quello che ci avevate chiesto: sono le nuove chiavi dell'appartamento di Alessandro Di Matteo. Vi prego di considerare che siamo stati noi a far asportare il computer e altri oggetti personali, che vengono tenuti in custodia presso la società.»

Le chiavi bastarono per fare tornare un sorriso ottimista sul volto di Robert. Era pur sempre qualcosa.

Furono congedati con la cortesia di rito, e ricevettero persino un regalo: un volume illustrato, con il logo della Oil Europe, contenente grafici, foto e testi relativi alla storia delle esplorazioni petrolifere.

Quando tornarono a Francoforte, erano già passate le dieci. Si erano fermati a mangiare, e Robert aveva guidato il bolide a otto cilindri per tutto il viaggio di ritorno.

Nicole era sfinita e aveva persino sonnecchiato in macchina. *Anche le donne soldato perdono le forze.*

«Non devi guidare. Ti porto io fino alla Torre Blu. Poi prendo la metro» le aveva detto, per convincerla a farsi accompagnare.

Era tardi, quando Robert riuscì a richiudere la porta di casa dietro di sé. Fu tentato di versarsi una vodka o di improvvisare qualcosa al pianoforte, ma aveva ancora qualcosa da sbrigare. Prese il suo taccuino e annotò quello che erano venuti a sapere:

- Di Matteo: una specie di mediatore di affari per enti petroliferi UE. Negoziava grossi contratti (programma Oil for Food?). Dopo lo scoppio della guerra in Iraq, i contratti sono diventati nulli. Quindi Di Matteo è stato fatto rientrare dall'Iraq. Non aveva niente da fare. Ha chiesto un congedo di un anno.

- Oil Europe: si è rifiutata di fornire qualsiasi dettaglio sul tipo di contratti stipulati da Di Matteo. Ha fatto muro sul tema Oil for Food.

- Chiavi dell'appartamento di Di Matteo: la Oil Europe ne era in possesso. È stata la società a far cambiare la porta. Perché?

7.

Fabrizio Di Matteo abitava a San Saba, un quartiere di Roma in cui Mariani andava volentieri. L'auto era guidata da De Rossi, mentre il tenente aveva preso posto sul sedile posteriore accanto all'appuntata Lea Ajali. Una collaboratrice preziosa, non soltanto perché fra le lingue che parlava c'era anche l'arabo, ma perché spesso riusciva a instaurare un rapporto di fiducia con i testimoni. Le aveva detto di presentarsi in uniforme. Delle solite mascherate, con *chador* e tunica fino ai piedi, non ci sarebbe stato bisogno.

L'indirizzo corrispondeva a un portone che si apriva in un muro di cinta. Dopo averlo oltrepassato, i tre agenti si trovarono in un ampio giardino, in fondo al quale si stagliava una costruzione a due piani ben tenuta, con grandi finestre dalle imposte verde scuro. Mariani inspirò l'aria fresca e fece qualche passo. A confronto con il fragore che aveva ancora regnato in strada, sembrava di essere entrati in un'oasi di tranquillità.

Non si trattava però di un giardino solitario. A un tavolo colmo di libri erano seduti due ragazzi, che alla vista delle uniformi alzarono la testa.

L'uomo sulla sedia a rotelle, che li aspettava sotto un grande platano, doveva essere Fabrizio.

Una domestica dalla carnagione olivastra, forse di origini sudamericane, venne loro incontro, chiedendo se preferissero accomodarsi fuori. I due studenti si erano già alzati e stavano portando alcune sedie.

Quando fu vicino a Fabrizio, Mariani dovette deglutire. Nonostante il rigido addestramento e l'esperienza nelle forze dell'ordine, i disabili gli facevano effetto. Si sentiva a disagio a guardarli, e anche a stringere loro la mano. Si vergognava di quelle sensazioni. Gli avevano insegnato che la diversità è solo una mutazione dell'essere umano, e che anche i disabili possiedono un'intelligenza e una vita emozionale del tutto paragonabile a quella degli "abili".

179

Il disagio, però, gli passò in fretta. Forse fu una folata di vento, che portava un profumo di lavanda. O il sorriso contento di Fabrizio. O le risate dei ragazzi, che correvano indaffarati per il giardino. Qui sembravano tutti di buon umore.

Mariani e Lea si sedettero, uno a destra e l'altra a sinistra di Fabrizio, mentre De Rossi rimase in disparte. La badante scomparve all'interno della casa, dopo aver sistemato delle bevande fredde sul tavolo.

«Buon-giorno» esclamò Fabrizio con gli occhi che esprimevano un benvenuto. Poi cercò di allargare le braccia, come per dire che lui era a disposizione.

Per prima cosa, Mariani estrasse una foto di Nassim Sabahni e la mostrò al suo ospite.

«Conosce quest'uomo?»

Fabrizio eseguì una torsione della testa, che all'inizio sembrò una negazione, ma che invece era un segno di assenso. Era sincero.

«Non viene−» e balbetto qualcosa di inintelligibile. Lea gli si avvicinò, cercando di farselo ripetere.

«Sta dicendo che lo conosce bene, ma che l'uomo non viene a trovarlo da molto tempo.»

Poi Fabrizio alzò la testa. Era improvvisamente agitato. Lea, che era una vera linguista, capì quello che voleva dire.

«È ora di dirgli che cosa è successo a Sabahni» disse Lea.

Mariani sospirò. Fabrizio non sapeva ancora della brutta fine che aveva fatto il suo vecchio domestico.

«Signor Di Matteo» dichiarò Mariani, chinando la testa verso Fabrizio, «Nassim Sabahni è morto. In circostanze non chiare. È stato aggredito a casa sua.»

Fabrizio cercò di prendersi la testa fra le mani, ma una mano sola ubbidì, l'altra tremava. Guardò prima Lea, poi Mariani, con gli occhi lucidi.

«Nassim? Non c'è più?»

Lea si chinò sulla sedia a rotelle. «Vogliamo scoprire chi è stato. E lei potrebbe aiutarci. Ci parli di lui.»

«Non è possibile» esclamò Fabrizio. Cominciò a deglutire, con il pomo d'Adamo che saliva e scendeva in modo concitato. Poi sembrò concentrarsi, compiere ogni possibile sforzo per articolare parole chiare e comprensibili. «Nassim. Da bambini. Ci portava a scuola. Ci faceva da mangiare.»

Nel frattempo, De Rossi prendeva appunti, scattava qualche foto e si intratteneva con gli studenti, il tutto contemporaneamente. A un certo punto tirò fuori la solita scusa di voler andare in bagno, per dare un'occhiata alla casa. Poco dopo tornò con la badante, che fece sedere vicino a Mariani. La donna gli sorrise, strizzando gli occhi a mandorla.

«Me chiamo Rosa Santos. Soy la badante, da muchos anos. Fabrizio no habla bien. Preguntan a mi.»

«Quanti anni ha Fabrizio? E da quanto tempo vivete qui da soli?»

«Fabrizio tiene treinta y seis anos. Los padres estan muertos. Prima el segnor, de corazon. Poi la segnora, tumor. Da allora siamo solo nosotros. Affittiamo habitaciones, a studenti. Per poco denaro. Fabrizio necesita compagnia.»

«Conosceva Nassim Sabahni?»

«Seguro. Cominciai a trabajar aqui quando i ragazzi non erano più ninos. Nassim, todos da solo, no podía.»

Mariani corrugò la fronte. C'era un particolare che gli sfuggiva, ma non capiva ancora quale.

Lea fece a Rosa alcune domande in spagnolo. Al che la badante rispose con una cascata di parole.

«Gli ho chiesto della malattia di Fabrizio» riferì Lea. «Rosa dice che è affetto da spasticità sin dalla nascita. Che i genitori di Fabrizio si fidavano ciecamente di Sabahni. Era una specie di tuttofare, che rimaneva spesso solo con i figli. Li portava a scuola, gli preparava i pasti e li accompagnava dappertutto. Ha vissuto qui per più di dieci anni.»

L'interrogatorio si protrasse. Quando Mariani guardò l'orologio, erano già passate due ore. Forse era per via di quella casa nel verde, ma sarebbe rimasto a lungo a parlare con Fabrizio e la sua badante.

Gli dispiacque di avere fatto a quell'uomo tutte quelle domande, alcune delle quali lo avevano gettato in uno stato di tristezza più che straziante.

Lea era davvero insostituibile. Poi ripensò a quello che aveva appena detto. Anche Fabrizio aveva sempre parlato al plurale.

«Lea» chiese Mariani «la badante ha detto che Fabrizio aveva un fratello?»

«Sì. Un fratello che non vedono da più di un anno. Risiede all'estero.»

Fabrizio si mise a fare ripetutamente di sì con la testa.

«E come si chiama tuo fratello?» chiese Mariani, chinandosi verso Fabrizio.

«Alessandro.»

«Alessandro Di Matteo» aggiunse Lea.

8.

Robert rimase a scrutare la foto, come ipnotizzato.

C'era un uomo in primo piano, lineamenti marcati e belli, occhi e capelli scuri. Ricordava un famoso attore francese. Anche se quell'attore interpretava spesso il gangster e l'uomo di azione, la sua celebrità era dovuta a una bellezza quasi femminile.

Ma la particolarità di quella foto era un'altra: vi era sovrimpressa una croce da morto.

La novità era stata fiutata da Richard, lo studente di informatica assegnato alla Scomparsi, come promesso dal capo. Un ragazzo con gli occhi a mandorla e una cuffia poggiata perennemente sulla testa. Sul curriculum c'era scritto che aveva vinto una gara nazionale di matematica.

Almeno alla Commissione Di Matteo siamo pochi ma buoni.

Il primo compito che Robert aveva affidato allo studente era stato quello di analizzare il computer portatile di Katia, su cui però non era stato trovato niente. Come non erano stati trovati dispositivi elettronici a casa della donna.

Allora Robert aveva chiesto a Richard di esaminare i profili degli amici di Alex su Facebook, alla ricerca di qualsiasi indizio che potesse essere utile per le indagini. Compito dello studente era quello di controllare la provenienza digitale dei profili con i mezzi tecnici a disposizione della polizia. Robert lo aveva anche incaricato di acquisire il maggior numero possibile di dati sulle persone coinvolte nella vicenda. Robert talvolta si stupiva che gente intelligente fosse disposta a rivelare tanti particolari della propria vita sui social. Richard era parso entusiasta all'idea di effettuare indagini *virtuali*, e si era subito messo a esaminare i profili dei membri del gruppo, stilando delle vere e proprie biografie che erano state di grande aiuto per Robert.

Poco prima, Richard aveva bussato alla porta del suo ufficio. All'inizio, Robert non aveva nemmeno sentito i colpetti appena percettibili, per cui il ragazzo era rimasto ad aspettare fuori, prima di decidersi a battere più forte. Poi era comparso sulla soglia senza la cuffia, con il volto paonazzo e una voce concitata.

«Commissario, sul gruppo Facebook è stata appena postata una foto con una croce da morto. È meglio che dia un'occhiata.»

Nicole, seduta all'altra scrivania, aveva alzato la testa di scatto, e il suo sguardo si era messo a vagare irrequieto per la stanza. Mai poi aveva nuovamente chinato il capo sulle sue carte.

Il ragazzo era trafelato. Robert aveva provato un senso di inquietudine. Non sapeva se fosse stata soltanto curiosità, o un brutto presagio.

«Sono stato tutta la mattina connesso al gruppo. La foto è stata inserita poco fa, senza alcun commento, da un certo *Sean Nolan*. Forse mi sbaglio, ma potrebbe essere un indizio importante» aveva detto Richard, prima ancora di sedersi di fronte a lui.

Adesso la foto si trovava in bella vista sulla sua scrivania.

Robert la prese in mano e la osservò, con il cervello trivellato dalle domande. Chi era quell'uomo? E che cosa voleva dire la croce?

«Nicole, vieni a vedere…» balbettò infine, come alla ricerca di un aiuto materno.

Nonostante lo avesse sentito benissimo, Nicole fece un cenno di diniego con la testa.

«Facciamo una cosa alla volta, Robert» gli rispose senza degnarlo di uno sguardo. «Prima abbiamo la perquisizione dell'appartamento di Alex. Partiamo alle due, insieme alla scientifica.»

Nicole non era in vena di collaborare. Così Robert decise di togliere il disturbo.

Si alzò e fece a Richard cenno di seguirlo. «Sediamoci al tuo computer.»

Si avviarono verso la sala informatici. Soltanto la metà dei cubicoli era occupata, e nessuno avrebbe fatto caso ai loro discorsi.

«Questo *Sean Nolan* si è iscritto al gruppo meno di 24 ore fa. È un profilo nuovo, privo di indicazioni sul luogo di residenza, la professione o altro. Non ha amici. Probabilmente è un profilo fittizio» spiegò Richard, mentre gli mostrava la schermata di Facebook. Robert sorrise, quando si accorse che il giovane informatico in rete si faceva chiamare *Fibonacci*.

«Provo a contattarlo» disse Robert, mentre prendeva possesso della tastiera.

Erano passati soltanto pochi giorni da quando erano stati a Bruxelles. Robert si ricordava bene di come avesse parlato a alta voce del gruppo su Facebook. Lo aveva fatto apposta.

Forse qualcuno aveva abboccato e l'apparizione di *Sean Nolan* non era casuale. Dietro lo pseudonimo poteva benissimo nascondersi qualcuno che aveva informazioni riservate.

Il respiro di Robert si fece affannoso. Quel caso lo intrigava. Se all'inizio era stata soltanto curiosità, adesso aveva la sensazione di essere incappato in qualcosa di grosso. L'affanno si trasmise alle sue dita, che digitarono qualcosa in fretta.

«Hi! Here is Robert, a police officer. Please introduce yourself.»

L'uomo sembrava essere online. Robert rimase a fissare il monitor, ma non ricevette nessuna risposta. Dopo mezz'ora, Robert gettò la spugna e si alzò. *Inutile perdere tempo con Facebook.*

Mentre stava abbassando la maniglia della porta, udì un grido concitato di Richard.

«Commissario, Sean Nolan sta rispondendo.»

Robert ebbe un sussulto di gioia. Tornò in fretta suoi passi e si sedette di nuovo accanto a Fibonacci.

«Here is a whistleblower» fu il messaggio che comparve sul monitor.

Accidenti. La soffiata di cui avevano bisogno. Robert scrutò quelle parole, e si chiese come rispondere. Poi agì d'istinto.

«Who is the man on the picture?» fu la sua prima domanda.

«He has been killed.»

Robert sgranò gli occhi. La croce voleva proprio dire che era morto. Anche Alex aveva fatto quella fine?

«Is Alex dead?»

«They are going to kill him.»

Accidenti. Alex era in pericolo. Dovevano fare qualcosa.

«Where is Alex?»

«If you want to find Alex, you have to follow the money.»

«Money? Was Alex involved in corruption or criminal activities?»

«I mean the source of money.»

La *fonte del denaro*? Robert fu sopraffatto da un senso di urgenza. Si sentiva teso come un arco. Avrebbe voluto digitare altre domande. Ma, dopo l'ultima frase, il misterioso interlocutore interruppe la conversazione e non fu più reperibile.

Richard cercò inutilmente di rintracciarne la provenienza, attraverso il codice IP. Sean Nolan si connetteva probabilmente tramite il *dark net*, per far perdere le proprie tracce.

Robert tornò nel suo ufficio e si prese la testa fra le mani. Nicole era uscita.

Rifletté a lungo sulle parole del *whistleblower*, senza comprenderne il significato. Esse confermavano soltanto che Alex non era scomparso per motivi legati alla sua persona, ma per una questione di soldi. E che si trovava davvero in pericolo.

Si rammentò di quando Katia era comparsa nel suo ufficio. "Se fosse stato ucciso, o rapito?" aveva detto. Robert si pentiva di non averle dato subito ascolto.

E che cosa voleva dire la "fonte del denaro"? Tom aveva parlato di "sicari dell'economia", e gli aveva anche consigliato di leggere un libro, di cui non ricordava il titolo.

Forse Alex era stato incaricato di corrompere un qualche esponente di un governo mediorientale, e non era più tornato da quella missione.

Ma l'informatore sembrava alludere a qualcos'altro. Si trattava di un enigma che Robert non sarebbe stato in grado di risolvere da solo.

Aveva ragione Nicole: meglio fare una cosa per volta.

La perquisizione dell'appartamento di Alex era fissata per il primo pomeriggio. Robert voleva che fosse presente anche Silvia, perché era la testimone più importante. Soltanto lei poteva sapere che cosa fosse stato modificato, e quali oggetti fossero stati asportati dall'appartamento di Alex.

Robert fece stampare più copie della foto. Per prima cosa avrebbe chiesto a Silvia se sapeva chi fosse lo sconosciuto. Ma non le avrebbe rivelato che Alex, a detta del whistleblower, stava rischiando la vita.

9.

La notizia che avrebbero perquisito l'appartamento di Alex l'aveva colta di sorpresa. Proprio adesso che era di nuovo felice. Si cullava nella prospettiva romantica di andare a vivere insieme a Christian su una collina fuori città, dove forse si sarebbe avverato quel sogno che non aveva mai osato realizzare con nessuno, nemmeno con Alex.

Silvia non aveva molta voglia di rivedere quella casa. Aveva sempre creduto di avere un rapporto particolare con Alex, ed era delusa.

Ma il commissario aveva insistito. Era lei l'unica persona che poteva fornire alla polizia informazioni su quello che mancava.

Se la ricordava bene, la casa. Alex aveva adibito la camera da letto a una vera e propria alcova, con un enorme letto basso, tappeti, cuscini di seta. Quell'arredamento, ispirato dai viaggi in oriente, non era fatto di certo per leggere, né per guardare la televisione.

Era un appartamento più piccolo di quello di Silvia. Ne facevano parte anche un soggiorno in stile moderno e uno studio, dove Alex teneva il computer e i suoi libri. Inoltre c'erano dappertutto souvenir e suppellettili orientali, che lui aveva collezionato durante i suoi viaggi.

A parte Silvia e Tom, nessun altro aveva familiarità con l'abitazione, perché Alex non era solito organizzare feste o invitare gli amici a casa.

Furono due agenti in tuta bianca ad aprire la porta e a introdursi per primi nell'appartamento. Robert indossò i soprascarpa bianchi e ne consegnò un paio anche a lei. Rimase quindi sulla soglia, sorridendole dall'alto del suo metro e novanta.

«Dopo di lei» disse Robert, invitandola a entrare con un gesto della mano.

Silvia si sentì stringere il cuore, un po' per la nostalgia di quegli anni passati con Alex, un po' per il senso di colpa dovuto al fatto che, a un certo punto, anche lei lo aveva tradito.

«È proprio necessaria la mia presenza?» rispose, esitando.

Alla vista del passatoio rosso che lei stessa aveva scelto, fu di nuovo assalita dalla rabbia. Alex l'aveva lasciata di punto in bianco, senza una parola. Con la sua scomparsa, l'aveva esclusa dal suo mondo. E lei non poteva continuare a essere infelice per l'eternità.

«Silvia, la prego di concentrarsi» disse Robert. «Noi crediamo che chi ha cambiato la serratura abbia anche sottratto qualcosa dalla casa di Alex. Deve aiutarci a scoprire che cosa manca.»

Silvia sospirò, si fece forza e oltrepassò la soglia.

La casa era immersa nell'ombra. Dai vetri sporchi delle finestre entrava la poca luce di una giornata grigia. Un odore sgradevole le colpì le narici: era la polvere che ricopriva i mobili. Di tanto in tanto guizzava la luce delle torce elettriche, con cui gli agenti illuminavano gli angoli.

Sebbene non riuscisse a constatare modifiche sostanziali dell'arredamento, Silvia ebbe l'impressione che qualcosa fosse cambiato. Questa non era la casa in cui si era abituata a incontrarsi con Alex.

Entrando nella camera da letto, spalancò gli occhi per la sorpresa.

«Commissario, qui mancano un sacco di cose. Sono stati portati via i tappeti, i cuscini, il copriletto di seta, la lampada a stelo… Questa stanza era arredata in stile orientale. C'erano anche oggetti pregiati che non vedo più. Per esempio, la collezione di samovar.»

La stanza era stata letteralmente spogliata. Il letto era stato rifatto con biancheria e coperte convenzionali, e dall'armadio mancavano tutti i vestiti, le scarpe, gli accessori di Alex. Era vero che Alex aveva fatto i bagagli, ma l'ultima volta che era entrata nell'appartamento, l'armadio non era completamente vuoto.

«Sembra che siamo arrivati tardi» commentò Robert alle sue spalle.

Dallo studio era stato asportato il computer. Sugli scaffali c'erano ancora molti libri. Fra di essi, *Cuore di Tenebra*. Silvia lo prese in mano e lo mostrò al commissario.

«L'ultima volta, questo era sul comodino. Me lo ricordo, perché glielo avevo regalato io» disse, mentre i brividi le affioravano sulle braccia.

La cucina era stata pulita. Silvia si ricordava di avervi lasciato un piatto e un bicchiere sporchi, di proposito. Anche il bagno, che lei aveva usato per ultima, era stato sottoposto a pulizia con detergenti chimici. Notò che non c'era più lo specchio sopra il lavabo.

Come in preda a una strana premonizione, si precipitò in camera da letto e si mise ad aprire tutti i cassetti dell'armadio. Quello che vi trovò la fece sussultare. Robert, che si era accorto dell'improvvisa fretta con cui Silvia sembrava cercare qualcosa, le si avvicinò.

«Commissario, posso sbagliarmi e sicuramente non conoscevo Alex del tutto. Ma non ho gli ho mai visto addosso questo tipo di biancheria» disse Silvia, indicando alcuni capi intimi, riposti in un cassetto. Si trattava biancheria erotica da uomo. I poliziotti avrebbero fatto bene a chiedersi chi li aveva messi in casa di Alex.

«Questi non appartengono ad Alex. A lui questa roba non piaceva.»

Silvia non poté fare a meno di pensare che qualcuno fosse entrato nell'appartamento, non soltanto per derubarlo di alcuni oggetti, ma anche per collocarne altri del tutto estranei ad Alex. Forse per schernirlo, o per lasciare un messaggio.

Robert stava prendendo accuratamente nota degli oggetti mancanti. Silvia insistette perché mettesse a verbale anche i suoi sospetti.

«Qui qualcuno è arrivato prima di noi. Non credo che la scientifica troverà molte tracce» disse Robert, alzando le spalle in segno di rassegnazione. «Dobbiamo immediatamente chiedere spiegazioni alla Oil Europe.»

Ma subito dopo, Silvia dovette constatare che le sorprese non erano finite.

Robert le stava mostrando una foto.

«Conosce quest'uomo?»

Silvia scosse la testa e fissò il pavimento. Era vero che non lo conosceva. Ma le foto, quelle, le aveva notate. C'erano troppe foto di quell'uomo nell'album. Un presagio la fece rabbrividire.

«Non ho idea di chi sia.»

10.

Prima dell'inizio dell'interrogatorio, Katia era stata sistemata in una sala di attesa. Come la prima volta. Probabilmente non avevano ancora finito di sbrigare il lavoro arretrato: un commissariato di polizia non doveva essere molto diverso da una banca.

Tuttavia a Katia non dispiacque aspettare. Aveva bisogno di chiarirsi le idee, perché stava per rivelare alcuni dettagli della sua vita. Era meglio che il commissario sapesse che cosa era successo fra lei e Alex. E perché Dennis avesse fatto visita proprio a lei.

Anche lei aveva visto la foto postata su Facebook. E aveva una mezza idea di chi fosse lo sconosciuto. Si era ricordata di una cosa che le aveva detto Alex. A dire il vero, a quel tempo non ci aveva nemmeno creduto.

Robert le avrebbe fatto molte domande, anche imbarazzanti. Per questo si mise mentalmente a ricapitolare le tappe di quella singolare storia. Già durante la corsa in taxi aveva cominciato a riflettere su come quella città avesse cambiato la sua vita nel giro di pochi anni.

Tutto era cominciato al funerale di suo padre. Un uomo che aveva potuto permettersi di praticare una specie di poligamia, in barba alla morale e alle convenzioni sociali. Diversamente da quanto Silvia aveva raccontato a Robert, Katia non era figlia della seconda moglie di John Wilson, ma era nata da una sua relazione extraconiugale.

La madre di Katia se ne era pazzamente innamorata durante una vacanza, e da allora lei e il padre avevano iniziato una relazione durata molti anni, da cui era nata lei. Un giorno Katia aveva capito che l'uomo che chiamava papà e veniva a trovare lei e sua madre una volta alla settimana aveva un'altra famiglia, e ne aveva sofferto.

Non era stata soltanto Katia a soffrire. Sua madre aveva sempre sperato che il suo grande amore la sposasse e, dopo aver capito che ciò non sarebbe mai successo, era morta di infarto ancora giovane. Sembrava una metafora banale, ma forse le si era spezzato il cuore. Forse anche la madre di Silvia aveva sofferto, a causa dell'infedeltà ostentata del marito, che si assentava da casa a piacimento. E non occorreva essere psicologi per interpretare l'insicurezza di Silvia. Silvia era ancora la bambina a cui un padre sempre assente non aveva riservato particolari attenzioni.

Poco dopo la morte della madre di Katia, anche John Wilson era defunto. Si era schiantato contro un camion, in autostrada. Ma forse non era stato un incidente, perché aveva bevuto. Nei mesi che avevano preceduto la sua morte, Katia lo aveva incontrato spesso. Anche lui era un uomo di successo, bello, ricco e stimato. Un tipo come Alex.

Forse Silvia e Katia si erano entrambe innamorate di Alex, perché aveva la stessa personalità del padre defunto.

L'ultima volta che Katia aveva visto suo padre era stato due mesi dopo il funerale della mamma. Le aveva consegnato le chiavi di un appartamento, dicendole che era suo, ora che Paola era morta. E non soltanto questo. Le aveva fatto capire che era in grado di procurarle il lavoro che sognava. Era così che era stata assunta alla Lindman Bruck.

Invece Silvia non si era conformata alle aspettative del suo ambiente. Con la scusa di volere imparare le lingue, Silvia aveva iniziato fin dall'adolescenza a fare lunghi soggiorni all'estero, probabilmente allo scopo di stare lontana dai genitori.

La madre di Katia, che spesso parlava di Silvia come se fosse figlia sua, le aveva raccontato di quando stava frequentando un anno di liceo a Londra, o di quando studiava linguistica alla Sorbona, o del suo soggiorno in Svizzera, presso una famosa scuola per interpreti. Questi resoconti avevano sempre suscitato in Katia una certa invidia.

Il lavoro presso la Banca Centrale Europea Silvia lo aveva trovato vincendo un concorso, senza alcun intervento del padre o del nonno banchiere. Non era un lavoro superpagato come quello di Katia, ma era un lavoro sicuro. Invece Katia poteva essere licenziata da un momento all'altro. E poi quello di Silvia era un lavoro più pulito del suo.

Una volta Katia si era recata all'indirizzo della casa in cui il padre abitava ufficialmente. Era curiosa di vedere l'ambiente che, in condizioni normali, sarebbe spettato di diritto anche a lei. Una maestosa villa in collina, che aveva l'unico difetto di essere situata a parecchi chilometri dalla città. Un posto certamente idilliaco ma isolato, poco idoneo a favorire amicizie. Silvia le aveva raccontato di essersi sempre sentita a disagio in quel luogo. E a dire il vero anche il padre, che affermava di essere molto attaccato a quella casa, trascorreva la maggior parte del tempo in città.

Dopo aver ricevuto la notizia dell'incidente mortale, Katia aveva deciso di andare al funerale, che sarebbe stato celebrato in una chiesa non lontana dal centro. In fondo quei parenti, che non aveva mai conosciuto, erano al corrente della sua esistenza. Anche se non portava il suo cognome, il padre l'aveva riconosciuta come figlia sua.

Al funerale era venuta molta gente. Sia per motivi di lavoro che per la sua naturale socievolezza, John Wilson aveva molti amici e conoscenti. Non c'era quindi da stupirsi di quell'affluenza fuori dalla norma.

Ma c'era una determinata persona che Katia sperava di incontrare: Silvia, la figlia legittima. Doveva avere circa due anni più di lei ed era stata a lungo malata, da bambina, in seguito a un incidente stradale da cui aveva riportato una lesione cerebrale. La madre di Katia aveva sempre creduto che fosse stata quella malattia a impedire al padre di divorziare dalla prima moglie. Almeno questa era la versione dei fatti contenuta in un manoscritto, che sua madre le aveva lasciato alla sua morte.

Katia aveva letto quel manoscritto molte volte. Conteneva una storia d'amore di altri tempi. Anche a lei sarebbe piaciuto vivere una storia di quell'intensità, ma senza la subordinazione sociale che aveva reso sua madre infelice.

All'ingresso in chiesa aveva notato una ragazza esile, dai lunghi capelli biondi, la quale, voltandosi, aveva rivelato lineamenti delicati. Portava un lungo cappotto nero e scarpe basse. Katia aveva avuto subito l'impressione che si trattasse di colei che stava cercando, anche perché la giovane donna era andata a sedersi in prima fila, assieme ai familiari ufficiali del defunto.

Katia si era guardata intorno, come per esaminare quell'ambiente a cui in altre circostanze sarebbe appartenuta a pieno titolo, o forse alla ricerca di qualche volto noto, per non sentirsi sola. Un volto che aveva trovato presto nella persona della zia, che la conosceva e le aveva sorriso.

In seguito Silvia le raccontò di averla riconosciuta subito, perché anche lei era alla ricerca della sorella perduta. Silvia le aveva lanciato un sorriso benevolo, di cui Katia all'inizio aveva diffidato. Soltanto in seguito si sarebbe accorta che Silvia non dava alcun peso alla morale borghese e alle convenzioni sociali: quello era stato un sorriso sincero.

E mentre stava in piedi fra la folla, davanti alla bara del padre morto, Katia si era accorta che non era più sola. E non le importava che Silvia non fosse una vera sorella.

Ripensando a quel funerale, le vennero in mente discussioni a cui aveva partecipato tante volte: la specie umana è poligama per natura. La fedeltà è solo mancanza di occasioni. Il matrimonio è un contratto che sarebbe meglio stipulare a tempo determinato. L'amore fra due individui è regolato da neurotrasmettitori chimici. E le stesse leggi chimiche regolano anche l'amore fra genitori e figli, per cui ci sono figli che vengono amati moltissimo, altri che vengono amati meno.

Aveva rivisto Silvia dal notaio, all'apertura del testamento. Il padre era stato generoso e imparziale: avevano entrambe ereditato, fra l'altro, un appartamento nella Torre Blu. Mentre stavano uscendo dallo studio, era stata Silvia a farsi coraggio e a presentarsi alla sorella naturale con queste semplici parole:

«Ciao, Silvia Wilson sono io. Visto che siamo vicine di casa, potremmo fare amicizia.»

«Mia madre parlava molto di te» aveva riposto Katia, sorridendo all'idea di avere una sorella così bionda.

«Lo so che non è una proposta convenzionale. Ma io ho idee un po' diverse da quelle di mia madre» aveva ribattuto Silvia, porgendo alla sorella il biglietto da visita del Blue. «Pensaci su. Mi trovi in questo locale.»

Così era nato il loro rapporto. Che non si era mai trasformato in amicizia. Ma non era stato Alex il pomo della discordia. La colpa era stata di tutte le altre cose che non si erano dette.

11.

«Me lo dici adesso che lo hai visto tu per ultima?» esclamò Robert, trattenendosi dal battere un pugno sul tavolo.

Quando aveva convocato Katia, aveva ritenuto necessario chiarire alcune cose: primo, si sarebbe trattato di un interrogatorio formale; secondo, la donna avrebbe dovuto dire tutta la verità, senza omettere niente.

Robert si era ormai fatto una certa idea dei rapporti che intercorrevano fra Alex e i suoi amici. Non aveva intenzione di farsi raccontare altre balle. Per questo era stato molto chiaro, al telefono: qualsiasi dettaglio poteva essere utile alle indagini, per cui Katia doveva raccontare tutto quello che sapeva, senza omettere nulla. Non stava a lei decidere che cosa fosse o non fosse importante.

Voleva interrogarla da solo e mandò via Nicole.

Katia appariva dimessa, con la frangia in disordine e i pantaloni spiegazzati. Forse perché aveva dovuto aspettare.

Come di consueto, le fece alcune domande preliminari sul suo lavoro. Domande che servivano soltanto a metterla a suo agio. Katia fece finta di stare al gioco e rispose, guardandolo negli occhi: «Il mio lavoro consiste nel vendere titoli che probabilmente non valgono niente, per cifre da capogiro. Non è colpa mia e mi pagano bene.» Poi si ritrasse sulla sedia e accavallò le gambe, come per mettersi comoda. «Ma non è certo questo che vuoi sapere da me.»

«Quando hai visto Alex per l'ultima volta?»

Anche Katia gli parlò dell'ultima serata che Alex aveva passato con gli amici. Ma fu vaga. Cercò di evitare il punto su cui Robert voleva sapere la verità. Fino a che Robert la interruppe, tagliando corto.

«Eri tu la donna di Alex?»

Katia esitò. Giunse le mani e abbassò la testa. Poi tornò a guardarlo con i suoi occhi magici.

«*Well...* l'ultima volta non ti ho detto tutta la verità. Ho avuto rapporti intimi con Alex, ma non sono mai stata la sua donna.»

Era chiaro che Katia non aveva saputo resistere al maschio alfa. Robert l'aveva capito da quando si era presentata a denunciarne la scomparsa. Katia aveva sporto denuncia per un interesse del tutto personale.

«È stata soltanto un'avventura. *One-night-stand*. Però questo è successo nella notte precedente la sua scomparsa. Credo di essere stata io a vederlo per ultima.»

A quella rivelazione, Robert quasi saltò dalla sedia.

«Me lo dici adesso che lo hai visto tu per ultima?»

«Non credevo che fosse importante. La sera prima ci eravamo incontrati tutti al Blue, perché Alex voleva congedarsi prima di un lungo viaggio. Avevamo ballato, lui mi ha detto qualcosa come "Forse è la nostra ultima occasione", e io ci sono stata» disse Katia, stringendo i pugni, come per farsi forza. «Ha suonato alla mia porta verso le tre di notte, ed è rimasto fino al mattino. Mi ha detto che sarebbe partito in automobile per Bruxelles.»

«E dopo, non si è più fatto vivo?»

«*Nothing.* Comunque non avevo questo genere di aspettative. Ho cominciato a preoccuparmi, soltanto quando mi sono resa conto che non si faceva vivo con nessuno» rispose Katia, scuotendo violentemente la testa.

«Lo amavi?» chiese Robert. *Domanda non pertinente,* avrebbe detto il suo vecchio capo.

«Alex era un libertino senza scrupoli» rispose Katia, che teneva la testa alta, ma si torceva le mani. «Quando Silvia me lo ha presentato, per un certo periodo non ho fatto che pensare a lui. Ma mi è passata.»

Robert si passò una mano sulla fronte, e sospiro. «Alex aveva nemici?»

«Quasi tutte le donne che frequentano il Blue pendevano dalle labbra di Alex. E lui ne approfittava in modo sfacciato. Le donne erano la sua occupazione principale, quando era a Francoforte. E il suo amico Tom Berger non era da meno.»

Robert infilò le mani in tasca e la guardò con insistenza. Attendeva ancora la risposta alla sua domanda.

«Ti ho chiesto se aveva dei nemici.»

«*Maybe*. Alex faceva innamorare le donne, e poi le piantava.»

«È successo anche a te?»

«Well... era un uomo irresistibile, ma io a quel tempo ero innamorata di un altro.»

Robert si prostrò verso di lei. «Tua sorella è venuta a sapere del vostro incontro? Avete avuto una lite?»

«No, a Silvia non ho mai detto niente. E poi io e Silvia non siamo vere sorelle. Probabilmente nemmeno per metà.»

Robert si prese la testa fra le mani. Stava perdendo la pazienza.

«Cosa significa questa storia che non siete sorelle?» sibilò.

Con un'aria melanconica, Katia estrasse dal portafoglio una foto, che mise sul tavolo. «Questo era mio padre. I medici gli avevano detto che era sterile. Così Silvia è nata per inseminazione artificiale. Almeno secondo quello che ci hanno sempre raccontato.»

Robert sgranò gli occhi: l'uomo non soltanto assomigliava a Katia, con un viso ovale su cui erano incastonati due occhi di un nero luminoso, ma emanava l'aura del leader. Proprio come l'aveva descritto lei. Ma in un punto fondamentale era diverso da come Robert se lo era immaginato: aveva la pelle nera. Accidenti. Robert si vergognò dei propri pregiudizi. Costernato, rimase ad ascoltare Katia.

«Nemmeno mio padre era un tipo convenzionale. Amava Silvia, anche se non era sua figlia dal punto di vista biologico. E quando sono nata io, a dispetto della diagnosi di sterilità, gli è sembrato un miracolo. Purtroppo mia madre era la sua amante, e non la sua seconda moglie. La prima volta che ho visto Silvia è stato al funerale di mio padre. E poi io e Silvia abbiamo un'estrazione sociale diversa: mia madre era una semplice insegnante.»

Robert la lasciò parlare ancora un poco, senza fare altre domande. Adesso capiva perché Katia e Silvia avessero cognomi diversi, e anche un diverso colore della pelle. Però si trattava di dettagli che non gettavano alcuna luce sulla scomparsa di Alex.

Robert fu colto da un presagio. «Mi hai appena mostrato la foto di tuo padre, senza motivo. Che cosa c'entra tuo padre?»

«Ti ricordi di quell'uomo che mi ha chiesto informazioni su Alex e ha detto di chiamarsi Dennis?»

«Certo, il tuo amico con la pistola. Si è rifatto vivo?»

Katia abbassò la testa. «Dennis sapeva che John Wilson era mio padre» disse, con un filo di voce.

Robert rimase assorto per qualche attimo. Non riusciva a far quadrare quell'informazione, che Katia aveva inizialmente omesso. Perché quella gente ce l'aveva con Alessandro Di Matteo?

«Anche mio padre era un uomo dai molti misteri, proprio come Alex. Non mi ha mai detto che lavoro facesse davvero, ma probabilmente era lo stesso lavoro di Dennis.»

«Almeno non cercheranno di eliminarti. In fondo sei una di loro.»

«Not really.»

Robert passò quindi a mostrarle a sua volta una foto: quella dello sconosciuto, postata da Sean Nolan. «Conosci quest'uomo?»

Katia allungò il collo, gettando un'occhiata alla foto. Non si scompose. Doveva averla già vista su Facebook.

«Non ho la più pallida idea di chi possa essere» rispose. Ma a dispetto delle parole, dalla sua voce trapelava una nota di incertezza. Robert sentì come un pungolo alla sua curiosità. Era sulla pista giusta. Alex non poteva essere riuscito a tenere i suoi amici completamente all'oscuro della vita che faceva all'estero.

Cercò di cavalcare quell'onda, sforzandosi di essere persuasivo: «Katia, ci stiamo convincendo che la scomparsa di Alex non abbia a che fare con le donne, ma con il suo lavoro. Se vogliamo trovarlo, abbiamo bisogno della tua cooperazione. Cerca di ricordarti di tutte le confidenze che può averti fatto, anche senza volerlo.»

Katia scosse la testa. «Ti ho già detto tutto quello che so. Ora dovrebbe essere compito della polizia venire a capo di questo enigma.»

Robert provò a farle altre domande, ma comprese che da lei non avrebbe ricavato altre informazioni. Spazientito, si alzò in piedi e, con le mani poggiate sul tavolo, la congedò.

«Va bene, Katia. Abbiamo finito. Ma tieniti a disposizione.»

Era stato brusco. Ma Katia non si scompose. Prese dalla borsetta uno specchietto e si passò un rossetto sulle labbra. Poi si avviò verso la porta, senza affrettare i passi. Solo quando fu sulla soglia si fermò, voltandosi indietro.

«Scusa, Robert, ma devo dormirci sopra.»

Dopo essere tornato nella sua stanza, Robert approfittò dell'assenza di Nicole per aprire il cassetto chiuso a chiave. L'album di fotografie consegnato da Silvia era ancora lì. Lo mise di fronte a sé e fece passare le dita sulla pelle morbida della copertina. Poi cominciò a sfogliarlo attentamente, alla ricerca di una qualche verità nascosta.

Il volume conteneva molte foto scattate durante l'infanzia e la prima giovinezza di Alex: lo si vedeva spesso in una località marina con lunghe spiagge e pinete, ritratto in foto di gruppo, con ragazzi della sua età. Su alcune si intravedeva anche il fratello disabile.

L'album conteneva anche immagini dello sconosciuto. Lo riconobbe su alcune foto che lo ritraevano insieme ad Alex, in località indefinite.

A differenza delle foto che mostravano Alex assieme a Silvia, Katia, Tom, Daniel e Liza, il fotografo che li aveva ritratti insieme era stato attento a non fare apparire sulle foto monumenti o particolari utili per l'identificazione dei luoghi.

Chi era quell'uomo? Non doveva essersi trattato di un nemico, di un subalterno o di qualcuno che si dimentica in fretta.

Possibile che nessuno degli amici di Alex lo conoscesse?

12.

Il tenente Mariani aveva cominciato a scrivere il rapporto sul caso Sabahni, perché prevedeva di chiudere le indagini al più presto. Non erano risultati elementi che provassero un legame fra l'uomo e una qualche organizzazione terroristica.

Peccato, perché continuava a essere dell'idea che la morte di Sabahni fosse stata causata da un servizio segreto straniero, operante impunemente in Italia in barba al diritto internazionale. Il vecchio iraniano doveva essere stato scambiato per un'altra persona. Non tutti gli iraniani erano terroristi, come non tutti i calabresi erano mafiosi.

A un certo punto De Rossi fece irruzione nella sua stanza, gesticolando con un misto di entusiasmo e di affanno. «Tenente, abbiamo una novità.»

Mariani alzò gli occhi dal computer, notando le carte che De Rossi ghermiva come un'arma. «Sentiamo.»

«Mi aveva detto di controllare la banca dati di Interpol. Ebbene, ho scoperto che un certo Alessandro Di Matteo è segnalato come scomparso dalla polizia tedesca.»

Alessandro era il nome del fratello di Fabrizio Di Matteo. Quello che risiedeva ufficialmente in Belgio. Possibile che la polizia tedesca lo segnalasse come scomparso?

De Rossi posò sul tavolo di Mariani uno stampato riportante anche una foto. «Alessandro Di Matteo è scomparso dalla sua residenza di Francoforte il 3 maggio del 2004, cioè più di un anno fa.»

Il tenente calò gli occhi sullo stampato, mentre De Rossi proseguiva: «Del caso si occupa la squadra Scomparsi della polizia criminale di Francoforte, nella persona di un certo *KHK* Robert Bender.»

«E che cosa vuol dire *KHK*?»

«Ho chiesto a Lea. Significa *Kriminalhauptkommissar*, che sarebbe un grado sotto quello del vicequestore.»

«Bravo. Hai fatto anche una ricerca anagrafica su questo Alessandro Di Matteo?»

Il maresciallo gli mostrò un estratto dalla banca dati dell'anagrafe. «Nato a Roma, nel 1971. Cittadinanza italiana e belga, residente a Bruxelles.»

Mariani deglutì: la data di nascita di Alessandro Di Matteo corrispondeva a quella del fratello di Fabrizio. Non rimaneva che mostrare a quest'ultimo una fotografia dello scomparso. Non c'era tempo da perdere.

E pensare che quella giornata dei primi di settembre era iniziata in modo tranquillo. Mariani si era proposto di sbrigare il lavoro di ufficio arretrato.

La novità li riportò nel frastuono del traffico cittadino, alla volta del rione di San Saba. Il sole era alto, ma dai finestrini entrava una brezza rinfrescante.

«È vero che ha parenti in Germania, tenente?» chiese De Rossi, mentre erano incolonnati davanti a semaforo rosso.

«Un cugino. A Duisburg» rispose Mariani, con un sospiro. «Del resto, tutti se ne vanno da San Luca. Soltanto mio fratello vuole fare l'eroe.»

Il maresciallo scosse la testa, forse per solidarietà. Tutti sapevano che il procuratore Mariani, costretto a vivere sotto scorta, era vivo per miracolo. Tutte le volte che ci pensava, il tenente era grato di doversi occupare di terrorismo. E anche di essere scappato. In Calabria si moriva di mafia, o di rifiuti tossici.

«Se Fabrizio riconosce il fratello, dovremo contattare questo Robert Bender» disse Mariani.

De Rossi voltò la testa verso di lui, con un'espressione spaventata. Probabilmente non era vero quello che aveva scritto sul curriculum, cioè che sapeva l'inglese.

«Non preoccuparti. Nei loro reparti hanno sempre qualcuno che parla italiano. Figli o nipoti di emigranti.»

De Rossi annuì, ma senza entusiasmo. Il maresciallo non doveva avere mai lavorato con i tedeschi. Forse se li immaginava alti, biondi, con lo sguardo di ghiaccio. Invece l'ultimo con cui Mariani aveva avuto a che fare era un metro e settanta al massimo e aveva la carnagione olivastra.

«Comunque posso chiamarlo io. Questo Bender sarà certamente un ragazzo educato, amante della buona cucina e felice di fare una trasferta a Roma.»

Arrivarono di nuovo di fronte al muro di cinta. Lo oltrepassarono e ai loro occhi si presentò una scena che non si aspettavano, ma che era in fondo consona allo spirito del padrone di casa: il giardino era pieno di bambini, che giocavano sotto la sorveglianza di alcune donne. Su un grande tavolo era allestito un rinfresco. Dagli alberi pendevano festoni, mentre una musica allegra allietava l'udito.

Fabrizio Di Matteo era seduto sotto il solito platano, con la testa reclinata su un lato. Il volto sembrava rilassato e contento. *Ancora per poco*, pensò Mariani.

Forse avevano fatto male a non annunciare la loro visita.

La badante venne loro incontro. «Perdon por la confusion. Una fiesta per i bambini dell'asilo qui vicino.»

«Possiamo parlare con Fabrizio?» chiese Mariani, giungendo le mani. «È importante.»

Rosa annuì più volte, facendo loro cenno di avanzare.

Si avvicinarono a Fabrizio, mentre De Rossi teneva in mano la foto.

Mariani vide lo sguardo di Fabrizio puntare gli occhi sulla foto, e poi la smorfia che gli contrasse il viso. Affrettò il passo, fino a raggiungere Fabrizio e prendergli una mano. Voleva prevenire il peggio.

«Fabrizio, non è successo niente a tuo fratello. Vogliamo soltanto sapere se è lui.»

De Rossi gli mostrò la foto.

Fabrizio torse il collo e spalancò gli occhi. Ebbe un'esitazione, ma poi scoppiò a piangere. Un pianto disperato.

Lo scomparso segnalato dalla polizia tedesca e il fratello di Fabrizio erano la stessa persona.

Mariani sentì stringersi il cuore. Provava un misto di dolore e di vergogna. Avevano fatto male a non portarsi dietro Lea. Con un uomo affetto da quella malattia, ci sarebbe voluto più tatto.

«È solo una formalità» si affrettò a dire Mariani. «Non c'è motivo di preoccuparsi.»

«Signor Di Matteo, i tedeschi sono pignoli. Le denunce di scomparsa finiscono tutte nel computer. Non è un caos come da noi» aggiunse De Rossi.

Ma Fabrizio continuava a piangere.

Mariani intervenne: «La denuncia è di una donna. Forse Alessandro l'ha piantata e non si è fatto più vivo.»

«Era guapo, Alejandro» disse la badante, che ebbe una reazione emozionale. Mentre guardava la foto, le vennero le lacrime agli occhi.

«Lo riconosce anche lei?» chiese De Rossi.

«Sì, è lui.» Rosa si stropicciò gli occhi. «Ma è vivo?» Poi sembrò che il suo sguardo vagasse su quel giardino, a ritroso del tempo. A giudicare dall'effetto che aveva la foto di quell'uomo adulto, da ragazzo Alex doveva essere stato molto amato.

Mariani si stava facendo la stessa domanda della badante. A quel punto De Rossi cercò di sfoggiare un buon umore contagiante.

«Certo che è vivo. Anch'io ho lavorato alla Scomparsi. Questo è uno di quelli che ricompaiono in fretta.»

«In genere, è solo una questione di corna...» aggiunse Mariani, probabilmente senza risultare convincente, perché non credeva affatto a quelle parole.

Tornarono in caserma, ciascuno rimuginando sull'insolita svolta che quell'indagine stava subendo.

Oltre a un morto, adesso avevano anche uno scomparso. O due morti.

III. RIVELAZIONI

1.

Quando le luci del Blue si facevano soffuse, e dall'ampia vetrata del locale si vedeva il profilo dei grattacieli di *MainHattan* (così i tedeschi chiamavano scherzosamente Francoforte), si creava in quel locale un'atmosfera suggestiva. Quella sera era stata persino ingaggiata una cantante, che stava intrattenendo il pubblico con vere chanson francesi.

Victor aveva occupato la sua postazione in fondo alla sala, dalla quale godeva di un'ampia visuale sul bar e sui tavoli collocati davanti alla vetrata.

Certe volte si sentiva *invisibile*. Nessuno si era mai accorto di lui. Gente che non sapeva osservare. Che non riusciva a vedere oltre i propri orizzonti. Peccato che al mondo non ci fossero soltanto il conto in banca, la casa attico, la macchina di lusso.

Gli amici di Alex erano arrivati uno dopo l'altro, sedendosi al solito tavolo. Mancava soltanto Christian. L'unico che faceva un lavoro serio.

Il commissario si era portato dietro Nicole Schmidt. Non si era accorto che quell'agente era stata inviata soltanto per ostacolare le sue indagini. Era lei che si era messa a mostrare la foto di Jean-Claude a tutti i presenti. Come se non sapesse benissimo chi fosse.

«Un Ricard?» gli chiese la giovane cameriera, che veniva spesso a servirlo. Lei lo aveva notato eccome, anche se lo riteneva, erroneamente, un innocuo turista francese. Victor annuì e la seguì con lo sguardo. La ragazza aveva le natiche sode.

Ma che cosa stava facendo Nicole? Si era seduta in mezzo a Katia e Silvia, e stava sfogliando quel pesante album di fotografie. La società aveva purtroppo pensato troppo tardi a far blindare l'appartamento. Chissà che cos'altro si era portata via Silvia. Per fortuna, Alex non le aveva mai rivelato la password del computer.

Anche a Victor sarebbe piaciuto dare un'occhiata a quelle foto. Erano tutto ciò che rimaneva di Jean-Claude. Morto in un incidente stradale, poco dopo il suo ritorno dall'Iraq.

Quella morte non era stata accidentale. Con Jean-Claude era stato colpito al cuore il principale progetto della Oil Europe. Un progetto a cui aveva partecipato anche Alex, diventando il suo più stretto collaboratore.

I due uomini avevano capacità complementari: mentre Alex era dotato di una personalità assertiva, con la quale riusciva a dominare l'interlocutore, Jean-Claude era un sottile diplomatico, che conosceva l'arte della lusinga e della corruzione. Fra i politici e funzionari stranieri e nostrani, con cui avevano a che fare, c'era chi veniva convinto dalla personalità maschile di Alex, ma c'era anche chi doveva arrendersi alle tecniche manipolative di Jean-Claude.

La cameriera tornò con il vassoio e Victor si portò alle labbra il suo Ricard. *Sapore di Francia.*

E pensare che erano stati proprio Alex e Jean-Claude a convincere un governo straniero ad aderire a un progetto che stava per rivoluzionare gli equilibri mondiali. Anche se erano stati soltanto gli esecutori materiali, posti alla fine di una catena che risaliva fino a politici di alto rango, i loro meriti erano innegabili.

Poi era scoppiata la guerra, che aveva vanificato tutto quel lavoro. Dopo i primi bombardamenti, i due uomini erano stati fatti rientrare in Europa. Sul breve termine, il progetto era fallito.

Alex era tornato tra i suoi amici, a fare la vita spensierata di un benestante occidentale, in un luogo lontano da guerre, schiavitù, fame ed epidemie.

Jean-Claude era tornato alla sua vita dissoluta, fatta di auto sportive, vini di pregio, locali notturni e amori non convenzionali. Dopo pochi mesi, Jean-Claude era rimasto vittima di un incidente stradale a Parigi, sua città natale. Stava tornando a casa in automobile, verso le due di notte, quando all'improvviso si era schiantato contro un pilone, in una galleria.

La cantante tornò al pianoforte e intonò un pezzo di Edith Piaf: *Je ne regrette rien*.

Victor sentì un groppo allo stomaco. Neanche lui si sarebbe pentito di quello che aveva intenzione di fare.

Coloro che conoscevano il lavoro di Jean-Claude erano conviti che si trattasse di un incidente sospetto. E non si stupivano del fatto che la polizia avesse chiuso l'inchiesta così in fretta.

Alex doveva essere rimasto molto scosso dalla morte dell'amico, di cui era venuto a sapere non subito, ma qualche tempo dopo. Nessuno si era preso cura di informarlo, o era stato volutamente tenuto all'oscuro. Un insieme di cose che sicuramente gli aveva messo paura.

Era stata la morte di Jean-Claude a provocare la fuga di Alex.

Alex non ne aveva parlato con nessuno e se ne era semplicemente andato. Forse non voleva mettere in pericolo i suoi amici.

A differenza di quello che credevano gli americani, quelle persone non avevano la minima idea delle vere mansioni di Alex Di Matteo. Lui aveva tenuto la bocca cucita, anche per non mettere in pericolo coloro che gli stavano a cuore.

La cantante aveva finito di esibirsi e riscosse un caloroso applauso. Victor aguzzò la vista. Nel locale era entrata una bellezza dai lunghi capelli neri, fasciata come una sirena. A giudicare dalla foto, doveva trattarsi di Sabina, ex moglie del dottore. Victor non l'aveva mai vista al Blue. Se era venuta con l'intenzione di ordire qualche intrigo, con quelle curve ci sarebbe sicuramente riuscita.

Per ammazzare la noia, Victor era persino disposto a intervenire.

2.

«Robert» lo apostrofò Nicole, comparendo sulla soglia del suo ufficio «abbiamo una richiesta di informazioni dalla polizia italiana. Riguarda Di Matteo.»

Robert rimase di sasso. La polizia italiana? Ricordò di quando aveva inserito la scomparsa di Alex nella banca dati di Interpol. Ebbe un momento di inquietudine. Forse stava per ricevere brutte notizie.

La sua preoccupazione dovette essere visibile, perché Nicole gli indirizzò uno sguardo rassicurante. «Gli italiani non hanno il cadavere di Di Matteo, ma sembra che abbiano trovato un collegamento fra lui e il cadavere di un iraniano.»

«Dove?»

«A Roma. Il bello è che la richiesta non viene da una sezione qualsiasi, ma dal reparto antieversione dei ROS. È un organo investigativo dei carabinieri, con competenze per indagini su criminalità organizzata e terrorismo.»

Robert sgranò gli occhi. «Terrorismo?»

«L'iraniano è sospettato di legami con i terroristi islamici. E i carabinieri hanno scoperto che aveva lavorato per moltissimi anni come domestico della famiglia di Alex.»

Ci mancavano i terroristi. Quella storia sembrava fatta apposta per incuriosire un ficcanaso come lui.

«Ho organizzato una videoconferenza per oggi pomeriggio. Vediamo quello che hanno da dirci» concluse Nicole.

Durante il pranzo, Robert aveva atteso la conferenza con ansia. Era stato tutto il tempo sulle spine. Chissà che gli italiani non sapessero cose che a loro erano sfuggite.

Finalmente, furono in connessione. Sul monitor comparvero i volti sfocati di due uomini in uniforme.

A quella vista, Robert sorrise. Ancora un paese dove la polizia aveva gradi militari. Quante volte gli avevano ripetuto, all'accademia, che in uno stato democratico le funzioni della polizia e dell'apparato militare dovevano essere separate da muri invalicabili. Per questo motivo, dalle sue parti i soldati non venivano impiegati nemmeno a scopo di protezione civile. Un vero spreco di risorse, perché le catastrofi naturali, negli ultimi tempi, stavano aumentando in modo esponenziale.

Quello di grado superiore era tenente e doveva avere qualche anno più di lui. Robert provò simpatia per i due investigatori e per la loro interprete, che interveniva quando non riuscivano a capirsi in inglese. Già immaginava la sua prossima visita nella città eterna, in cui non era mai stato. Aveva sempre sognato di vedere il Colosseo e la Cappella Sistina.

La simpatia, e forse anche la prospettiva di una vacanza, lo resero loquace. Riferì al tenente Mariani tutto quello che sapeva della scomparsa di Alex: la data della denuncia e le deposizioni di amici e testimoni. Gli parlò anche della loro visita alla Oil Europe e delle congetture riguardo a un atto volontario. In fondo, non avevano appurato molte altre cose.

Invece gli italiani gli fornirono un'informazione eccezionale: Alex aveva a Roma un fratello quasi coetaneo, che per di più era disabile dalla nascita. Anche questo fratello non vedeva lo scomparso da più di un anno.

Fu soltanto dopo la fine della videoconferenza che Robert comprese la portata di quella novità. E pensare che nessuno degli amici di Alex aveva mai fatto menzione di un fratello. Robert si chiese se gli avessero deliberatamente mentito, o ne fossero stati essi stessi all'oscuro.

«Possibile che nessuno degli amici di Di Matteo sapesse che aveva un fratello?» mormorò Robert, sconsolato.

Nicole invece sembrava entusiasta. Gli si parò davanti ed esclamò: «Il fratello potrebbe portarci sulla pista giusta. Si possono rompere i rapporti con una moglie o una fidanzata, ma non ci si separa completamente da un fratello disabile. Devi pensare che i genitori sono morti e questo Fabrizio, anche se ha ereditato, non è certo autosufficiente. Se Alex è vivo, è impossibile che non abbia alcun contatto con lui.»

«Il tenente ci ha appena detto che Fabrizio si mette a piangere ogni volta che si nomina il fratello. Non credo che una persona affetta da spasticismo riesca a recitare così bene. Fabrizio crede che Alex sia morto.»

«Allora ci deve essere un qualche flusso di denaro, che può portarci ad Alex.»

«Follow the money. Era questo che voleva dirci il whistleblower?»

«Follow the money!» esclamò Nicole.

Robert non condivideva l'euforia della collega. Continuava a pensare agli amici di Alex. E se erano stati sinceri, si chiedeva come avrebbero reagito a quella notizia. Per fortuna era venerdì. Li avrebbe trovati al Blue.

«Devo parlare con i testimoni. Stasera vado nel loro locale. Mi accompagni?»

Robert vide l'esitazione di Nicole: stava quasi per rifiutare, ma evidentemente qualcosa le fece cambiare idea.

«Certo. Davvero ti hanno detto di non sapere che Alex aveva un fratello? Devi stare attento a non farti manipolare» disse Nicole. «Comunque, conta su di me.»

Robert annuì. Quello che la collega stava insinuando era plausibile.

Si diedero appuntamento per dopo cena.

Robert trovò Nicole ad aspettarla, sulla soglia della Torre Blu. Una bella luna piena illuminava lo slargo alberato.

Appena oltrepassata la soglia del locale, Robert li vide da lontano: erano tutti seduti al solito tavolo.

Il locale non era affollato. Dagli altoparlanti si sprigionavano le note di un sassofono. Il pianoforte faceva soltanto parte dell'arredamento.

Dalle loro facce, Robert vide che Tom e Daniel si stupivano di vederlo arrivare con una donna. Si rivolse a loro, che ancora non conoscevano Nicole.

«Vi presento Nicole Schmidt, della polizia federale.»

Tom si alzò di scatto. Le rughe ai lati della bocca si distesero in un sorriso e la sua voce si abbassò di un'ottava.

«Molto lieto, Tom Berger» le disse, stringendole la mano e indicando con un impercettibile guizzo degli occhi un posto accanto a sé. Robert studiò i suoi modi galanti: doveva ammettere che Tom aveva stile.

Katia allungò il collo e rivolse a Robert un sorriso di riconoscenza. Forse pensava che l'intervento della polizia federale fosse frutto della sua iniziativa. Non era andata proprio così, ma lui non glielo avrebbe detto.

«E a che punto sono le cosiddette indagini?» chiese Silvia, con una punta di rammarico nella voce.

Robert mise le mani sul tavolo. Voleva che tutti lo stessero a sentire. «Abbiamo due novità, su cui vorremmo farvi alcune domande.»

A questo punto Nicole tirò fuori la foto che Sean Nolan aveva postato su Facebook.

«Prima di tutto vorremmo sapere chi è quest'uomo.»

Gli amici si passarono la foto dell'uomo con la croce sovrimpressa. A uno a uno, scossero la testa. Alcuni di loro avevano già detto di non conoscerlo. Anche Katia, che tuttavia a Robert parve turbata.

Tom allargò le braccia e rispose, forse anche a nome degli altri: «Non l'ho mai visto, ma diciamoci la verità: non sapevamo niente della vita che Alex faceva fuori da qui.»

«Avete chiesto alla Oil Europe?» intervenne Daniel.

Forse Daniel pensava che la polizia stesse a dormire. Certo che glielo avevano chiesto, ma la reticenza della Oil Europe non si era fermata di fronte a quel particolare. Si erano limitati a rispondere con frasi gentili, il cui senso era "chi lo conosce?".

Quando gli animi si furono calmati, Robert decise di comunicare la seconda novità. Aveva insistito per essere lui a fare quella rivelazione.

Mise un'altra foto sul tavolo: una foto che ritraeva Fabrizio Di Matteo su una sedia a rotelle.

«Statemi bene a sentire: Alex aveva un fratello a Roma. Un fratello quasi coetaneo, che purtroppo è disabile.»

Quella che attraversò gli amici fu come un'onda. Un'onda di stupore, paura, incredulità, che passò dall'uno all'altro, e avrebbe potuto farli crollare, come le tessere di un domino.

Si gettarono su quella foto. Se la contesero. E ciascuno rimase a osservarla il più a lungo possibile.

Durante quell'interminabile reazione, Robert li scrutò uno a uno. Vide occhi sbarrati e mani tremanti. Cercò di capire se qualcuno di loro gli aveva mentito.

Silvia si era fatta pallida. Sul suo volto era comparsa un'espressione di delusione, che la donna non cercava di mascherare. Evidentemente non sapeva niente di quel fratello, come di molte altre cose della vita di Alex. La donna si prese la testa fra le mani. Poi la rialzò, e riuscì a mormorare qualcosa. Aveva le lacrime agli occhi.

«Non si dice 'handicappato' e nemmeno 'disabile'» balbettò. «Si dice 'diversamente abile'.»

Daniel guardò più volte la foto, come se non credesse ai suoi occhi. Prese a torcersi le mani. Si vedeva che cercava una spiegazione per il comportamento di Alex.

«Si vergognava» disse Daniel infine. «Alex si vergognava di avere un fratello disabile. Non voleva la nostra commiserazione.»

«Gli uomini si vergognano di molte cose» aggiunse Liza. L'avvocata dai capelli biondo platino era l'unica a non sembrare sconvolta.

Robert si aspettava un commento da Tom. Ma lui non disse niente. Si limitò a tenere lo sguardo azzurro sospeso di fronte a sé, con le rughe che gli solcavano i lati della bocca. Forse stava ripercorrendo episodi che aveva vissuto con Alex. Il suo migliore amico. Quante cose non sapeva di lui.

Quella tristezza si trasmise anche a Robert. Non doveva essere piacevole per gli amici di Alex scoprire che lui aveva loro nascosto un aspetto fondamentale della sua vita.

Furono interrotti dal cameriere. Robert pensò di ordinare qualcosa di forte.

«Una vodka, per favore.»

«Anche per me» disse Tom, che di solito beveva acqua minerale.

Poi toccò a Nicole. Voleva essere lei a mostrare a tutti l'album di fotografie prodotto da Silvia.

Lo sconosciuto vi era ritratto più di una volta. Tuttavia le foto non erano accompagnate da alcun commento, e il fotografo aveva avuto cura di non immortalare edifici o elementi che potessero far identificare i luoghi.

«Qualcuno di voi ha un'idea di dove possano essere state scattate queste foto?» chiese Nicole ai presenti, puntando il dito su alcune immagini.

Gli amici si passarono l'album, ma scossero la testa. Soltanto Silvia, a un certo punto, alzò la voce.

«Questa deve essere una piazza di Parigi» disse. «Sono sicura. Ho abitato da quelle parti.»

Nicole si mise a sedere accanto a Silvia, ma la donna non sembrò poter fornire altre informazioni. A un certo punto Nicole parve spazientirsi. Disse che era stanca e si congedò.

Robert invece voleva studiare le reazioni degli amici, e capire se qualcuno fosse a conoscenza di cose di cui finora non aveva parlato. Per questo rimase insieme a loro, fino a che le sedie attorno al tavolo furono vuote. Restò soltanto Katia, che lo invitò a ballare.

Mentre erano vicini, lei gli sussurrò: «Sei in vena di *straordinari*, stanotte?». Colto dal presagio che Katia avesse in serbo informazioni fuori dall'ordinario, Robert acconsentì a seguirla.

Prima di uscire dal locale, videro Tom parlare con una bella donna seduta al bar. In ascensore, Katia gli spiegò che si trattava di Sabina, ex moglie di Christian.

A Robert non era sfuggita l'occhiata che Sabina aveva dato a un avventore seduto in fondo alla sala. Un uomo alto e dinoccolato, dal viso affilato, occhi piccoli e mento prominente. Robert ebbe la sensazione di averlo già visto.

Quando fu nell'appartamento di Katia, lei si abbandonò su una poltrona e si prese il viso fra le mani. Sembrava che stesse per togliersi un peso.

«Accomodati» gli disse, indicando un divano dove erano sparsi cuscini e alcuni dvd in disordine. «Stappiamo un'acqua minerale?»

«Hai ragione. Abbiamo già bevuto troppo.»

Katia scomparve e tornò vestita con una tuta da ginnastica. Era diversa dal solito. Non voleva sedurlo. Voleva che le facesse compagnia e la stesse ad ascoltare. Le novità su Alex l'avevano messa sottosopra.

Robert distese le gambe sulla chaise-longue. Dopo un brindisi con l'acqua, Katia si mise a sedere accanto a lui. «Lo sai che a letto spesso ci si raccontano cose che hanno il solo scopo di eccitare la fantasia, e non devono essere necessariamente vere?»

«Stai parlando di qualcosa che ti ha raccontato Alex?»

«L'ultima notte gli ho fatto molte domande. Gli ho chiesto quante donne avesse avuto, e quante volte avesse tradito Silvia. Lo sai che cosa mi ha risposto?»

«Spara.»

«"Ho avuto moltissime donne. Ma ho amato anche un uomo."»

Robert sentì un groppo alla gola. Si sollevò improvvisamente, appoggiò i gomiti sulle ginocchia e la guardò. Avrebbe voluto esternare quello che stava pensando, ma rimase in silenzio ad ascoltare.

«"Era bello come una donna, e anche il mio migliore amico. Stavamo bene insieme. Io volevo che rimanesse una cosa platonica, ma lui ha insistito. L'ultima sera è riuscito a sedurmi. O forse abbiamo fatto l'amore perché la gente intorno a noi stava morendo. È stata l'ultima volta che ci siamo visti." Queste sono state le esatte parole di Alex. Mi sono rimaste impresse. Non mi ha detto altro, e io non ho insistito. Ho sempre pensato che l'abbia detto soltanto per eccitarmi. Che si trattasse di una fantasia erotica. Fino a stasera.»

«Pensi che si tratti dell'uomo ritratto sulla foto?»

Katia annuì. Rimase assorta, senza parlare, per qualche minuto.

«In tutti questi anni» disse infine, «abbiamo creduto di essere la sua famiglia. Invece Alex aveva una vita altrove.» Ma la tristezza non ebbe il sopravvento su di lei. Katia si riprese, alzandosi dal divano. «Vuoi uno spuntino?»

Si sedettero al tavolo di cucina, dove Katia posò due tramezzini.

«Il nome della persona che ha postato questa foto su Facebook non è stato scelto a caso» disse lei.

«Spiegati.»

«Forse conoscerai un vecchio film italiano. Un western. Ogni tanto viene trasmesso in televisione. La storia è complicata, ma in poche parole è incentrata su un uomo che piange la morte del suo migliore amico. Questo amico si chiama *Sean Nolan*.»

«*Sean Nolan* allora vuol dire che Alex aveva un amico morto.»

«Il film è famoso anche per un altro motivo. È una storia di amore fra due uomini. Sembra una storia di amicizia, ma tutte le volte che il protagonista ripensa al suo amico, risuona una melodia che è un tema d'amore.»

Robert si rese conto che Katia le aveva rivelato qualcosa di importante, di cui non aveva mai osato parlare.

Era quello l'amico di Alex? E che cosa ne pensava la Oil Europe?

Questo rapporto poteva essere stato così proibito da provocare la scomparsa di Alex?

Quella notte, Robert non riuscì a dormire. Quella storia gli scavava dentro.

Si ricordò di un episodio che aveva vissuto quando giocava a calcio, da bambino. Un giorno era comparso un nuovo allenatore. I ragazzini si erano guardati, esterrefatti e delusi. Dove si era cacciato Joachim, il loro idolo, colui che gli aveva insegnato a vincere?

In federazione, nessuno gli aveva dato una risposta. L'unica che si era decisa a parlare era stata sua madre: «Joachim è stato espulso perché era omosessuale.» Di fronte ai suoi occhi sbarrati, lei gli aveva spiegato anche il significato di quella parola. E da quel giorno Robert aveva capito che così andava il mondo.

Alex era stato coraggioso. Se ne era fottuto delle convenzioni, di quello che avrebbero pensato amici, superiori, colleghi.

Adesso sapeva perché quella scomparsa lo aveva coinvolto fino a quel punto. Alex era stato un leader. Uno che infondeva il coraggio di prendere strade non battute. Per questo gli amici ne avevano subito il fascino.

Robert avrebbe fatto di tutto per trovarlo.

3.

Una banale denuncia per furto.

In attesa di interrogare Thomas Berger, Robert teneva ancora gli occhi inchiodati sul fascicolo che aveva appena finito di leggere. Aveva scoperto quella denuncia nel corso dei soliti riscontri di routine.

Consultare archivi e schedari faceva parte del suo lavoro. Quando si iniziava a indagare su una scomparsa, il primo passo era una ricerca nella banca dati dei cadaveri non identificati. Ma la polizia aveva accesso anche a molti altri dati, per esempio ai registri anagrafici; accesso di cui si serviva anche senza autorizzazione.

Nei casi complicati, spesso Robert si metteva a controllare non soltanto i dati relativi alle vittime, ma anche quelli riguardanti le persone coinvolte nell'indagine, non importa se soltanto a titolo di testimoni.

Anche a proposito di Katia aveva cercato tutte le informazioni che i registri fornivano: dati anagrafici, automobile, fedina penale e tutto quello che aveva potuto trovare. Con suo grande sollievo, aveva constatato che Katia non aveva mai avuto a che fare con la giustizia.

Era stato soltanto per curiosità che si era messo a fare ricerche anche sui migliori amici di Alex. E aveva trovato qualcosa che qualsiasi altro agente avrebbe considerato come un fatto trascurabile, ma che nel contesto di quel caso era alquanto sospetto: una denuncia per furto, che Tom aveva sporto circa due mesi prima che Katia si facesse viva al suo concerto. Una denuncia di cui Katia non sapeva niente. Tom non doveva averne parlato con nessuno, forse per vergogna.

Dal verbale si ricavava che Tom Berger si era portato in casa una donna e aveva trascorso la notte con lei. Quando però si era svegliato, al mattino, si era accorto che la donna era scomparsa e gli aveva portato via tutti i contanti dal portafoglio. Non si trattava di una somma ingente, considerato il reddito di Tom. Non erano stati sottratti altri beni dall'appartamento. Dalle analisi del sangue era risultato che Tom aveva ingerito, a sua insaputa, un potente sonnifero.

Spinto dalla curiosità, Robert aveva contattato l'agente che aveva ricevuto la denuncia e aveva potuto farle qualche domanda. Si trattava di una poliziotta, su cui Tom doveva avere fatto colpo. La donna si ricordava bene di lui e lo aveva descritto con aggettivi lusinghieri. Aveva anche scherzato sul fatto che un uomo evidentemente intelligente si fosse fatto fregare in quel modo da una malvivente qualsiasi.

Forse a causa della cifra irrisoria a cui ammontava il furto, il caso era stato archiviato in modo sommario. La ladra non era stata individuata. Non era stato fatto alcun sopralluogo dell'appartamento, non erano state controllate le videocamere di sorveglianza installate in vari punti della Torre Blu. Purtroppo i furti di appartamento erano frequenti e non venivano indagati con grande dispendio di risorse. Tom Berger, da parte sua, non aveva sollecitato ulteriori indagini.

Robert si prese la testa fra le mani. Stava già pensando al peggio.

Quindi fece accomodare Tom nella saletta degli interrogatori. Il suo aspetto era elegante come al solito: vestito blu e camicia azzurra. Gli fece portare un'acqua minerale.

Per rompere il ghiaccio, Robert lo fece parlare della sua professione di giornalista.

«Quando ho iniziato, mi occupavo di cronaca nera» raccontò Tom. «Ma sono passato presto all'economia. Ha mai letto la mia rubrica "Follow the Money"? Viene pubblicata sull'edizione online del giornale.»

Robert aveva già dato un'occhiata a quella rubrica.

«Mi tolga una curiosità. Che cosa vuol dire "Follow the money"?»

Tom giunse le mani e si assestò sulla sedia.

«È una frase nota ai giornalisti di tutti il mondo. Allude allo scandalo Watergate, che fu scoperto grazie a una soffiata. "Follow the money" erano le parole dell'informatore» rispose. «E anch'io sono convinto che, per trovare la spiegazione di molte cose, occorre seguire la pista del denaro.»

«Anche nel caso Di Matteo?»

Tom scrollò le spalle. «Nel caso Di Matteo ci manca l'informatore.»

«Quando ha visto Di Matteo per l'ultima volta?»

Tom osservò il fondo del bicchiere vuoto e rispose, senza guardarlo: «Il 3 maggio del 2004, mentre partiva per Bruxelles. Per caso ero anch'io in garage, e l'ho visto alla guida della sua auto. Me lo ricordo bene, perché mi sono stupito del fatto che fosse già mezzogiorno. La sera prima, Alex aveva detto che voleva partire al mattino presto. Credo di essere stato l'ultimo a vederlo, qui a Francoforte.»

Ancora uno di quelli che credono di aver visto Alex per ultimo.

«Comunque Alex non è mai stato la bocca della verità. Sarà stato con una donna» aggiunse Tom, allargando le braccia.

«Silvia sostiene che Alex ha passato l'ultima notte con lei.»

«Silvia è brava a mentire a sé stessa. Alex faceva di tutto per non ferirla, ma con le donne non perdeva un'occasione. Una questione di domanda e di offerta.»

«Glielo ha detto lui?»

Tom fece un mezzo sorriso. «Io e Alex parlavamo spesso di donne.»

«Le cose che gli uomini si raccontano, quando parlano di donne, non devono essere necessariamente vere.»

«Lui non aveva bisogno di millanterie. E poi, l'ho visto con i miei occhi. Alex veniva invitato agli stessi festini che frequento io» aggiunse Tom, senza imbarazzo.

A questa ennesima rivelazione, Robert non si scompose.

«Per *festini* non intendo quello che sta pensando lei» disse Tom, come se avesse ritenuto necessario fare una precisazione. «Erano solo feste private in cui si cucina, si cena insieme e poi si formano spontaneamente coppie che si appartano. Vi vengono invitati uomini e donne in egual numero, e ci sono regole precise da rispettare. Per esempio non si può disdire all'ultimo momento ed è obbligatorio fare sesso con una delle invitate.»

Robert si sforzò di sfoderare un tono scherzoso. «Sesso obbligatorio?»

«Altrimenti le ragazze si offendono e non si viene più invitati. Alex era un ospite molto ambito di queste feste. Lo avevo presentato io a una mia amica che ama organizzarle.»

Robert riusciva a immaginare che Katia e Silvia non sapessero niente di questi sballi maschili. «Ha notato qualche cambiamento in Alex, prima della sua scomparsa?» chiese, preferendo cambiare discorso.

«Commissario, tutti sappiamo che Alex è stato fatto tornare dall'Iraq qualche settimana dopo lo scoppio della guerra. Deve avere visto i cadaveri ammucchiati per le strade, le case squarciate e i cumuli di macerie. Deve avere sentito il boato delle esplosioni e l'odore di carne bruciata. Tutte cose che i giornali hanno riportato soltanto in minima parte. Sulla guerra, ci è stato messo il bavaglio. Vuole sapere che cosa penso? Che Alex abbia subìto un trauma. È tornato cambiato, anche se all'apparenza sembrava lo stesso. Niente più viaggi. E soprattutto, niente donne. Spesso non voleva uscire e stava sempre con Silvia o con pochi di noi.»

Prima di scomparire, Alex era davvero depresso? Era quello che sosteneva anche Silvia. E che cosa aveva scatenato questo stato d'animo? Poteva anche trattarsi di qualcosa di diverso dalla depressione. Paura, per esempio.

«Come si spiega la scomparsa di Alex?» chiese Robert.

«Lo ripeto in via ufficiale. Secondo me Alex era incaricato di stipulare contratti con governi di paesi stranieri, con particolare riferimento all'area del Golfo persico. Probabilmente aveva licenza di corrompere, con molto denaro a disposizione. Era un lavoro pericoloso. Può essersi fatto dei nemici, o può essere stato eliminato dalla concorrenza. Forse è andato a letto con una delle mogli di un capotribù. O è stato assoldato da un governo straniero, anche se non credo che Alex fosse in vendita al mercato nero. Gli piacevano le donne, ma non era schiavo dei soldi.»

«Forse gli hanno messo a disposizione un harem.»

«Un harem sarebbe stato noioso per Alex. A lui piaceva andare a caccia. Conquistare le donne lo faceva sentire potente. Era la sua droga.»

«Di Matteo le ha mai fornito informazioni per la sua attività di giornalista?»

Tom sembrò guardare il vuoto di fronte a sé. Le rughe gli solcarono i lati della bocca. Forse stava per ammettere qualcosa. «Certo che ci ho provato. Gli ho chiesto più volte se poteva passarmi informazioni riservate. Ma Alex ha sempre rifiutato.»

«Sapeva che Alex ha un fratello?»

«A me non ne ha mai parlato» rispose Tom, stringendosi nelle spalle, «e se devo essere sincero, è una menzogna che mi ha deluso. Credevo di essere il suo migliore amico.»

«Chi è lo sconosciuto della foto?»

Tom rispose allargando di nuovo le braccia. «Alex non me ne ha mai fatto parola. Ma è come per il fratello. Alex aveva un'altra vita, di cui non ci rivelava niente.»

Tom sembrava essere sincero, ed essere all'oscuro di quello che aveva raccontato Katia. Forse certe cose si confessano meglio a una donna che a un altro uomo.

Robert prese quindi il fascicolo della denuncia, che finora era rimasto ai margini del tavolo, e passò alle domande relative al furto. Non gli sfuggì l'ombra di spavento che apparve sul volto di Tom.

«Da questa denuncia risulta che lei, qualche mese fa, ha subito un furto a casa sua.»

«È vero, l'avevo già dimenticato. In fondo erano soltanto pochi soldi» rispose Tom. Stava cercando di minimizzare, ma solo a parole: le rughe ai lati della bocca non mentivano. «Se quella donna me li avesse chiesti, glieli avrei dati.»

«E allora perché ha sporto denuncia?»

«Quel mattino mi sono svegliato tardi, con un forte mal di testa. Ero frastornato, e ci ho messo un po' di tempo prima di poter mettere i piedi sul pavimento. Qualcuno doveva avermi somministrato una droga. Ci ho pensato subito. Quando poi mi sono accorto dei soldi che mancavano dal portafoglio, mi sono sentito sprofondare il terreno sotto i piedi. Anche questi sono traumi.»

«Così si è rivolto alla polizia?»

«Ripensandoci, ho capito che era stata colpa mia. Non avrei dovuto fidarmi ciecamente di una sconosciuta. Ma in quel momento, ero sconvolto. Non è per i soldi. Non mi sentivo più sicuro a casa mia.»

«Ne ha mai parlato con in suoi amici, Katia per esempio?»

«No. Le mie amiche sono troppo curiose. E con gli amici maschi, mi vergognavo di essere cascato in una trappola così banale.»

Robert lo lasciò parlare ancora un po'. Quell'uomo, normalmente così sicuro di sé, aveva bisogno di sfogarsi. Robert dovette interromperlo. Per fargli sentire che lo capiva, passò improvvisamente a dargli del tu.

«Tom, non ti sto facendo tutte queste domande per tormentarti. Ho un sospetto.»

L'altro inarcò un sopracciglio. «Che sarebbe?»

«Se non hai niente in contrario, vorrei far eseguire un sopralluogo del tuo appartamento. Ma non preoccuparti, è solo una formalità.»

«Robert, siamo amici?»

Robert annuì.

«Allora perché mi racconti balle?» sbottò Tom. «Che cosa cercate nel mio appartamento?»

Purtroppo, Tom non aveva capito.

Robert si prostrò verso di lui. «Non lo so. Per il momento, faresti bene a stare attento a quello che fai o che dici a casa tua, e anche a chi ti porti a casa.»

Questa frase fu sufficiente per fare incupire lo sguardo dell'interrogato. Adesso forse capiva. Il suo sguardo vagava per la stanza, preda di un chiaro sgomento. Poi tornò a guardare a terra, probabilmente pensando a tutto quello che poteva essere successo.

Una spia elettronica in casa di un libertino poteva diventare fonte di problemi. Forse aveva una relazione proibita, e temeva di essere ricattato.

«Tom, hai il mio numero di telefono» cercò di rassicurarlo Robert. «Se ti senti in pericolo, chiamami.»

Poi chiuse il verbale della denuncia, segnalando che il colloquio stava per finire.

«C'è qualcos'altro che vorresti aggiungere alla tua deposizione?»

Tom esitò. Abbassò gli occhi e sembrò osservare un punto fisso sul pavimento. Si torse le mani, poi sollevò lo sguardo verso Robert e gli chiese: «Sai mantenere un segreto?»

«È un giuramento che fanno tutti i pubblici ufficiali» rispose Robert, portandosi una mano al petto.

«Alex non poteva avere figli. Si era fatto sterilizzare qualche anno fa.»

Robert corrugò la fronte, sorpreso da quell'ennesima rivelazione. Non si trattava di una scoperta direttamente attinente alle indagini, ma era utile a far luce sulla personalità dello scomparso.

Farsi sterilizzare non è una decisione facile per un uomo. Ci hanno insegnato che la potenza e la capacità di mettere al mondo figli sono la stessa cosa.

227

Questa scelta poteva essere interpretata come un'ulteriore prova della natura indipendente e autodeterminata di Alex: lo scomparso sapeva il fatto suo e non sentiva il bisogno di clonarsi.

Tuttavia poteva anche trattarsi di qualcosa di simile a un obbligo contrattuale. Un lavoro in cui era proibito avere figli?

Alla faccia della teoria di Katia: Alex non poteva avere una famiglia all'estero.

4.

«35? Scordatelo, posso arrivare al massimo a 42.»

Benché fosse ancora molto presto, i *trader* erano già al lavoro. Anche Katia aveva preso posto in sala e si apprestava a studiare la lista dei clienti da chiamare.

«Cento milioni di swap eurodollaro? Aspetta in linea.»

Il solito scocciatore che voleva comprare titoli diversi da quelli che quel giorno le premeva vendere. Ordini dall'alto. Dovevano sbarazzarsi di alcuni *bond* che stavano per perdere di valore, in modo che scomparissero dai bilanci della Lindman Bruck.

Katia era seduta in uno dei cubicoli bianchi, davanti a tre monitor e con un telefono a destra e uno a sinistra. Le voci dei colleghi indaffarati arrivavano fino a lei. Tutti ragazzi giovani, tutti a vendere bond. Era in quel mercato che girava il denaro.

Un bond (o obbligazione) era un titolo a scadenza, che fruttava interessi periodici (le cedole) e veniva anche negoziato in borsa. Il suo prezzo era uguale alla somma del valore attuale dei flussi derivanti dal pagamento delle cedole e del valore attuale del capitale rimborsato.

Il prezzo di un bond si determinava su una scala da 1 a 100. Quando il rendimento del bond era uguale alla cedola, allora il prezzo era pari a 100, cioè al massimo.

Generalmente il prezzo era quotato come una percentuale del valore massimo del bond. Quanto più lunga era la scadenza di un bond, tanto maggiore era l'oscillazione del prezzo.

I bond che il suo reparto quel giorno era incaricata di vendere erano ufficialmente assestati su quota 40. Ma Katia aveva capito che si trattava di una quotazione esagerata, e che gli acquirenti avrebbero fatto un cattivo affare. Stavano vendendo titoli spazzatura. Immorale? Peggio. Una truffa.

Che cosa poteva farci lei? Per fingersi malata era troppo tardi. Avrebbe fatto buon viso a cattiva sorte. Soprattutto avrebbe evitato di vendere quelle obbligazioni ai clienti che più stimava.

Non era difficile piazzare quei titoli. I clienti in genere si fidavano, perché non capivano la materia. Bastava essere gentili, fingersi interessati alle vicende personali degli interlocutori e non far trapelare alcuna ombra di dubbio sulla validità dell'investimento.

«Come è andato l'esame di maturità di tua figlia?» chiese Katia a un cliente, per guadagnarsi la sua fiducia. Quando riattaccò la cornetta, alcune decine di milioni erano passate dalle tasche dell'ignaro acquirente alle fauci insaziabili della Lindman Bruck.

Spesso erano i clienti stessi a chiamare. Sparavano una cifra e lei doveva soltanto concludere l'affare.

Nel frattempo, in sala erano arrivati quasi tutti. Guardandosi intorno, Katia notò che mancava Sebastian, il giovane pupillo di Kobler. Era in corso una riunione riservata?

Mentre era al telefono, non le sfuggì un certo subbuglio che si era creato fra i colleghi. Dopo aver riattaccato, fu messa al corrente della novità: in banca era arrivata una troupe televisiva. Qualcuno aveva visto il famoso moderatore di Net24, l'emittente privata che trasmetteva notiziari economici e finanziari ventiquattr'ore su ventiquattro.

Probabilmente erano venuti a intervistare Jan Kobler: così si spiegava l'assenza di Sebastian, sicuramente chiamato ad assistere il capo. Si stupiva che Laura non le avesse detto niente, ma negli ultimi giorni non si erano viste.

Non appena poté fare una pausa, si affrettò a uscire dalla sala e a raggiungere l'anticamera dell'ufficio di Jan, presidiata da Laura.

«Che cosa sta succedendo?»

Si vedeva che quella era una giornata particolare: Laura era abbigliata, truccata e acconciata come per una sfilata di moda.

«Jan è stato invitato a partecipare a una tavola rotonda assieme a due giornalisti, che sarà ripresa da Net24. Ma non siamo in diretta. La trasmissione andrà in onda domani sera. Vieni, ti faccio vedere» rispose lei, invitandola a seguirla.

Katia seguì Laura dentro la grande stanza che la banca usava come studio per riprese filmate. I preparativi erano quasi finiti. Le telecamere erano già appostate di fronte e ai lati del palco, su cui erano collocate tre poltrone bianche: lì si sarebbero seduti i partecipanti.

Katia provò una certa emozione al pensiero che prima o poi sarebbe toccato anche a lei apparire in televisione. Ancora qualche anno, e anche lei avrebbe occupato una posizione simile a quella del suo capo. Un'impresa difficile per una donna, ma non impossibile.

Da un altro ingresso della stanza vide entrare Jan e il moderatore dell'emittente televisiva. Un mezzobusto famoso, i cui commenti venivano mandati in onda tutti i giorni.

Stava per chiedere a Laura informazioni su chi fosse il giornalista che stavano ancora aspettando, e aveva già aperto la bocca per fare quella domanda, quando rimase di stucco: l'uomo che stava entrando in studio, in un elegante completo blu, era Tom.

Katia sentì un vuoto nello stomaco. A più di un anno di distanza dalla loro storia, rivedere Tom faceva sempre un po' male. Credeva che si fossero amati, nel corso di quella vacanza con Alex e Silvia. Si vergognava ancora un po', ripensando a come gli si era abbandonata. Una volta finite le ferie, erano tornati all'ordine del giorno. Tom si era mostrato distante, e lei era andata con un altro. E poi con un altro, e un altro ancora. Qualcuno le aveva raccontato che lui aveva una 'favorita', anche se nessuno riusciva a immaginarsi che Tom potesse legarsi. In seguito lo aveva visto con una delle sue amichette, in un locale notturno. Da allora coltivavano un'amicizia intellettuale, priva di qualsiasi contatto fisico. Purtroppo Katia lo amava ancora. Forse anche più di Alex.

Per fortuna Tom non l'aveva vista. Era nascosta dalle telecamere.

Katia si morse un labbro: perché stava reagendo in quel modo? *Damn.*
Sembrava una bambina. Emozioni, che credeva sepolte, erano
riaffiorate e avevano preso il sopravvento su di lei.

«Questa sì che è una sorpresa» disse Laura, guardandola. Forse si era
accorta del suo rossore. «Conosci Tom Berger?»

«Siamo soltanto vicini di casa» rispose lei, cercando di minimizzare,
ma l'amica non ci cascò.

«In questo caso, ho quello che fa per te. Devi sapere che Kobler lo ha
invitato a cena, e mi ha fatto organizzare la serata. Come
accompagnatori, aveva pensato a me e Sebastian. Ma non ci metto
niente a cambiare questa parte del programma.»

Laura era in buona fede. La sua unica amica. Una che non si
comportava da rivale, ma da alleata. Tuttavia non era sicura che
avesse avuto una buona idea.

Katia non si perse una parola della discussione. E dovette constatare
che non si trattava di giornalismo, ma di pubblicità, mandata in onda
da un'emittente televisiva al servizio del capitale, al fine di rassicurare
gli investitori sulla solidità del mercato. Solidità di cui Katia dubitava.
Non si meravigliò che Tom si prestasse a quel gioco. Si atteggiava a
giornalista indipendente, che voleva spiegare alla gente la verità sul
mondo della finanza. Ma in fondo si faceva comprare, come tutti.

Prima di lasciare l'ufficio, Laura la fermò. «Katia, Berger ha detto che
ti viene a prendere lui. Andiamo a mangiare al Jacky O', e poi in un
locale di quelli che piacciono al tuo bello.»

«Sei una segretaria perfetta» sorrise Katia. In fondo, stavano soltanto
andando a cena.

«Adesso andiamo a casa a cambiarci. Mettiti qualcosa di scollato. Al
momento giusto, cominciamo a fare un sacco di moine. E poi, quando
gli uomini sono fatti, te lo porti via.»

Purtroppo Laura non conosceva tutta la storia. Non era proprio il caso
di salire sulla macchina di Tom.

Katia trovò una scusa e si recò al Jacky O' con la sua Porsche. Così almeno sarebbe stata costretta a non bere troppo.

Quando entrò nel locale, fu subito portata al tavolo prenotato da Laura. Quello nella nicchia d'angolo, delimitata da due divisori bassi, su cui campeggiavano vasi oblunghi di fiori.

Katia si mise a sedere nell'unico posto libero, che era alla destra di Tom. Grazie alle pareti completamente vetrate, sembrava di essere seduti nel giardino, illuminato da lampioni gialli. Il cameriere fu subito alle sue spalle, con un Aperol Spritz. Di fronte a lei, Laura stava già sorseggiando il suo Cosmopolitan. Laura sfoggiava una *mise* anni Trenta: vestito nero a svolazzi, fascia argentata attorno ai capelli e la solita nota di *Dune*. Katia invece aveva scelto un completo pantaloni, che emanava l'odore delle stoffe pregiate. Niente scollature pericolose. E poi il rosa, sulla pelle ambrata, le donava.

«Per ingannare l'attesa, abbiamo già ordinato da bere» disse Tom, alludendo al suo ritardo. Era stata colpa del traffico, lei non era solita farsi aspettare.

Mentre consumavano gli antipasti, si scambiarono qualche parola banale. La conversazione stentava a decollare. Allora Katia decise di buttarla sul serio. Sarebbe almeno servito a mantenere le distanze.

«Tom» disse rivolgendosi anche a Jan Kobler, che era seduto a destra, in smoking con fiocco nero che contrastava con i capelli biondissimi. «Quello che hai dichiarato in televisione non è vero. I titoli non sono solidi. Sono sopravvalutati.»

Kobler scosse la testa. «Sei troppo pessimista, Katia. Per ora gli acquirenti non mancano e non c'è nessuna crisi. È il mercato a stabilire il valore dei titoli.»

«Hai torto» ribatté Tom. «Non è il mercato, ma la grande massa di denaro generata dalle banche centrali. O meglio, dal sistema dei bassi tassi d'interesse. Fino a che ci sarà tutto questo denaro, il mercato sarà disposto a comprare di tutto. Anche i titoli più astrusi.»

«Attualmente sono i bond ipotecari a tirare bene. Oggi ne abbiamo venduti una gran quantità a quelli di Düsseldorf» disse Katia.

Bond ipotecari. I titoli più tossici del mercato. E pensare che erano stati inventati da un trader di origine italiana: Louis Ranieri.

«Allora saprai anche che la Global ha appena emesso un titolo che serve a speculare contro i bond ipotecari» disse Tom.

Certo che Katia lo sapeva. Si era già rassegnata a negoziare anche quei titoli. Un sistema che emetteva titoli speculativi e il loro contrario soffriva evidentemente di schizofrenia.

«I Credit Default Swaps non sono una trovata della Global. Li emette anche la nostra sede di New York» rispose lei.

A questo punto Jan prese un coltello in mano. «Se persino la Global specula contro i nostri bond, vuol dire che stanno per crollare. Quanto potrà durare? Un anno, due anni?»

Poi mimò il gesto di tagliarsi la gola. «Ci licenzieranno in tronco.»

Katia si infervorò. E Laura rimase ad ascoltarla, come incantata. Era la prima volta che la sentiva parlare di bond ipotecari e *CDS*. Ma nemmeno Laura riusciva a immaginarsi che la pacchia potesse finire. Tutti credevano che sarebbe durata all'infinito. Anche Tom, che non perse l'occasione di contraddirla.

«I bond perderanno di valore e ci potrà anche essere una crisi. Ma a quel punto le banche centrali emetteranno nuova liquidità, e ricominceremo da capo. Non avete ancora capito che le nostre banche possono creare moneta dal nulla?»

«E credi che ciò potrà continuare all'infinito?» chiese Katia.

«Forse. La vera crisi scoppierà quando la gran massa di liquidità arriverà alla gente normale, generando inflazione. Il sistema farà di tutto perché ciò non succeda. Perché il denaro rimanga una risorsa limitata. E finché ci riuscirà, il denaro conserverà il suo valore e non ci sarà crisi.»

«E nessuno ci licenzierà» disse Laura, atteggiandosi in una risatina sexy.

Laura rimase di buon umore per tutta la sera. E fu lei a insistere per proseguire la serata al King Cole, un club discoteca dove le cameriere servivano da bere in topless. Katia lo conosceva bene. Era il locale più in voga fra i clienti etero.

Quando entrarono, si trovarono sul margine di una grande pista da ballo, immersi in un rumore assordante e abbagliati da luci laser. Laura fece loro strada fino al bar: sembrava un lungo fascio di luce blu, a forma di ferro di cavallo. Katia si sedette su uno sgabello e vide Laura accomodarsi poco lontano, insieme a Jan che le poggiò una mano sulla spalla.

La ragazza dietro il bar sorrise a Katia, in attesa dell'ordinazione. Era nuda fino alla vita, a parte un pendolo che baluginava fra i suoi seni rotondi. Katia la guardò con invidia e si tolse la giacca, rimanendo con il suo top di seta chiuso al collo. Incontrò lo sguardo di Tom, che le si era seduto vicinissimo e aveva disteso un braccio sul bancone, dietro di lei, tagliandole le vie di fuga.

«È un bel tipo, il tuo capo. Per non parlare della segretaria.»

Katia inspirò profondamente. La vicinanza di Tom era animale.

«Quale dei due ti piace di più?» gli sussurrò all'orecchio.

«Le apparenze ingannano.»

Katia sentì la pelle incresparsi. Ma Tom era anche l'uomo che l'aveva tradita.

«Anche Alex era diverso da come credevamo.»

Tom puntò la fronte contro la sua. «Delusa?»

«Tu lo sapevi?»

Tom si staccò da lei e scosse la testa. «Alex ha rovinato tutto. Ma adesso non c'è più.»

Che cosa voleva dirle? Lei era stata con Alex dopo che lui l'aveva già scaricata. Alex non si era mai messo in mezzo a loro.

Tom si mise a guardarla con insistenza. Poi le si avvicinò di nuovo, come un'onda. Il suo braccio le cinse la vita. Il suo alito la avvolse. Katia vacillò. Si chiese perché avesse resistito per tutto quel tempo, se bastava una serata galante a fare incrinare tutti i suoi propositi.

Lui le sfiorò l'orecchio con le labbra. «Adesso sei libera.»

La sua voce viaggiava su una frequenza che era come una macchina del tempo. Katia sentì di nuovo il calore della sabbia sui cui avevano fatto l'amore. E l'odore del mare.

A tratti, a Katia sembrò di essere nell'occhio di una tempesta magnetica. L'effetto calamita. Quello che si scatena fra due individui belli e potenti.

Ma anche in mezzo alla tempesta si può rimanere attaccati al timone. Lei era davvero una donna libera. Avrebbe fatto quello che doveva fare.

5.

Due giorni dopo l'interrogatorio di Tom, fu la volta di Daniel. Lo scozzese era in ritardo. Robert ne approfittò per riordinare le carte, mentre Nicole aspettava sulla soglia con le braccia incrociate.

«Chissà chi crede di essere. Non sopporto l'arroganza di questi banchieri.»

Finalmente qualcuno bussò alla porta e Nadia fece entrare Daniel, trafelato. L'uomo indossava il solito panciotto, e aveva una valigetta in mano.

«Scusate, mi ero scordato di questo appuntamento.»

Almeno è sincero. Non sta tirando fuori la solita scusa del traffico.

Quando furono nella saletta, Robert, come sempre, iniziò l'interrogatorio chiedendogli della sua professione.

Prima di rispondere, Daniel estrasse dalla valigetta un computer portatile, lo posò sul tavolo, e chiese il permesso di accenderlo.

«Faccia pure» rispose Robert, che a quel punto si aspettava una presentazione audiovisiva.

«Commissario, lei mi fa queste domande per gentilezza. Ma quello che le sto per dire è rilevante per le indagini, per cui la prego di mettere tutto a verbale.»

«Rilevante in che senso?» rispose Robert, chinandosi in avanti. *Questo bancario cerca di prendermi in contropiede.*

«Sarà anche una congettura, ma Alex è scomparso in un periodo in cui si sono verificati movimenti alquanto sospetti sui cambi valutari. Sto parlando in particolare del cambio fra l'euro e il dollaro USA.»

Robert si ritrasse sulla sedia, come per mettersi comodo, e lo scrutò con curiosità. «Sentiamo questa congettura.»

Daniel aveva acceso il computer. Batté qualche tasto, poi distese le gambe e si sistemò la cravatta.

«Il mio lavoro? Sono un addetto del desk valute e metalli preziosi della Global Bank. Passo le giornate a comprare e vendere valute, per esempio dollari, euro, sterline inglesi, yen giapponesi.»

«Vuole dire che lei, di mestiere, fa lo speculatore.»

Daniel allargò le braccia. «I cosiddetti "cambiatori" sono sempre esistiti. Nel medioevo tenevano banco al mercato e cambiavano i fiorini con i ducati. Nell'era moderna le transazioni sui cambi servono principalmente per coprire il rischio legato a operazioni di import/export. Supponiamo che un'azienda europea venda centomila autovetture a un cliente americano, il quale si impegna a pagare il prezzo in dollari entro sei mesi. A questo punto l'esportatore si trova esposto al rischio legato a un rialzo del cambio fra l'euro e il dollaro. Per controbilanciare questo rischio, l'esportatore telefona a me e mi fa puntare al ribasso del cambio euro-dollaro per un importo corrispondente.»

Robert incrociò le braccia e gli fece cenno di continuare. *Un buon investigatore deve sapere ascoltare.*

«Però la sua obiezione è fondata. Nel corso degli anni la negoziazione di valute ha sempre più assunto uno scopo puramente speculativo. Lo fanno tutti gli operatori istituzionali. Si tratta di un mercato che muove circa cinque trilioni di dollari al giorno.»

«Mi tolga una curiosità. Che cosa si prova a nuotare nel denaro?» chiese Robert con un mezzo sorriso.

«Io sono solo un impiegato. Un impiegato con molta esperienza, visto che ho cominciato a Londra quando non c'era ancora l'euro. A quei tempi il commercio di valute aveva come oggetto principale il cambio fra dollaro e sterlina inglese. È un lavoro che continua a piacermi, anche se alla mia età sarei dovuto essere stato promosso a una funzione meglio retribuita. Purtroppo la mia unione con Liza mi ha impedito di fare carriera. Liza è la bestia nera delle banche. È un miracolo che non mi abbiano licenziato.»

Robert non se la sentì di commiserare Daniel per la mancata promozione. Sicuramente guadagnava molto di più di un poliziotto come lui. «Continui» disse.

«Sono stato assunto al desk valutario della Global nel gennaio 2001, cioè proprio nel momento in cui è stato introdotto l'euro. Ed è da allora che seguo le quotazioni. Quelli come me passano le giornate a osservare la curva del cambio euro-dollaro. Me la sogno anche di notte.»

A questo punto Daniel girò il computer in direzione di Robert. «Ecco un esempio di questa curva. Rappresenta l'andamento del cambio euro-dollaro dall'inizio del 2005. Come vede, la curva è attualmente in discesa.»

Robert annuì. Fino a lì ci arrivava anche lui.

Daniel riprese: «Si tratta di una quotazione elevata, soprattutto a confronto con la quotazione iniziale dell'euro. Deve sapere che all'inizio dell'unione monetaria l'euro fu considerato dai mercati internazionali come una valuta secondaria, di cui non si sapeva se si sarebbe affermata e avrebbe resistito nel tempo.

All'inizio, cioè dal 1999 al 2000, il cambio dell'euro era di 0,85 dollari, una quotazione molto bassa. Questa svalutazione iniziale ha contribuito a creare il mito, coltivato ancora oggi dalla stampa e dall'opinione pubblica, che l'euro sia una valuta da non prendere sul serio. Molti economisti di rango internazionale sostengono ancora che l'euro è un esperimento destinato a fallire.

Ma in realtà l'euro è stato un successo, che ha portato prosperità a una parte dell'Europa, e ha permesso al resto dell'Europa di finanziarsi a basso prezzo. Lo stato sociale che ci possiamo permettere, i prezzi bassi, il reddito minimo: tutto questo non ci sarebbe senza l'euro.»

Robert puntò i gomiti sul tavolo e guardò prima Daniel, poi la curva sul monitor. Non sapeva dove il suo interlocutore volesse andare a parare.

«Adesso ascolti bene» continuò Daniel. «A partire dal 2001 l'euro ha invertito la tendenza al ribasso e ha subito una rapida ascesa, fino a raggiungere l'attuale quotazione di 1,20 dollari nel 2003.

Occorre considerare che una tale fluttuazione, per una valuta, è un evento eccezionale. Di solito i cambi non subiscono variazioni così consistenti.

Il cambio euro-dollaro ha presentato un andamento molto volatile negli ultimi due anni. Dal 2003 al gennaio 2004 si è portato a quota 1,28, per ripiombare sotto 1,20 verso il giugno 2004.

Però, nella seconda metà del 2004, il cambio è risalito fino a 1,35 dollari. Si tratta della quotazione massima, su cui il cambio si è assestato per un po'. Ma dopo questo picco, la quotazione dell'euro-dollaro ha subito un forte ribasso, che non sembra fermarsi e potrebbe far tornare l'euro verso un cambio di 1,00 dollari. Si tratta di oscillazioni che non ritengo normali.»

Robert sospirò, pensieroso. «E secondo lei, che cosa c'è sotto?»

«Secondo me siamo in guerra. Qualcuno fa guerra alla moneta unica, al fine di ottenerne la svalutazione e a impedire che si affermi come valuta di riserva internazionale.»

«E chi avrebbe scatenato una guerra contro l'euro?»

«Le potenze straniere che battono le più importanti valute di riserva, vale a dire principalmente gli Stati Uniti, e in secondo luogo la Gran Bretagna.»

«Che cos'è una valuta di riserva?»

«Una valuta di riserva è una valuta privilegiata. Prima di tutto viene conservata in quantità significative nelle casseforti di governi e istituzioni. Poi viene usata per scambiare materie prime sul mercato globale, come il petrolio, l'oro, l'argento. Fino alla fine della prima guerra mondiale la principale valuta di riserva era la sterlina inglese. Poi è stato il dollaro a imporsi. Con l'introduzione dell'euro, gli stati europei hanno lanciato una sfida alla predominanza del dollaro e della sterlina.»

«Anche l'euro è una valuta di riserva?»

«L'euro è stato introdotto principalmente allo scopo di liberarsi dalla schiavitù valutaria imposta dagli Stati Uniti. Prima dell'euro, i paesi europei erano, a livello monetario, nella stessa condizione di schiavitù dei paesi del terzo mondo. L'euro è invece diventato una moneta perfettamente convertibile con il dollaro, che viene anche richiesta a livello internazionale come valuta di riserva. Ci sono molti paesi che accettano di vendere le proprie merci, materie prime e servizi in cambio di euro. Anche le banche europee possono stampare moneta, proprio come gli Stati Uniti. Attualmente, stanno emettendo una gran quantità di valuta sul mercato. Anche con l'euro si possono acquistare merci e forza lavoro in paesi del terzo mondo. E per di più a basso prezzo. È per questo motivo che i nostri vestiti, le nostre scarpe e anche altri beni di necessità costano così poco. Queste merci importate dall'estero distruggono la nostra industria, ma tengono bassi i prezzi dei beni di consumo, cioè impediscono l'inflazione. È per questo che i comuni mortali riescono a sbarcare il lunario. Dobbiamo all'unione monetaria tutto il nostro benessere.»

«Che cosa c'entra tutto questo con la scomparsa di Alex?»

«Alex non era stato inviato nel Golfo Persico in missione umanitaria.»

«Si spieghi meglio.»

«Ho motivo di ritenere che Alex facesse parte di un'equipe di specialisti, inviati dai governi europei in Medio Oriente, allo scopo di affermare l'euro come moneta di scambio del petrolio.»

6.

Prima di andarsene, Daniel aveva consegnato a Robert il biglietto da visita dello studio di Liza, aggiungendo che la moglie voleva parlargli in qualità di avvocato.

Robert non fu molto sorpreso da quell'uscita. Aveva da tempo il sospetto che Liza sapesse qualcosa di importante, che Alex non aveva rivelato a banali compagne di letto, ma a un genere di donna che i tipi come Alex rispettavano, per età o condizione sociale. O per motivi più nobili.

Forse c'era lo zampino di Nicole. Era stato lui a pregarla di incontrare Liza da sola, visto che abitava alla Torre Blu. Forse era stata Nicole a convincere la donna a parlare.

Decise di recarsi personalmente nello studio dell'avvocata, anche perché era curioso di vedere il suo ambiente di lavoro.

L'ufficio era situato in uno dei soliti palazzi di vetro. Appena chiusa la porta, Robert si meravigliò di non trovarsi di fronte a un arredamento lussuoso e ultramoderno. La stanza di Liza era grande, ma i tavoli di legno erano pieni di carte e regnava una certa confusione. Sulla parete di fondo un grande poster offriva una vista panoramica della City di Londra.

Era stato durante la sua prima serata alla Torre Blu che Liza gli aveva raccontato di avere vissuto nella capitale inglese. La donna era figlia di un affermato consulente tributario, specializzato in modelli di elusione fiscale, che vantava fra i suoi clienti banche, grandi società e ricchi privati. E Liza, che aveva studiato legge, era predestinata a prendere il suo posto alla guida dello studio.

Dopo la laurea, il padre l'aveva inviata a Londra perché facesse pratica presso specialisti britannici. E qui Liza aveva visto con i propri occhi quello di cui era capace il sistema, e aveva promesso a sé stessa che mai avrebbe fatto quel lavoro. Aveva rotto con la famiglia e conosciuto Daniel, con cui si era ritrasferita a Francoforte.

Liza lo accolse con un calore che lo fece sentire bambino. Lo abbracciò e gli strinse una mano fra le sue. Poi gli fece cenno di accomodarsi.

«Grazie per essere venuto. Ho molto da fare in questi giorni, ma quello che ho da dire è importante. Vuoi un latte macchiato?»

«Volentieri» rispose Robert con un sorriso. Evidentemente Liza non aveva una segretaria a tempo pieno.

Robert si accomodò di fronte all'ampia scrivania, illuminata dal sole di mezzogiorno. Vi erano sparsi alcuni ritagli di giornale. Ne prese in mano uno, che ritraeva l'avvocata davanti all'ingresso del tribunale, mentre alzava due dita laccate di rosso in segno di vittoria.

Quando Liza tornò, notò la curiosità di Robert.

«Ho iniziato come avvocato matrimonialista» gli spiegò, «ma da qualche tempo ho assunto il patrocinio di un'associazione di consumatori. Recentemente abbiamo vinto una causa contro una banca. Clausole vessatorie. Per questo siamo finiti sui giornali.»

Robert non era un esperto di diritto privato, ma sospettava che la donna fosse una di quelli che vogliono togliere ai ricchi per dare ai poveri.

Liza gli era simpatica. Era proprio curioso di sentire ciò che la donna aveva da dire.

Liza incrociò le dita sotto il mento e lo guardò con aria seria. «Ti ho fatto venire perché durante l'interrogatorio non ho detto tutta la verità.»

«Non è mai troppo tardi» si limitò a dire Robert, incrociando le braccia.

Liza non si scompose. «Il segreto professionale è una cosa seria…» rispose, gettando gli occhi a terra. Esitò, ma si riprese.

«Io sapevo benissimo che Alex aveva un fratello. La procura per gestire un conto in banca, da dove viene pagato ogni mese un sussidio per Fabrizio, Alex l'aveva conferita a me.»

Robert inspirò profondamente. Aveva sospettato una cosa del genere. Era quello il motivo per cui l'avvocata era così sicura che Alex non avesse figli. Liza sapeva che l'unico consanguineo di Alex era Fabrizio.

«Puoi farmi avere gli estratti conto?»

«Il conto non riceve alcuna rimessa da terzi. Su di esso è stato originariamente depositato un capitale sufficiente a garantire i pagamenti fino al 2009.»

Robert si sistemò sulla sedia. Katia aveva avuto sempre ragione a pensare che gli amici di Alex nascondessero qualcosa.

«Significa che Alex dovrà farsi vivo al più tardi nel 2009?»

«Significa che aveva fatto preparativi per andarsene. Come ho già detto, aveva anche fatto testamento. Tuttavia non conosco il contenuto del testamento. È depositato presso un notaio.»

«Ti aveva dato istruzioni su cosa fare in caso di emergenza? Per esempio nel caso in cui il fratello avesse avuto bisogno di cure costose.»

«Mi ha soltanto detto che potevo spendere tutto il capitale per Fabrizio, e di rivolgermi alla Oil Europe nel caso che non fosse bastato.»

Robert alzò gli occhi. Sullo scaffale dietro l'avvocata campeggiava l'immancabile statuetta della dea bendata. Alla faccia della giustizia. Liza aveva omesso informazioni che avrebbero potuto accelerare le indagini.

Ho dato troppa confidenza agli amici di Alex.

«Hai qualcosa da aggiungere?» chiese a Liza, con tono spazientito.

«Soltanto una mia impressione. Alex mi ha conferito questo incarico alla fine del 2003, dopo il suo ritorno dall'Iraq. Ma mi sembrava che volesse sistemare questa questione in fretta, come se avesse previsto di dovere partire improvvisamente.»

Il resto del colloquio non fornì a Robert alcun'altra informazione rilevante.

Quello che Liza sostanzialmente aveva rivelato era che Alex già sapeva che avrebbe dovuto lasciare Francoforte alcuni mesi prima della sua scomparsa. Soltanto così si spiegavano i pagamenti predisposti per Fabrizio e il testamento.

Si poteva anche ipotizzare che Alex avesse previsto di tornare entro il 2009, ma che non fosse sicuro di essere ancora in vita a quella data.

Tutto questo faceva pensare a una scomparsa volontaria, il che avrebbe obbligato Robert a chiudere le indagini. A un esame obiettivo, nel caso Di Matteo non si configurava alcun reato.

L'unica cosa che poteva fare era passare tutte le informazioni ai ROS di Roma, perché fossero loro ad approfondire l'inchiesta, dato anche che avevano un cadavere e un possibile legame con il terrorismo.

7.

Era la prima volta che Robert entrava in casa di Tom.

Mentre gli agenti della scientifica si sparpagliavano per le stanze, il commissario si fermò sulla soglia, abbagliato da quella fuga di stanze, che le finestre panoramiche facevano confinare con il cielo. Il suo sguardo si posò su una serie di scaffali di un nero lucente, disposti nel vano spazioso secondo un'accurata geometria. Il divano sembrava essere rivestito di una pelle molto morbida, che Robert ebbe voglia di toccare. In un angolo, ticchettava un orologio a pendolo. Dalle grandi finestre la luce del mattino inondava la stanza.

Robert fece qualche passo nel corridoio. Attraverso una porta semichiusa, riuscì a intravedere una stanza arredata per bambini. Tom lo aveva seguito e notò il suo sguardo interrogativo.

«È per i figli di Christian. Quando ha deciso di fare il missionario, mio fratello non ha tenuto conto dei due bambini che aveva messo al mondo. E di una ex moglie che ha cominciato a lamentarsi con me. Alla fine ho ceduto e le ho concesso di lasciarli qualche volta qui. Così è iniziata la mia carriera di baby-sitter» disse a Robert, mostrandogli una foto appesa alla parete.

Robert scoppiò a ridere. «Quel Babbo Natale sei tu?». Ma non era sorpreso più di tanto. Quell'uomo, che amava atteggiarsi a duro, era in fondo un sentimentale.

Tom gli fece vedere il resto della casa. La camera da letto era arredata con particolare cura: l'unica stanza in cui il pavimento di marmo era coperto da un soffice tappeto. Un letto molto grande e basso, incassato in un mobile componibile. Robert non poté fare a meno di mostrarsi imbarazzato, alla vista di un grande dipinto che adornava la parete e di alcuni accessori. Un paio di manette sul comodino. Una poltrona particolare. Borchie metalliche.

Finalmente squillò il campanello. Era Fibonacci, paonazzo in volto e con le cuffie in testa. La puntualità, a differenza della matematica, non era il suo forte.

«Dov'è questo computer?» chiese il giovane informatico trafelato, mostrando l'attrezzatura che si portava appresso. «Posso iniziare subito.»

Richard era incaricato di fare una verifica sul computer di Tom. In considerazione del fatto che la rapina subita da Tom era sospetta, Robert era riuscito a convincerlo che quel controllo era importante, e Tom aveva autorizzato quell'intrusione nella sua vita privata.

Nell'attesa di risultati, Tom invitò Robert a sedersi sul divano e gli offrì una vodka. Lui, come sempre, beveva acqua minerale.

«Spero che quello che hai visto in camera non ti abbia scandalizzato.»

Robert allungò le gambe e sospirò. «I giudizi morali non fanno parte del mio mestiere.»

«È difficile far divertire le donne. Non mi riesce sempre.»

«Forse non vogliono soltanto divertirsi.»

Gli occhi di Robert si posarono su una scultura collocata su un piedistallo a sinistra del divano: la testa di un uomo a due facce. Una dipinta di nero, l'altra di bianco.

«Le donne hanno gli stessi desideri degli uomini» disse Tom. «Con l'unica differenza che hanno secoli di dipendenza economica nel DNA. Per questo molte continuano a cercare marito, il grande amore, o *Mr. Right*, a seconda del linguaggio.»

Robert vuotò la sua vodka in un sorso. «Senza eccezioni?»

«Esistono anche donne che si prendono le stesse libertà degli uomini. Donne che hanno un bel lavoro o una bella eredità. O entrambe le cose.»

«Stai parlando di Katia?» insinuò Robert.

«Non farti illusioni su di lei. È ancora fissata su Alex.»

Tom interpretava male la sua amicizia con Katia. *So what?* avrebbe detto lei.

247

Furono interrotti da un agente della scientifica. Uno che non portava la tuta bianca, perché non era alla ricerca di impronte digitali o di tracce di DNA, ma di eventuali dispositivi elettronici installati all'insaputa del padrone di casa. E sembrava che avesse trovato qualcosa.

«Commissario, guardi questa. Era nascosta nell'orologio.»

Robert si mise a osservare la microcamera. L'agente spiegò che era dotata di microfono e di collegamento radio.

Tom sbarrò gli occhi e spalancò la bocca. «Una microcamera, in casa mia?»

Era sbiancato. Si guardava intorno disorientato, come se la stanza si fosse messa a girare intorno a lui.

«È stata sempre accesa?» domandò Tom, con una voce che, da baritonale, si era fatta stridula.

«Puoi starne sicuro» rispose Robert, che osservò come il panico si impadronisse a poco a poco di Tom Berger. Quell'uomo, normalmente controllato, adesso si torceva le mani e balbettava.

«E le registrazioni, dove sono?»

«È collegata a un'emittente radiomobile, che invia le riprese altrove» rispose l'agente.

Tom affondò la testa fra le mani. Poi cercò più volte di allungare le braccia, per afferrare il dispositivo che lo aveva spiato in modo sleale.

«La prego di non toccare. Dopo le analisi di laboratorio, sapremo dirle di più.»

Robert vedeva confermato quello che aveva sospettato, fin dal primo momento in cui aveva esaminato la querela di Tom.

«Tom, la donna che ti ha somministrato una droga non era venuta qui per derubarti. Il furto è servito soltanto per coprire le vere intenzioni dei tuoi aggressori. Probabilmente, mentre dormivi, la donna ha fatto entrare i suoi complici, che hanno installato la microcamera e chissà cos'altro. Non mi stupirei di scoprire che anche il tuo computer è stato manomesso.»

Tom non rispose. Continuava a guardarlo, allibito. Forse si era appena reso conto che i suoi segreti non erano più tali. Se intratteneva una qualche relazione illecita con una donna, probabilmente i suoi aggressori lo sapevano.

«Ma chi... poteva avere intenzione di sorvegliarmi?» balbettò.

«Eri il migliore amico di Alex. Una fonte preziosa. I tuoi aggressori immaginavano che, se Alex si fosse fatto vivo, tu lo saresti venuto a sapere per primo.»

Robert non si stupiva, anche perché sapeva di quello che era successo a Katia. Si chiese se gli altri amici di Alex fossero stati vittime di un approccio come quello di Katia, o di un'aggressione, come quella di Tom.

Poco dopo, Fibonacci comparve in soggiorno.

«Commissario, sembra che sul computer del signor Berger sia stato installato un *cavallo di Troia*.»

Tom alzò la testa verso il ragazzo e lo guardò con occhi sbarrati.

«Cioè un programma spia?» chiese Robert.

«Un programma con cui si possono intercettare le password. Per esempio quelle dei conti bancari, o dei programmi per inviare email.»

Tom si afflosciò sul divano. A Robert sembrò di vedere il sangue defluirgli dalla faccia.

«Richard,» disse Robert «in cucina ci deve essere un bottiglia di vodka. Portacene un bicchierino.»

Tom aveva l'aspetto di un fantasma. Non immaginava che qualcuno sorvegliasse il suo computer da mesi. Chissà se si sarebbe mai ripreso da quel colpo.

Robert si prostrò verso di lui, cercando di consolarlo. Gli porse la vodka che Richard era stato velocissimo a trovare.

Tom la buttò giù. Una traccia di colore sembrò comparire sulle sue guance.

«Dai miei conti bancari non è stato rubato niente» disse, con un filo di voce.

«A questi individui non sembrano interessare i soldi» commentò Robert.

Fibonacci ruotò le orecchie verso di loro. Sembrava occupato a rimettere a posto l'attrezzatura, ma in realtà stava origliando.

«Sono persone che possono creare denaro dal nulla» rispose Tom. «I soldi sono importanti soltanto per la gente comune come noi. Per chi deve lavorare per vivere.»

FOLLOW THE MONEY

(di Tom Berger)

L'ultima volta avevo scritto che la maggior parte di noi è costretta a lavorare per procurarsi il denaro. Lo sono anch'io, con il mio lavoro di giornalista. Lo sono anche i miei lettori più fortunati, dipendenti di una delle tante banche di questa città. Ma soprattutto vi è costretta la maggioranza della gente, occupata in lavori pesanti e scarsamente retribuiti.

E qui vorrei sottolineare che ammiro coloro che non hanno lavori comodi o ben pagati come il mio: ammiro gli infermieri, del cui impegno mi sono reso conto quanto sono stato ricoverato in ospedale. E ho un grande rispetto per gli insegnanti: senza il talento della mia professoressa di lettere, non sarei qui a scrivere per un giornale. Per finire, apprezzo anche quelli che mi portano il cappuccino o la pizza a domicilio.

Immaginate adesso che in questo sistema ci siano delle persone o entità che possano procurarsi denaro a titolo gratuito o semi-gratuito.

Non ci crederete, ma questi soggetti esistono.

Per spiegare chi sono questi privilegiati, occorre fare un passo indietro e spiegare come viene generato il denaro.

Molti di voi suppongono che il denaro venga generato, o emesso, o stampato (questi termini verranno qui usati come sinonimi) dallo Stato, tramite le Banche Centrali. Sbagliato: le Banche Centrali emettono una minima parte di tutto il denaro in circolazione.

La maggior parte del denaro in circolazione non è costituito da banconote o monete, ma da importi accreditati o addebitati in modo virtuale. L'emissione originaria del denaro viene effettuata dalle banche, nel momento in cui queste elargiscono crediti.

Le banche, che sono entità private, hanno questo privilegio: possono creare denaro dal nulla, semplicemente concedendo un prestito a un cliente.

Il privilegio consiste nel fatto che per elargire il credito le banche non devono possedere quell'importo, ma soltanto una minima frazione di esso.

Le banche dei maggiori stati occidentali, compresi gli USA, l'Europa e il Giappone, sono praticamente autorizzate a creare denaro dal nulla.

Questo privilegio si chiama "signoraggio". In passato era riservato a principi, sovrani, e in certi casi agli stati nazionali.

Ma nell'era contemporanea si è imposto il modello americano, secondo il quale il privilegio di emettere denaro è assegnato agli istituti di credito.

Dovete pensare che, mentre le banche creano denaro dal nulla, coloro che ricevono i prestiti si impegnano a restituire tutto l'importo, e anche a pagare gli interessi (benché ci siano molti casi di crediti elargiti dalle banche con troppa facilità, a clienti che non li ripagheranno mai, ma di questo parliamo un'altra volta).

Ecco quindi una prima risposta al quesito se esistano persone o entità che possano procurarsi il denaro gratuitamente: queste entità sono le banche. (Fra l'altro, questo è uno dei motivi per cui gli addetti delle banche sono in genere superpagati).

Ma c'è un'altra categoria di persone che può procurarsi il denaro in modo quasi gratuito: si tratta di coloro che ricevono ingenti prestiti dalle banche, ai tassi di interesse ufficiali, che sono molto bassi.

Se vi recate allo sportello di una banca per chiedere in prestito una cifra esorbitante, probabilmente riceverete un rifiuto. Per i comuni mortali è difficile ottenere anche un prestito di importo modesto. E sui piccoli prestiti le banche addebitano normalmente interessi salati, a dispetto dei bassi tassi di interesse ufficiali.

Nessuna banca elargisce prestiti di ingente entità a persone di reddito normale. Il massimo che potrete ottenere è il prezzo di compravendita di un immobile, a patto che l'immobile venga ipotecato.

Esistono invece categorie di persone ed entità alle quali vengono concessi prestiti da capogiro: si tratta di soggetti che fanno già parte dell'élite finanziaria. Per esempio ricchi clienti privati, oppure banche, società finanziarie, istituzioni, grandi imprese.

Fra i soggetti che ricevono prestiti a titolo semi-gratuito c'è anche lo Stato, con i comuni, le amministrazioni locali, gli enti governativi. E lo Stato riceve prestiti non soltanto dalle banche, ma anche tramite l'emissione di titoli di Stato. In genere lo Stato si serve di questi denari per pagare gli impiegati pubblici, le infrastrutture statali, l'assistenza. Ma spesso il denaro viene dilapidato da funzionari che assegnano grandi commesse a quegli enti privati che pagano le maggiori tangenti.

E non pensate che i grandi clienti investano i denari messi a loro disposizione in attività produttive. Se i grandi clienti investissero il denaro in attività *produttive, ciò avrebbe almeno il vantaggio di creare posti di lavoro per le masse.*

In realtà, la maggior parte del denaro dato in prestito a soggetti privati viene reinvestito in attività speculative, che hanno l'unico scopo di aumentare il patrimonio degli investitori.

Riassumendo: mentre la maggior parte di noi deve lavorare per procurarsi il denaro per vivere, esistono nel nostro sistema soggetti che possono creare denaro dal nulla, oppure procurarsi il denaro a interessi bassissimi. E questo denaro non viene usato per generare crescita, ma rimane nel circuito finanziario. In tal modo esso non causa inflazione a livello di prezzi di consumo.

La distribuzione del denaro non avviene secondo criteri democratici.

8.

Christian salì sul tapis-roulant nero, dietro una fila di gente che procedeva fra alberi di palma e colonne bianche, senza che si potesse vederne la fine. Erano appena le sette del mattino all'aeroporto di Dubai. L'illuminazione era accecante, il soffitto altissimo. A destra e a sinistra guizzavano luci gialle, rosse, azzurre: i pannelli con gli orari dei voli, le boutique, le macchinette automatiche. Il suo sguardo fu attratto da un pupazzo di canguro gigante, davanti a un negozio di giocattoli. Lui i regali per i bambini li aveva già comprati.

Era contento di tornare a casa. In passato quei congressi gli erano piaciuti, anche troppo. Erano una buona occasione per vedere paesi esotici e incontrare persone interessanti. Perché il mondo non era soltanto quello in cui era cresciuto. Una volta che si attraversavano i confini, si provava qualcosa di inebriante, a cui lui dava il nome di "effetto soglia".

I congressi erano anche il terreno di caccia ideale per avventure amorose. L'ambiente pullulava di donne emancipate, che avevano scaricato i principi della morale piccolo-borghese, e volevano godersi una vita che avevano constatato essere molto breve.

Non si pentiva di essersi dedicato a quella caccia in modo eccessivo. Quelle esperienze lo avevano fatto crescere. Ogni nuova donna gli aveva regalato un surplus di autostima, che, accumulandosi, lo aveva trasformato. Fino al punto in cui le donne attraenti avevano smesso di fargli paura, e gli erano apparse come prede desiderabili e disponibili. L'aggressività erotica era una sensazione esilarante.

Paradossalmente, era stata proprio questa crescita a renderlo in grado di legarsi a Silvia. Non aveva avuto paura a mostrarle che la desiderava, e lei aveva ricambiato la sua determinazione con abbandono.

Non che le altre non destassero più la sua attenzione. Ma l'attrazione per Silvia era del tipo che si sottraeva al passare del tempo. Non vedeva l'ora di rivederla.

Le voci dei passeggeri dietro di lui gli arrivavano come un ronzio sommesso. Alzò la testa e intravide i cartelli che segnalavano gli imbarchi. Aveva ancora tempo per una sosta.

A una cinquantina di metri di distanza, un cartello in arabo e in inglese segnalava la presenza di un Duty Free. Decise di comprare un profumo per Silvia.

Era l'unico avventore alla cassa. Una commessa con il velo sui capelli gli sorrise, porgendogli il pacchetto, e gli spruzzò sul dorso della mano un profumo da uomo. Una fragranza orientale, che lo avvolse come lo spirito di una lampada magica. Era pronto per esprimere un desiderio.

Quando uscì dal negozio, era di buon umore. Quell'aeroporto era di un lusso inimmaginabile. Se avesse avuto tempo, avrebbe approfittato della zona wellness. Ma il suo volo partiva fra meno un'ora.

Mentre trascinava il bagaglio a mano sul pavimento di marmo, vide un'edicola illuminata, che attirò i suoi passi. In bella vista, tutte le più importanti testate internazionali. Christian prese fra le mani il Corriere di Francoforte, lo aprì e vi trovò un articolo di suo fratello. Sorrise. Ne era passato di tempo da quando Tom aveva iniziato come tuttofare di un giornale di provincia. Il padre medico non ne era stato entusiasta. Se fosse vissuto più a lungo, sarebbe stato fiero del famoso giornalista che Tom era diventato.

Il negozio era affollato e Christian si rassegnò a mettersi in fila alla cassa. Una fila lunga, composta di abiti di tutte le fogge e colori, su cui aleggiava un vago odore di sudore e un brusio di voci incomprensibili.

Ma fra quei suoni indistinti, gli sembrò di avvertire una frequenza familiare. Una scossa lo percorse da capo a piedi, costringendolo ad affinare l'udito. La voce proveniva dall'uomo in cima alla fila. Un uomo vestito all'occidentale, ma che parlava al negoziante in una lingua a lui sconosciuta.

Christian allungò la testa sopra la folla e riuscì a vedere l'uomo di profilo. Ebbe un presentimento, poi l'uomo si voltò, facendogli sbarrare gli occhi.

«A... Alex» balbettò Christian, con la voce che gli rimase in gola.

9.

Quando Robert il giorno dopo arrivò in ufficio, Nicole era già seduta alla seconda scrivania. Stava parlando al cellulare.

Robert le fece un cenno di saluto e si lasciò andare sulla sedia. Fuori pioveva in senso trasversale e i goccioloni che andavano a infrangersi sulle finestre producevano un ticchettio regolare.

Nicole terminò in fretta la chiamata e ricambiò il buongiorno.

«Avevi ragione. Avremmo dovuto perquisire prima l'appartamento di Berger» disse lei, riferendosi al rapporto di perquisizione. «Ma la donna è sparita, e non abbiamo idea di chi ci sia dietro l'aggressione.»

Invece Robert l'idea se l'era fatta. Ma lui aveva un'informazione che mancava a Nicole.

Anche da Katia si era presentato un intruso che cercava informazioni su Alex. Ma ciò che era capitato a Katia non era mai stato oggetto di un resoconto ufficiale. Robert aveva preferito tenere quel particolare per sé, un po' perché l'evento si era verificato prima della comparsa di Nicole, un po' a causa della sua diffidenza iniziale verso la polizia federale. Aveva pensino pensato che Dennis e Nicole fossero in combutta.

Che cosa diceva suo padre? Che le autorità federali non muovevano un dito senza il beneplacito degli americani. Ma suo padre era figlio della guerra fredda.

Robert si pentì di quella diffidenza. In fondo Nicole si era sempre mostrata leale e aveva dato un contributo determinante alle indagini. Era il momento di metterla al corrente di tutto.

Si avvicinò alla scrivania della donna e poggiò le mani sul tavolo. «C'è una cosa che non sai. Prima dell'apertura dell'indagine, Katia è stata oggetto di un'aggressione simile. Da parte di un agente americano.»

Mentre riferiva i dettagli della storia, Nicole incrociò le braccia e gli lanciò uno sguardo di commiserazione. Doveva essere abituata ai poliziotti di provincia come lui.

«Se questi signori hanno cercato di procurarsi informazioni tramite Katia e Tom, lo avranno certamente fatto anche con gli altri» si limitò a osservare.

«Intendi Silvia? Non sembra essere il tipo che va a letto con gli sconosciuti.»

«Avranno sicuramente cercato di avvicinare Silvia. O di sorvegliare il suo computer.»

«Silvia non ci ha mai riferito niente al riguardo.»

«Se a Silvia fosse successa la stessa cosa che è capitata a Katia, probabilmente se ne vergognerebbe. E non lo verremmo a sapere da lei.»

«A casa di Katia non c'erano microspie. E non abbiamo trovato *cavalli di Troia* nel suo computer.»

«Sarebbe meglio fare analizzare anche il computer di Silvia.»

Robert si ripromise di seguire il suggerimento di Nicole. Ma non erano autorizzati a perquisire la casa di Silvia, e non era certo che lei avrebbe acconsentito volontariamente.

Per il resto, era la foto dello sconosciuto a tenere Robert occupato. Le sue richieste alla Oil Europe erano rimaste senza una risposta soddisfacente. Era pervenuto soltanto il messaggio di una segretaria, con il quale si comunicava che l'uomo della foto non era noto alla società.

«Forse dovremmo andare personalmente a Bruxelles, a vedere se continuano a raccontarci balle anche faccia a faccia» commentò Robert.

Da parte sua, Nicole suggerì di inviare la foto ai ROS di Roma, sostenendo che forse gli italiani disponevano di canali di indagine a loro preclusi.

Quindi si congedò, annunciando che per quel giorno non sarebbe tornata.

Ormai solo, Robert rimase per un po' assorto davanti al computer. Poi decise di connettersi agli *Alex Friends*.

Si mise a fare il punto di quello che sapeva sui membri del gruppo.

Il gruppo era stato creato dopo la scomparsa. C'era anche un profilo di Alex: vi erano postate soltanto alcune foto e, di recente, un breve video. Doveva essere stato ripreso con un cellulare durante una vacanza, perché vi si vedeva camminare lo scomparso sulla spiaggia. Nel filmino non comparivano altre persone.

Il gruppo conteneva attualmente quarantuno membri, fra cui Nicole, Robert e Fibonacci.

Benché quasi tutti avessero nomi storpiati, molti erano individuabili dalla foto: Katia si era data il nome di Katia R, mentre Silvia era presente con il suo vero nome, Silvia Wilson. Robert aveva riconosciuto Liza Black, Daniel Wallace, Tom Woodward e Christian Lund.

Anche il fratello di Alex si era iscritto al gruppo, con il suo vero nome "Fabrizio Di Matteo" e la foto che lo ritraeva su una sedia a rotelle.

Vi erano poi alcuni nomi che dovevano essere del tutto fittizi, perché non corredati da fotografia: Victor Laszlo, Sean Nolan, Rhett Butler.

C'era poi un certo "Kurtz", a cui era associata l'immagine di un pirata.

Scoprì anche profili corredati da foto e nomi reali. Si stupì di trovare fra di essi George Lamarque, l'anziano dirigente che li aveva ricevuti alla Oil Europe.

Infine lo incuriosì il profilo di un certo Marc Bluff: la foto ritraeva un uomo dai lineamenti delicati, affetto da un leggero strabismo. Professione: *investment banker*.

A partire dalla sua fondazione, nel gruppo non erano stati inseriti molti post. La discussione iniziava con una specie di manifesto, in cui si proclamava di voler cercare lo scomparso e si invitava chiunque fosse in possesso di notizie a farsi vivo, anche in modo anonimo. Seguivano post corredati di foto che si riferivano a qualche viaggio, o a serate passate insieme al Blue. C'era anche un'immagine che mostrava Robert a casa di Liza.

Ultimamente, Christian aveva postato alcune istantanee scattate in Africa, con un breve resoconto della sua esperienza.

Robert cercò inutilmente il messaggio che Silvia aveva inserito poco tempo prima. Evidentemente l'aveva cancellato.

Richard aveva provato a verificare la provenienza digitale dei profili. Per alcuni di essi, ciò non era stato possibile. Non c'era bisogno di avere studiato informatica per sapere che si poteva accedere a Facebook tramite il browser Tor, che faceva sparire tutte le tracce della connessione.

Per quanto riguardava i profili con nomi storpiati, Robert la considerava una buona idea per proteggere la privacy. Decise di modificare anche il proprio cognome. D'ora in poi su Facebook si sarebbe chiamato *Robert Smiley*.

10

Alex.

Non poteva crederci. Era davvero lui.

Dapprima Christian fece un passo indietro, per nascondersi. Poi fece mente locale: Alex non poteva riconoscerlo, con il berretto e gli occhiali da sole. Bastava che si tenesse a debita distanza. Dopo mezzo secondo, Christian fu in grado di reagire con la lucidità e prontezza di riflessi che aveva appreso nei reparti di emergenza. Uscì dalla fila, rimise il giornale al suo posto e si nascose in un angolo del negozio, dietro una parete divisoria.

Non era il caso di andargli incontro e salutarlo: quell'uomo, che aveva deliberatamente deciso di rompere i contatti con i suoi vecchi amici, non avrebbe gradito l'irruzione del caso nei suoi piani.

Doveva stare attento a tenere nascosta la faccia. Non credeva che Alex si sarebbe ricordato di lui, che aveva visto soltanto qualche volta, ma avrebbe identificato subito i lineamenti del volto di Tom, con cui aveva condiviso avventure e amori.

Dal suo nascondiglio, lo vide uscire dal negozio e lo seguì a distanza.

Alex si confondeva bene fra i passeggeri in transito nell'aeroporto internazionale di Dubai. Vestito in modo casual, assomigliava più a un turista che a un uomo di affari. Non sembrava deperito o in scarsa forma fisica. Christian riuscì a fargli una foto, da dietro.

Lo vide salire le scale mobili, entrare in un caffè e sedersi al tavolino. Si fermò a osservarlo dalla soglia di un ingresso che risultava invisibile dalla sala, a causa di pesanti tendaggi. Ora lo vedeva bene in volto: a parte la barba, non era affatto cambiato. Il suo esperto occhio di medico non riusciva a constatare segni di patologie fisiche. Qualsiasi donna lo avrebbe ancora trovato bello.

Con la disinvoltura che lo aveva sempre reso irresistibile, Alex aveva alzato la testa e stava ordinando qualcosa al cameriere. In quel momento, Christian riuscì a scattare un'altra foto.

Quelle immagini erano preziose. La scomparsa di Alex era sempre stata strana, e la possibilità che nessuno gli credesse non era remota. Christian stesso non credeva ai propri occhi.

Decise che era meglio dileguarsi tra la folla, prima che Alex si accorgesse di essere osservato.

Durante tutto il viaggio in aereo, Christian non fece altro che pensare alle implicazioni di quell'incontro casuale.

Il fatto che Alex fosse vivo e in buona salute non significava affatto che sarebbe tornato. Significava soltanto che aveva la sua vita da qualche altra parte del mondo.

Come doveva comportarsi con Silvia? Sia la sincerità sia la menzogna avrebbero potuto pregiudicare il loro rapporto.

In fondo, non era nell'interesse di Christian far sapere a tutti che l'uomo era ancora vivo, in perfetta salute e in grado di frequentare aeroporti internazionali.

Ma non poteva tacere quella circostanza alla polizia. Era in fondo quello il motivo per cui aveva scattato le foto. La certezza che Alex fosse ancora vivo avrebbe dato una svolta alle indagini, o molto più probabilmente avrebbe causato l'archiviazione del caso.

Questa volta sarebbe stata Silvia a venirlo a prendere all'aeroporto. Forse era meglio tagliare corto e dirle tutto subito. La notizia le avrebbe fatto male, ma avrebbe chiarito le cose una volta per tutte. E l'avrebbe costretta a prendere subito quella decisione che era meglio non rimandare.

11.

Avevano appena finito di fare l'amore.

Silvia aveva preso per mano il suo uomo, costringendolo ad accomodarsi in una cucina che lei, per l'occasione, aveva tirato a lucido. Mentre gli voltava le spalle, davanti all'aroma che usciva dalla macchina da caffè, pensava con gioia al futuro che li aspettava.

Con due tazze in mano, fece per sedersi di fronte a lui. Ma mentre le poggiava sul tavolo di granito, vide baluginare sul cellulare di Christian un volto familiare.

«Di chi è quella foto?» gridò Silvia, con le mani tremanti che fecero rovesciare il caffè. Era un volto ripreso in primo piano. Che Christian aveva messo lì in bella vista, mentre lei gli voltava le spalle. Adesso lui la guardava diritta negli occhi, con le braccia abbandonate sulla sedia.

«Questo è Alex all'aeroporto di Dubai. Contenta?»

Silvia si appoggiò alla sedia. Barcollava. Mentre stava cercando di fare uscire Alex dalla sua vita, lui ricompariva, come uno spettro vendicatore.

«Io l'avevo... l'avevo sempre saputo che era vivo» balbettò Silvia, senza staccare gli occhi dalla foto.

In realtà lei non aveva mai saputo niente. Era stata un'illusa. Alex non l'aveva messa a parte dei suoi segreti. Come aveva fatto a nasconderle, per tutti quegli anni, che aveva un fratello? E pensare che lei gli aveva chiesto in più occasioni di parlarle della sua famiglia di Roma.

«Lo sapevi? Siete proprio una bella combriccola. Avete persino mentito alla polizia» aggiunse Christian, incrociando le braccia.

Anche Silvia non si era sempre comportata bene con Alex. Ma, a differenza di lui, era stata sincera. Gli aveva detto quale era il prezzo delle sue infedeltà.

«Alex potrebbe essere in pericolo. È per questo che siamo andati alla polizia. Non importa in che parte del mondo si trovi» ribatté lei.

Non era vero, ma ormai aveva accettato che Alex l'aveva tenuta a distanza, tracciando limiti che le era proibito valicare. Una distanza che era in netto contrasto con l'ideale di amore romantico coltivato da Silvia. Pensandoci bene, tutto tornava: Alex l'aveva lasciata per tornare a quel mondo da cui l'aveva tenuta lontana. Non c'era da stupirsi del fatto che non avesse mai voluto avere un figlio da lei. Non era vero che erano troppo giovani e potevano aspettare. Alex non aveva mai avuto intenzione di condividere con lei quell'esperienza, e non avrebbe mai cambiato idea.

«E adesso, che cosa intendi fare?» la affrontò Christian, che si ritrasse sulla sedia, come per prendere le distanze. «Una donna che pensa ancora a un altro. Mi dispiace, non fa per me.»

«Non hai capito niente. Dalla mia decisione, io non torno indietro.»

Qui Silvia era sincera. Era stata fortunata a incontrare Christian. Lo amava davvero, e non era soltanto un amore platonico. Ma perché venire a sapere di Alex la gettava in quello sconforto?

«Non ci credo» rispose Christian. «Avresti dovuto vedere la faccia che hai fatto, quando hai visto la foto. Se Alex dovesse tornare, sarò io a rimetterci.»

«Continui a non capire. È soltanto il mio ego che fa male. L'offesa brucia ancora» cercò di spiegargli.

Quelle emozioni erano solo una reazione animale, e sarebbero passate. Doveva smettere di fissare l'uscio che Alex le aveva chiuso in faccia, e concentrarsi sulle porte aperte. Non c'era alcuna speranza che tornasse da lei.

Christian era stato onesto a parlarle subito di quell'incontro casuale in aeroporto. Ma aveva anche voluto metterla di fronte a una scelta.

«Christian, fra noi due non cambia niente» gli disse, giungendo le mani sul tavolo. «Nemmeno se Alex dovesse tornare.»

«È troppo presto per queste promesse» rispose lui, dirigendosi verso la camera da letto. Silvia lo seguì e vide che stava sistemando le sue cose in valigia.

«Che cosa stai facendo?»

«Abbiamo bisogno di una pausa di riflessione. Vado da mio fratello.»

Perché Christian era così risentito? Purtroppo era una reazione che Silvia conosceva bene: Alex era bravissimo a suscitare complessi di inferiorità in tutti gli altri uomini.

«Pensaci, Christian. Non rovinare tutto» lo implorò.

Ma lui aveva già preso la porta. I suoi passi fecero eco nel corridoio, fino a essere assorbiti dal silenzio.

Silvia si lasciò andare su una sedia, rassegnata. Una pausa di riflessione? Forse aveva ragione lui.

Si guardò attorno, nella cucina vuota. Fuori c'era ancora il sole. Improvvisamente, Silvia si rese conto della portata di quanto era appena venuta a sapere. E provò l'irresistibile bisogno di spargere la notizia della ricomparsa di Alex ai quattro venti. L'idea che Liza, Daniel, Katia e Tom ancora non sapessero niente divenne insopportabile. E il commissario. Doveva avvisare anche lui.

Prese la cornetta del telefono e chiamò Liza, che per fortuna non era in tribunale.

L'amica fu piacevolmente sorpresa e si rese subito disponibile. «Senti, per lasciare lo studio ho bisogno di almeno un'ora. Ma puoi già salire a casa mia. Nel frattempo, cerco di avvisare Daniel e Katia. A Tom ci pensi tu?»

«Certo. E anche al commissario. Forse ha tempo di unirsi a noi.»

«E chiama anche Oreste Scalzone. Ordina antipasti misti a domicilio. Non abbiamo tempo di cucinare.»

Silvia fece le sue telefonate. A Tom inviò un SMS dal tenore vago, anche se probabilmente era già stato informato da Christian. Poi si cambiò e uscì sul pianerottolo. Dopo pochi metri fu di fronte alla porta della casa di Liza, che aprì con le chiavi.

L'appartamento era immerso nel silenzio. Per farsi compagnia, Silvia accese la radio. Poi apparecchiò la tavola collocata a sinistra del soggiorno, alzò l'aria condizionata e aprì le tende, in modo che la luce inondasse l'ambiente. Infine si sedette sul divano, ad aspettare. Il cellulare rimase muto. Christian non si sarebbe rifatto vivo tanto presto. Ma ormai Silvia conosceva gli uomini: fra meno di quarantotto ore avrebbe avuto di nuovo bisogno di lei.

La prima ad arrivare fu la padrona di casa.

«Ehi, grazie per avere preparato la tavola» le disse, mentre si toglieva il soprabito.

«Allora siamo d'accordo. Facciamo finta che sia una specie di festa, e non diciamo nulla fino a che non saranno arrivati tutti.»

«È una festa a pieno titolo» ribatté Liza. «Ti rendi conto che Alex poteva essere anche morto?»

A poco a poco comparvero anche gli altri. Mentre stava facendo entrare Katia, che era arrivata dalla banca senza nemmeno cambiarsi, Silvia avvistò quello spilungone di Robert Bender in fondo al corridoio. Aveva fatto bene a chiamare anche lui. In fondo si era sempre comportato da amico.

L'ultimo a suonare il campanello fu Tom. Silvia rimase delusa, vedendolo arrivare senza Christian.

«Christian si scusa, è dovuto tornare d'urgenza in ospedale» disse subito lui, indovinando il suo disappunto.

Silvia alzò la voce. «Balle. Christian aveva la serata libera.»

«Tu l'hai detto» le sussurrò Tom, sgattaiolando verso il soggiorno.

Si sedettero tutti al lungo tavolo. Liza aveva disposto gli antipasti italiani al centro, e chiese a tutti che cosa volevano da bere.

Quando fu il momento, era già calato il crepuscolo e la sala era come immersa in un'atmosfera magica. Silvia si alzò in piedi e mise il cellulare con la foto di Alex di fronte a sé.

«Siamo qui per festeggiare: Alex è vivo. Christian l'ha visto all'aeroporto di Dubai» disse, porgendo il cellulare per prima alla sorella, seduta accanto a lei.

Un brusio di sorpresa si alzò dai commensali.

«Non è possibile» esclamò Katia. «È proprio lui.»

La foto passò di mano in mano. E venne memorizzata sui telefonini.

Daniel e Liza sedevano muti, sostenendosi a vicenda, anche fisicamente. Erano contenti, ma anche delusi.

Tom prese la parola: «A questo punto è chiaro che Alex si è rifatto una vita da qualche parte. È meglio farsene una ragione.»

«Almeno avrebbe potuto inviarci un messaggio qualsiasi» intervenne Daniel. «Non ci si comporta così con gli amici.»

«Non possiamo giudicare, senza sapere cosa gli sia successo esattamente» disse Katia, che aveva assunto un'espressione impenetrabile. Sua sorella era un'altra di quelle o di quelli che non volevano far trapelare i loro veri sentimenti verso Alex. Ma anche lei ci era rimasta male.

Il commissario non aveva ancora detto niente. Si era limitato a osservare ciascuno di loro e le loro reazioni.

Silvia lo interpellò: «Robert, che cosa ne sarà adesso delle indagini?»

Il commissario si strinse nelle spalle. «Le indagini hanno appurato che Alex è scomparso da Bruxelles il 3 maggio 2004, dove è stato visto per l'ultima volta da un suo superiore. Abbiamo le prove del fatto che attualmente è vivo, che ha un fratello disabile residente a Roma e che ha predisposto per questo fratello il pagamento di assegni alimentari fino al 2009. In base a queste nuove informazioni, è probabile che il caso venga classificato dal nostro commissariato come una scomparsa volontaria, e che quindi venga archiviato.»

«E tu personalmente» chiese Liza «che cosa ne pensi?»

Robert si passò una mano sulla fronte, come per schiarirsi le idee. Non era ancora sicuro della sua versione dei fatti.

«Volete davvero sapere che idea mi sono fatto di questa storia?» chiese infine, facendo vagare lo sguardo sugli astanti, alcuni dei quali annuirono.

«Avanti» lo esortò Tom. «Pendiamo dalle tue labbra.»

«Per me quella di Alex non è una scomparsa volontaria» disse, «ma purtroppo non ci sono prove a sostegno di questa ipotesi. Per cui è probabile che l'indagine venga chiusa.»

«E non possiamo farci niente?» chiese Silvia

«Come sapete, anche la polizia italiana sta indagando su questa vicenda. L'unica cosa che posso fare per voi è passare i risultati delle mie indagini alla polizia italiana. E sperare che siano loro ad arrivare alla verità.»

12.

«Ho scandagliato gli archivi, tenente» proclamò De Rossi, in piedi di fronte alla scrivania «ma sull'uomo della foto non ho trovato niente.»

Mariani scosse la testa e rimase a osservare l'immagine dello sconosciuto: la polizia tedesca gliel'aveva inoltrata, riferendo che si trattava di una foto che un sedicente informatore di nome *Sean Nolan* aveva postato su Facebook.

Lui non nutriva alcuna simpatia per Facebook e non si era mai iscritto. Poiché invece a De Rossi i social network interessavano, lo aveva pregato di entrare nel gruppo degli *Alex Friends*, a fini investigativi.

«E i tedeschi non hanno novità?»

«Sono in contatto con il loro informatico. Lui dice che Bender ha battuto tutte le vie a sua disposizione per appurare l'identità dell'uomo, senza riuscirci. Gli amici di Di Matteo sostengono di non averlo mai visto, e il datore di lavoro si rifiuta di fornire informazioni.»

De Rossi non sapeva che Mariani aveva già parlato in privato con Bender. Gli aveva proposto di sentirsi in videoconferenza da casa, temendo di essere intercettato. Aveva chiesto a Bender se fosse approdato a una congettura che spiegasse quel caso, e se avesse una qualche idea su chi fosse lo sconosciuto. Si erano intrattenuti a lungo. Bender aveva fatto un riassunto di tutto quello che era venuto a sapere sul lavoro di Di Matteo, sulla sua permanenza in Iraq e sui mesi precedenti la scomparsa.

Per quanto riguardava lo sconosciuto, Bender si era espresso in modo chiaro: quell'uomo era probabilmente una persona a cui Di Matteo era legato, da vincoli professionali e privati. Conoscerne l'identità avrebbe dato una svolta decisiva alle indagini. Senza nuove informazioni, invece, i tedeschi sarebbero stati costretti a chiudere il caso.

Mariani decise di prendere in mano la situazione: in fondo potevano fare ricorso anche a mezzi non prettamente legali. Posando gli occhi sul mappamondo che qualcuno aveva relegato su uno scaffale, pensò che la risposta poteva non essere a Roma. Dovevano guardare più lontano.

Prese il telefono e chiamò l'appuntata Lea Ajali.

Dopo dieci minuti l'agente comparve nel suo ufficio. Il suo vero nome era *Leila*. Si era tagliata i capelli nerissimi e cercava di darsi un'aria risoluta, ma non aveva perso l'abitudine di abbassare gli occhi quando un uomo la interpellava. Chissà che idee le avevano inculcato da bambina.

«Questo tipo con la croce da morto deve essere un amico di Alessandro Di Matteo» le disse, mostrandole la foto. «Come facciamo a risalire alla sua identità?»

Lea puntò gli occhi sulla foto, poi alzò il mento: «Che cosa aspettiamo a mostrare queste foto ai nostri informatori? Per esempio nella comunità islamica. Anche se non è un terrorista, potrebbero conoscerlo. Ci hanno aiutato altre volte.»

«Non credo che si tratti di un terrorista. Se era un collega dello scomparso, era l'emissario di una società petrolifera.»

«Allora dovremmo recarci a Piazzale Mattei. Siamo agganciati?»

«Non che mi risulti.»

Lea scosse la testa. «Ci serve qualcuno che bazzica quegli ambienti. Scommetto che quelli sanno tutto di ciò che è successo quando è scoppiata la guerra in Iraq.»

Mariani aggrottò la fronte. Adesso che ci pensava, avevano un testimone che qualche tempo prima si era presentato spontaneamente, per fornire informazioni su certi affari della Banca Centrale dell'Iran.

«Me ne occuperò io» disse.

13.

Katia stava consumando un pasto frugale di fronte al computer. Si era chiusa in ufficio, dopo avere passato la mattinata in sala trader. Era difficile vendere le tranche più rischiose dei nuovi bond. La chiusura era imminente e il mercato non tirava bene come al solito. La direzione diceva che erano voci, ma Katia aveva i suoi dubbi. La prospettiva di perdere il lavoro si stava facendo concreta.

Sul monitor era raffigurata la curva del DAX, accanto alle ultime notizie. Niente di nuovo. Le bastò premere un tasto, per fare apparire la foto di Alex all'aeroporto di Dubai.

La sera prima, quando Silvia l'aveva fatta vedere a tutti, Katia era saltata dalla sedia. All'inizio non aveva creduto ai suoi occhi, poi i battiti del cuore avevano sopraffatto le altre funzioni vitali. *Damn.* Aveva davvero temuto il peggio. Non aveva neppure escluso la morte di Alex. E il sollievo era stato indicibile.

Il primo entusiasmo, però, aveva ceduto il posto alle considerazioni razionali.

Katia guardò l'immagine di traverso, poi voltò la testa di scatto. *E io che mi preoccupavo per te. Potevi almeno farti vivo.*

Christian era sicuro: secondo la sua diagnosi a distanza, Alex godeva di ottima salute.

Guardò di nuovo quel ritratto virtuale, questa volta con benevolenza. Alex era un uomo pieno di risorse. In cuor suo sperava persino di rivederlo, anche per pochi giorni. Non le importava che si fosse fatto crescere la barba e non voleva saperne i motivi.

Katia si torse le mani. Da un lato era felice, dall'altro era sicura che quella novità non avrebbe cambiato niente.

Gli altri non erano stati contenti come lei. Unica eccezione, Tom. Con un'espressione raggiante, aveva detto che non riusciva a spiegarsi l'accaduto, ma l'importante era che Alex fosse vivo.

La stizza di Silvia, proprio non la capiva: se aveva davvero trovato un nuovo amore, che per di più sembrava essere più consono alle sue aspettative, l'unica cosa che poteva rimproverare ad Alex era di avere ferito il suo orgoglio.

Katia guardò fuori dalla finestra: dal suo ufficio si vedeva l'Eurotower, con l'enorme simbolo dell'euro. Ripensò alla delusione che aveva letto sui volti di Daniel e Liza: per loro Alex era ormai un terrorista, schierato contro l'occidente e l'Europa.

L'orologio alla parete segnava le 13:28. Aveva ancora un po' di tempo prima di riattaccare e si prese la libertà di collegarsi a Facebook.

Fu sorpresa nel trovare un messaggio di Robert. E anche sollevata, perché ciò significava che le indagini non erano state archiviate. Robert voleva informazioni sul gruppo *Alex Friends*. Voleva sapere se lei conosceva personalmente tutti i membri e se alcuni nomi, palesemente fittizi, avessero un particolare significato.

Katia gli rispose in modo sommario:

Ciao, Robert,

non conosco tutti i membri del gruppo. Faccio entrare anche persone che vogliono conservare l'anonimato, perché spero che ci forniscano informazioni utili. Sospetto anche che alcuni membri siano presenti con due profili.

Per quanto riguarda i nomi fittizi, in alcuni casi si tratta di personaggi letterari o cinematografici.

Per esempio, Victor Laszlo è uno dei protagonisti del film "Casablanca". Una storia d'amore a sfondo storico, in cui una donna deve fare una scelta fra un uomo dall'animo nobile (un capo della resistenza antinazista) e un uomo di minore statura morale, ma più sexy. L'uomo di animo nobile si chiama Victor Laszlo.

Se vuoi sapere chi è Kurtz, che ne dici di accompagnarmi al Cineclub? Domani danno "Apocalypse Now".

Katia non si aspettava che Robert si interessasse di cinema d'autore. Ma quel film di guerra normalmente piaceva agli uomini.

La risposta di Robert non si fece attendere:

Va bene per il cinema. Sono curioso.

Il Cineclub del comune si trovava nel centro storico, in una piazza dominata da una nuova costruzione dall'architettura squadrata. Camminando in mezzo ai vicoli, fra le case dalla facciata a graticcio, Katia dubitò che Robert avrebbe trovato quel locale per appassionati. Ma quando fu quasi arrivata, vide Robert che avanzava verso di lei e alzava una mano in segno di saluto.

Quando poi il commissario, dopo la coda alla biglietteria, si diresse a passi sicuri verso le scale che portavano al piano inferiore, Katia rimase di sasso. Normalmente i suoi accompagnatori non sapevano dove fosse l'unica sala di proiezione del Cineclub.

«Non mi dire che sei già stato qui.»

«Anche i poliziotti hanno un passato» rispose lui, laconico.

La sala non era affollata. Scelsero due posti al centro e affondarono nelle poltroncine. Robert si era messo a sgranocchiare popcorn, e a quell'odore Katia fu costretta a ripensare al suo *daddy*.

Apocalypse Now era un film del 1979. Katia non aveva mai visto una guerra, ma era sicura che quel film ne trasmettesse un'idea verosimile. Era una questione di musica, immagini, colori. La follia della guerra in technicolor. La televisione lo mandava in onda spesso. Per esempio quando era scoppiata la guerra in Iraq.

«È un film sulla guerra del Vietnam, o meglio sulle crudeltà di cui l'uomo è capace nel contesto di una guerra» disse Katia. «La storia è la trasposizione moderna di un famoso romanzo inglese, che si chiama *Cuore di tenebra*.»

«Se non sbaglio, c'era un libro con questo titolo a casa di Alex» rispose Robert, come se un pensiero fosse emerso improvvisamente dai suoi circuiti cerebrali.

«Nel libro, come nel film, Kurtz entra in scena soltanto alla fine, anche se è il personaggio principale della storia e si parla continuamente di lui.»

Robert le mise un braccio sulla spalla. «Che cosa intendi fare, adesso che Alex è vivo?»

«Desidero... rivederlo. Abbiamo qualcosa in sospeso. Se farà un fischio, prenderò il primo aereo.»

«Anche se dovesse dirti che deve ripartire subito?»

«Le separazioni non mi fanno paura.»

La sala fu oscurata. Katia si trovò al buio, indifesa di fronte alle immagini che presero a rincorrersi di fronte a lei. Le immagini del capitano Willard, che viene inviato in Vietnam alla ricerca del colonnello Kurtz, un disertore ritenuto pazzo.

Una successione di immagini forti, accompagnate da temi musicali emozionanti. Katia spalancò gli occhi, colpiti dalle frequenze del rosso, il colore del sangue.

Era Marlon Brando a vestire i panni di Kurtz, protagonista della storia: un uomo impazzito per aver visto gli orrori della guerra, e aver intuito a quali eccessi possa spingersi l'animo umano, quando vengono meno i limiti imposti dalla legge e dalla morale.

Anche su Robert il film fece effetto. Katia aderiva con la spalla alla sua e lo sentì rabbrividire, mentre risuonava la Cavalcata delle Walchirie. E lo vide spostarsi in avanti e fissare lo schermo, quando in scena comparve il soldato che credeva di avere acquisito i poteri di un dio.

Chissà se Robert aveva capito chi fosse veramente Kurtz.

Quando uscirono in strada, Katia ripensò a quello che aveva detto lui. «Davvero avete trovato *Cuore di tenebra* a casa di Alex?»

«A dire il vero c'erano molti libri. Ma Silvia ha dichiarato che Alex aveva lasciato quel libro sul comodino.»

Katia fu assalita dalle congetture. Alex non si era dato quel nome per caso.

Anche lui aveva visto l'*orrore*?

Era diventato pazzo? Stava per essere ucciso o per togliersi la vita?

14.

Robert stava bene in compagnia di Katia. Quella donna gli piaceva. Non sembrava essere legata, anche se avrebbe potuto fare la vita che molte donne desiderano, con marito e figli. Si chiedeva se fosse una scelta, o un espediente per razionalizzare la solitudine.

Forse era rimasta sola per colpa di Alex. Anche se lei lo negava, non era escluso che nutrisse per lui un amore romantico, che faceva sbiadire l'immagine di qualsiasi altro uomo.

Anche Robert era fondamentalmente solo. I suoi sballi erano frequenti, ma di breve durata. Però, a differenza di Katia, lui non aveva un gruppo di amici che poteva chiamare a qualsiasi ora del giorno o della notte. La combriccola della Torre Blu era per Katia una specie di famiglia. In questo, la invidiava.

Robert l'aveva accompagnata a casa. Avevano attraversato le vie del centro, poi il parco di fronte all'Eurotower, e infine erano arrivati all'ingresso della Torre Blu.

«Commissario» gli disse lei ridendo «se vieni su da me, giuro di dire tutta la verità.»

Robert sorrise e la seguì attraverso le porte vetrate, in ascensore e nel lungo corridoio.

Katia lo fece passare in soggiorno. La stanza era immersa in un'oscurità rischiarata dai bagliori dei grattacieli. Il freddo dell'aria condizionata lo fece rabbrividire. Lui non avrebbe potuto vivere in una casa in cui non si potevano aprire le finestre.

Robert prese posto sulla chaise-longue e allungò le gambe.

«Posso sapere con quanti uomini vai a letto?» le chiese in tono scherzoso, mentre sorseggiava la sua vodka.

«*So what*? Mi piace divertirmi» rispose lei, che si era messa a sedere sul divano.

«Potresti togliermi una curiosità sui rapporti che intrattieni con i tuoi amici, Alex compreso. Mi sembra di avere capito che avete tutti un concetto di *amicizia*... allargato.»

«Amore o amicizia. Sono la stessa cosa. Quando si sta bene insieme, si finisce per fare l'amore. Perché me lo chiedi?»

«Quando siamo stati al ponte sospeso... ho avuto la sensazione che tu conoscessi bene sia Daniel sia Tom. Vi siete strofinati un po' troppo.»

«I miei rapporti con Daniel sono saltuari e non hanno mai provocato problemi. E poi Daniel è stato anche con Silvia.»

Lo scozzese gli aveva raccontato un sacco di balle, con la storia dell'*uomo sposato*. Anche lui se la spassava.

«Invece con Tom ho avuto una storia di amore e gelosia, e non sono sicura che sia finita.»

Katia aveva bisogno di sfogarsi. Era per questo che l'aveva invitato. Robert fu curioso di sentire che cosa stava per raccontargli.

«Tutta colpa di Alex?»

«Alex non c'entra. Tom mi ha sedotta e abbandonata. Un classico. Ci cascano anche le *investment banker*.»

«Dai, racconta.»

«Tom ha gettato subito la rete, quando me lo hanno presentato. È un uomo che fa colpo. Abbiamo passato molte serate a parlare, fino a tardi. Ma ho anche capito che aveva molte donne, come Alex. A quel tempo la pensavo diversamente, e non mi andava di mettermi con un *womanizer*.» E qui Katia cessò di parlare.

Robert mise i piedi sul pavimento e posò il bicchiere sul tavolino, rimanendo voltato verso di lei. La storia di Tom e Katia gli interessava.

«E come è andata a finire?»

«Vuoi un'altra vodka?» chiese lei, al che Robert annuì.

«Qualche mese prima che Alex sparisse» rispose Katia, versando il liquido trasparente in due bicchierini, «Tom mi ha invitata a passare una vacanza in barca, insieme a Silvia e Alex.»

Robert afferrò il suo bicchiere e le sorrise. «Ho capito. Una vacanza erotica, con scambio di partner.»

Katia scosse con forza la testa. «Niente scambi. Anche se io ci sarei stata. Alex, in costume da bagno, era la fine del mondo. Ma durante quella vacanza fra me e Alex non è successo niente. Soltanto qualche carezza camuffata da gioco, mentre facevamo il bagno. Tom invece si è accorto che ero disponibile, mi ha portato su una spiaggetta appartata, e così è cominciata.»

«Allora tu stavi con Tom e tua sorella con Alex. Una vacanza tranquilla.»

«Altro che tranquilla. Sotto quel sole, anche Silvia era diversa. Era sfacciata, provocante. Ha fatto di tutto per tenersi Alex ben stretto. Li vedevamo baciarsi. Poi rimanevano a lungo in cabina.»

Katia era riuscita di nuovo a incuriosirlo.

«L'atmosfera fra noi era frizzante, e così mi sono abbandonata a Tom senza ritegno. Credevo di aver trovato il grande amore.»

«Come andare sull'ottovolante?»

Katia annuì, con gli occhi che le brillavano. «Peccato che sia durata poco. Quando siamo tornati a Francoforte, Tom ha iniziato a evitarmi. Ma io non volevo darmi per vinta, e devo averlo assediato» disse Katia, bevendo la sua vodka in un sorso. «Che stupida. Fatto sta che lui mi ha mandato l'avvocato.»

«Vuoi dire Liza?»

«Un giorno Liza mi ha preso da parte, e mi ha detto che Tom aveva un'altra. L'aveva sicuramente incaricata lui» disse Katia, strozzando a ogni parola la voce, fino a tacere. Rimase con gli occhi fissi sul pavimento, poi riprese a parlare. «A questo punto si è fatto avanti Alex, come se si fossero messi d'accordo. Ha cominciato a corteggiarmi in modo insistente. E mi ha più volte accarezzato il polso.»

«Ti ha soltanto accarezzato il polso?»

«Era un segnale. Un segnale che tutti conoscevano. Quando Alex voleva una donna, faceva così. Questa trovata faceva parte del suo fascino.»

Robert alzò il bicchiere, abbozzando un sorriso. Che Alex fosse un tipo sbrigativo, l'aveva capito. Ma questa storia del segnale era originale: lui sceglieva una preda e le accarezzava il polso. *Tutto qui, semplice.*

«Se ricordi, una volta l'ho fatto anche con te.»

Già, quando tornavano dal ponte sospeso. Robert sorrise: quel segnale aveva fatto effetto anche su di lui.

«Insomma, è finita che sei andata a letto con l'uomo di tua sorella. Brava.»

«All'inizio ho declinato, prima con educazione, poi in modo brusco. Qualsiasi altro uomo si sarebbe offeso. Ma non Alex. Lui non si dava mai per vinto. Si è limitato a insistere. Così l'ultima notte ho ceduto.»

«Te ne sei innamorata? È per questo che lo cerchi?»

«No, a quel tempo amavo ancora Tom. Alex per me è stato solo un premio di consolazione.»

Robert non era sicuro che Katia fosse sincera. Il suo volto si era fatto triste e dalla bocca non uscivano più parole.

Dopo alcuni minuti trascorsi in silenzio, fu Katia a lanciargli uno sguardo curioso. «E tu? Facciamo il gioco della verità.»

Robert sorrise, come preso in contropiede. Non era salito in cima a quella torre per confessarsi.

«Ti ho già detto che la mia vita è uno sballo» tergiversò «e che mi va bene così».

Ciò era vero solo in parte. Ma non se la sentiva di mettersi a nudo.

«Ma non hai nessuno? Non un semplice sballo. Voglio dire... l'ottovolante.»

Robert abbassò la testa. Poi prese la vodka, che non aveva toccato, e se la portò alla bocca. La sua bevanda preferita era alcool puro, senza alcuna nota di dolcezza.

«Avevo qualcuno» sospirò, scrollando le spalle. «Ma è una storia finita.»

Anche quella era una mezza verità. *Finita un accidente*. Ci pensava tutti i giorni.

«Pensa al calcolo delle probabilità» disse Katia, che si avvicinò e gli fece una carezza sulla guancia. «Trovare la persona giusta è come vincere al lotto. Se dovesse capitarti, non fartela scappare.»

Katia era triste. Robert non capiva se parlasse con lui o con sé stessa.

Improvvisamente lei si alzò, andò a prendere un libro dallo scaffale e lo aprì sul tavolino, davanti a lui. Era una guida illustrata di Roma. Robert prese Katia sottobraccio e ne sfogliò qualche pagina assieme a lei: il Colosseo, Piazza di Spagna, il quadro di Michelangelo, con il dito puntato verso Dio.

«Non riesco a concepire che Alex avesse un fratello di cui nessuno si cura» disse Katia. Quindi alzò il suo sguardo su Robert. Quello sguardo che il commissario aveva sempre trovato magico. «Che ne dici se ci prendiamo entrambi una vacanza? Vorrei conoscere Fabrizio.»

15.

Il tenente Mariani era soddisfatto del proprio lavoro. Dopo aver interpellato gli ambienti giusti, avevano ottenuto il contatto che cercavano.

L'albergo che avevano scelto era modesto e pieno di turisti. Una ressa di persone alla reception. Il continuo trillare del campanello all'ingresso. Una hall tappezzata di stoffa a fiori, valigie dappertutto, poltrone occupate da gente in arrivo o in partenza. Odore di muffa.

Nessuno avrebbe fatto caso a loro.

Erano le tre del pomeriggio. Mariani prese l'ascensore e si diresse verso la camera prenotata. Aprì le tende e lasciò entrare la luce. Provò il letto. Era confortevole. Vi si distese per fare un pisolino. L'arrivo di Lea era in programma per le cinque.

L'informatore si era fatto vivo per telefono. Aveva chiesto di parlare in un luogo lontano da sguardi indiscreti. Era scapolo, e poteva permettersi di fingere un incontro galante con un'agente donna.

All'ora prevista, Mariani uscì dalla camera e premette la maniglia della porta accanto. Una stanza matrimoniale, molto più spaziosa della sua, con un tavolo al quale erano già seduti Lea, in borghese, assieme a un uomo piccolo e calvo, con due baffi bianchi. Dava l'impressione di un tranquillo pensionato. Uno di quelli desiderosi di aiutare le forze dell'ordine.

Mariani verificò che nella stanza, come gli era stato promesso, non ci fossero telecamere.

«Mi assicurate che non farete mai il mio nome con nessuno?» chiese l'uomo, dopo essersi presentato come dottor Sirtori, ingegnere. Prima di andare in pensione, si era occupato delle trivellazioni esplorative italiane in Iraq e aveva vissuto a lungo nei Paesi del Golfo Persico.

«Questo incontro non è mai esistito» rispose Mariani, mettendo sul tavolo la foto dello sconosciuto di Facebook. «Vogliamo soltanto sapere chi è quest'uomo.»

L'ingegnere prese in mano la foto. Quando alzò gli occhi, aveva un sorriso dipinto sotto i baffi. «*Jean-Claude Moulin*. Morto, se non sbaglio, in uno strano incidente stradale.»

«Lo conosceva?»

«Io non lavoravo a quei livelli. Moulin era una specie di diplomatico. Ufficialmente occupato presso un ente francese. Ma era una facciata.»

Lea giunse le mani e alzò appena gli occhi. Ma la voce era ferma. «Ingegnere, ci dica tutto quello che sa.»

Sirtori lanciò uno sguardo alla finestra. Poi accavallò le gambe e si raddrizzò sulla sedia.

«Jean-Claude Moulin...» disse, esitando «operava presso i governi degli stati che si affacciano sul Golfo Persico. A quello che ho capito, era un uomo chiave quando si trattava di negoziare accordi di sfruttamento petrolifero. Lei non ci crederà, ma si tratta di un lavoro pericoloso» aggiunse. «È per questo che vi ho chiesto l'anonimato.»

Mariani scosse la testa. In che mondo credeva di vivere questa gente. Quello di suo fratello. Quello sì che era un lavoro pericoloso.

«Di che cosa si occupava esattamente questo Moulin?»

«Circolavano molte voci su di lui. Aveva fama di libertino, appassionato di auto sportive, amante del vino e dei piaceri. Nessuno sapeva se si trattasse di un dipendente di una società privata, di un diplomatico o di un agente dei servizi segreti. La voce più insistente che circolava a suo riguardo era che fosse il responsabile di un progetto fondamentale per l'Europa.»

Qui l'uomo cessò di parlare. Guardava a terra e si torceva le mani.

«Ci parli di questo progetto» insisté Mariani, che aveva notato la titubanza dell'uomo.

A questo punto Lea infilò nella borsa il taccuino su cui stava scrivendo. Voleva dare l'impressione che ciò che l'uomo diceva sarebbe rimasto confidenziale. L'appuntata era intelligente.

«Stiamo indagando sulla morte di un innocente. Abbiamo bisogno delle sue informazioni» lo esortò Mariani.

Sirtori poggiò le mani sul tavolo e fissò un punto di fronte a sé. «È sempre stata la fissazione dei francesi: avere una valuta che potesse competere con il dollaro o con la sterlina. Non ci sono mai riusciti con il franco. Ma con l'euro è stata la volta buona» disse. «Volevano farne la valuta di scambio del petrolio.»

«E qual era il compito di Moulin?»

A questo punto Lea, che era seduta accanto a Mariani, si portò in avanti e alzò la voce. «Tenente, attualmente il petrolio viene fatturato in dollari. E prima del crollo dell'impero britannico, la moneta di scambio del petrolio era la sterlina.»

«La dottoressa ha capito» continuò Sirtori, compiaciuto. «Il compito di Moulin era quello di ingraziarsi i governanti dei paesi produttori di petrolio, e convincerli ad accettare il pagamento del petrolio in euro. È per questo che è morto.»

Mariani si passò una mano sulla fronte. La croce da morto era da intendersi in senso letterale.

«Che cosa sa della morte di Moulin?»

«Di questa storia si è parlato molto, nei nostri ambienti. Ufficialmente Moulin è rimasto vittima di un incidente stradale a Parigi, nel 2003. Sembra che guidasse in stato di ebbrezza, ma io non ci credo.»

Tornarono a casa alla spicciolata. Prima Mariani, poi Lea e Sirtori, che avevano in programma una sosta al ristorante, a spese dell'Arma.

Mariani invece si affrettò a cercare una cabina telefonica. Anche se non sapeva perché, intuiva che quelle informazioni potevano essere importanti per il caso Sabahni e, conseguentemente, per il caso Di Matteo.

Tuttavia era probabile che si trattasse di informazioni scottanti. Non poteva fidarsi di tutti quelli che si proclamavano servitori della patria.

Per il momento, non c'era bisogno di immagazzinare quei dati nel computer.

Con Bender aveva un appuntamento telefonico per le sette. Il commissario aveva promesso di farsi trovare in casa.

Ai primi squilli non rispose nessuno. Poi Mariani riprovò e finalmente udì la voce pacata di Bender. Mariani benedì il giorno in cui si era messo a studiare l'inglese. Era uno dei motivi per cui l'avevano assegnato al terrorismo e non alla criminalità organizzata.

«Bender, ascolta, abbiamo il nome che vi serve» annunciò Mariani.

Dall'altro capo del telefono, gli parve di sentire cadere qualcosa. Il collega tedesco doveva essere sottosopra. Gli riferì quanto era venuto a sapere da Sirtori. Bender lo interruppe più volte, chiedendogli di ripetere.

«Credo di potermi procurare il fascicolo dalla polizia di Parigi» rispose Bender, con la voce che esultava. «Ho qui una specialista.»

Anche il commissario aveva una novità. Sembrava che qualcuno dei suoi testimoni avesse visto Alessandro Di Matteo a Dubai, ma Mariani non aveva capito bene.

Alla fine, esausto, Mariani esclamò «Che ne dici di venire a Roma? Sarà più facile capirsi.»

Bender sembrò entusiasta di quella proposta. Era giunto il momento di incontrarsi, per scambiarsi tutte le informazioni e mettere a punto un piano d'azione.

Purtroppo lui e i tedeschi avevano interessi leggermente diversi. Mariani voleva trovare gli assassini di Sabahni, e fare luce sui motivi dell'omicidio, doloso o colposo che fosse. Invece il commissario Bender voleva ritrovare Alessandro Di Matteo, possibilmente vivo.

Per coinvolgere i tedeschi nei loro piani, dovevano convincerli che sarebbe stato loro possibile raggiungere quell'obiettivo.

16.

«Si chiamava Jean-Claude Moulin.»

«Si chiamava?»

«È morto in un incidente stradale, a Parigi.»

Robert sbarrò gli occhi e ascoltò attentamente.

Quel pomeriggio di fine settembre era tornato a casa prima del solito, perché il tenente Mariani voleva parlargli per telefono in privato. Robert considerava quelle precauzioni eccessive. Non avrebbe mai immaginato che qualcuno potesse sorvegliarlo. Le informazioni degli italiani dovevano essere molto riservate.

Robert si era munito di carta e penna e aveva aspettato pazientemente la telefonata. E ne era valsa la pena. *Una storia di spionaggio in oriente.*

Non gli rimaneva che procurarsi il rapporto ufficiale sulla morte di Jean-Claude Moulin. Per avere informazioni dalla polizia francese, Robert avrebbe avuto bisogno di Nicole.

Meno male che, il giorno dopo, l'agente Schmidt era seduta alla sua scrivania.

Le riferì quanto era venuto a sapere dagli italiani. «Credi di poterti fare consegnare un fascicolo dalla polizia di Parigi?» le chiese, infine.

Nicole esitò, con gli occhi che vagavano per la stanza. «Farò il possibile, Robert. Ma non credo che servirà a qualcosa.»

Detto, fatto. Un estratto del fascicolo francese comparve sul monitor di Robert qualche giorno dopo. Forse Nicole era davvero un'esperta della procedura burocratica legata alla cooperazione fra gli organi di polizia dell'Unione Europea.

Robert lo lesse avidamente.

Secondo gli atti ufficiali, Moulin era morto sul colpo, a causa di lesioni mortali riportate in un incidente stradale, di cui era stato vittima nel dicembre del 2003. La responsabilità dell'incidente, che non aveva coinvolto altre persone, era stata attribuita a Moulin stesso, perché gli era stato rilevato un elevato tasso alcolico nel sangue.

Le analisi del sangue della vittima, eseguite dalla polizia immediatamente dopo l'incidente, erano riportate nel fascicolo. Ma dagli atti non risultava che l'automobile fosse stata sottoposta a perizia.

Era stato appurato che, prima di mettersi alla guida, Moulin aveva cenato in un raffinato ristorante del centro, dove aveva pagato per due con una carta di credito. I camerieri erano stati interrogati sull'identità della persona che lo accompagnava, ma le testimonianze erano contraddittorie, poiché taluni si ricordavano di averlo visto con una donna, mentre per altri si trattava di un uomo.

Riguardo all'incidente, non vi avevano assistito testimoni diretti, perché la galleria non era molto frequentata a quell'ora di notte. Gli inquirenti erano soltanto riusciti a raccogliere testimonianze sui momenti immediatamente precedenti l'incidente stesso.

Uno dei testimoni, che era entrato nella galleria in direzione opposta, poco prima dell'incidente, aveva detto di aver visto una vettura quasi ferma, come in attesa di qualcuno.

Un altro testimone aveva riferito di aver visto una luce abbagliante provenire dalla galleria, prima di udire il fragore di uno schianto.

Il fascicolo conteneva anche i dati anagrafici di Moulin, che era residente a Parigi e aveva doppia cittadinanza, belga e francese. Della morte erano stati informati gli unici familiari di Moulin, che erano una ex moglie e una bambina.

Il fascicolo non conteneva altro. Nessuno aveva avanzato l'ipotesi che non si fosse trattato di un incidente. Eppure la foto su Facebook, con la croce in sovrimpressione, faceva pensare che quell'uomo fosse stato vittima di un attentato.

Quando fu fra le mura di casa, Robert passò la serata a fare il punto della situazione.

Per prima cosa ripensò a quello che gli aveva rivelato Katia: *Alex ha amato un uomo.*

Se Moulin fosse stato vivo, si poteva pensare che Alex fosse andato a vivere con l'amico in un paese dove nessuno li conosceva. Tuttavia Robert non era sicuro che un amore non convenzionale fosse per Alex un motivo sufficiente per rompere i ponti con i vecchi amici.

Ma visto che Moulin era morto, che motivo aveva Alex di fuggire? Forse la risposta era da cercare nell'impatto che la morte dell'amico aveva avuto sullo scomparso. Chi perde una persona cara può cadere in uno stato di disperazione. Gli amici di Alex avevano riferito che negli ultimi mesi Alex non era più lo stesso. E la disperazione può sfociare in depressione. Persino in un tentativo di suicidio.

Robert prese la vodka dal frigorifero e si accomodò al suo tavolo per otto persone. Quando lo aveva acquistato, non immaginava che raramente avrebbe avuto ospiti.

Seduto di fronte alla bottiglia, rimase a rimuginare fino a notte fonda. Quando andò a letto, Robert non aveva trovato risposta a quella domanda.

Al mattino si svegliò presto, con il mal di testa. Si vestì in fretta e dopo una mezz'ora stava già scendendo i gradini della metropolitana.

Le pareti accanto alle scale mobili erano tappezzate di pubblicità. Robert alzò gli occhi e vide la locandina di una serie televisiva. Una serie che parlava di un uomo in fuga, perennemente inseguito da persecutori che lo volevano morto.

Allora gli venne in mente la soluzione: che Alex fosse fuggito per paura di fare una fine simile a quella di Moulin?

La morte di Moulin era stata per Alex la manifestazione evidente della minaccia che incombeva su di lui e i suoi amici.

Con la morte di Moulin, Alex doveva essersi improvvisamente reso conto del pericolo che correva. Non si era fatto più vivo perché non voleva mettere in pericolo la vita dei suoi amici: *ecco la spiegazione plausibile.*

Le porte della metropolitana si aprirono. Robert si mise a sedere su un posto libero, e un giovane dalla pelle scurissima si accomodò di fronte a lui. Chissà se anche lui fuggiva da qualcosa.

Robert prese in mano il cellulare e cercò una cartina dell'Iraq. Si accorse che il suo dirimpettaio lo guardava, incuriosito. Robert non ci teneva a essere riconosciuto come poliziotto. Ma se avesse saputo che l'uomo di fronte a lui stava indagando su una storia di spionaggio, chissà che faccia avrebbe fatto quel ragazzo.

Alex e Moulin avevano lavorato in un settore, quello del petrolio, in cui si scontravano gli interessi delle grandi potenze. E se la talpa italiana aveva confermato che Moulin era considerato alla stregua di un diplomatico, Alex doveva essere un suo pari.

Robert dovette ripensare alla congettura che Daniel aveva espresso alla fine dell'interrogatorio: Alex perseguiva una determinata missione nel Golfo Persico.

All'improvviso gli venne in mente l'esortazione che aveva ricevuto da *Sean Nolan,* e capì che cosa voleva dire "seguire la pista del denaro".

Il suo compito era quello di trovare Alex vivo. E anche di impedire che venisse ucciso. Lo aveva promesso a quelli che erano diventati i suoi amici.

Non poteva farcela da solo. I suoi superiori non sembravano interessati a quel caso, ma la polizia italiana gli aveva parlato di un piano. Robert decise che avrebbe collaborato.

17.

Era sabato sera e il Blue era affollato. C'era da aspettarsi che si sarebbero fatti vivi tutti gli amici di Alex.

La sala era immersa in una semioscurità galante, accompagnata dalle calde note di un sassofono. Al bar erano seduti pochi avventori; alcuni si mettevano in mostra, altri scrutavano il pubblico alla ricerca di compagnia.

Anche Victor prese posto al bar, scegliendo il suo punto di osservazione con la scrupolosità di un cecchino.

Il tavolo di Alex era quasi al completo. Il posto accanto a Daniel era vuoto, forse Liza sarebbe arrivata più tardi. Katia era seduta fra Tom e il commissario. Silvia era comparsa al braccio di Christian, avvolta in un tubino nero che lasciava scoperte le gambe, per le quali lui sicuramente andava pazzo.

Chissà che cosa aveva appurato il commissario sul conto di Jean-Claude. Probabilmente non avevano sospetti sull'incidente stradale, ma prima o poi avrebbero preso visione del fascicolo archiviato presso la polizia francese.

Alex non era venuto a sapere subito della morte di Jean-Claude, ma soltanto dopo qualche mese. All'inizio aveva voluto recidere i contatti con l'amico, probabilmente perché il loro rapporto si era trasformato in qualcosa che Alex non voleva o non riusciva ad ammettere di volere.

Si era però stupito di non ricevere alcuna notizia da lui. Le spiegazioni della società, a proposito di un congedo illimitato chiesto da Jean-Claude per motivi di salute, lo avevano di certo insospettito.

Fatto sta che un giorno aveva preso il primo aereo per Parigi e si era recato a casa di Jean-Claude, senza trovarci nessuno. Un uomo intelligente come Alex era presto riuscito a conoscere la verità ufficiale sull'accaduto, e a intuire quello che era realmente successo.

Si era reso conto di essere lui stesso in pericolo. Se qualcuno era riuscito a eliminare Jean-Claude in una metropoli europea, avrebbero potuto fare lo stesso anche con lui. In fondo avevano lavorato allo stesso progetto.

Questo progetto sembrava essere fallito con lo scoppio della guerra in Iraq, ma in realtà stava per essere proseguito altrove.

Sarebbe stato facile eliminare Alex, che, a causa del suo passato, poteva essere anche marchiato come terrorista. E i servizi segreti, che non erano riusciti a proteggere Jean-Claude, non avrebbero mosso un dito per lui.

Per questo Alex aveva deciso di lasciare il paese e fuggire.

Nessuno sapeva esattamente dove si nascondesse, anche se era facile fare congetture. Il paese ospitante, dove probabilmente ricopriva una qualche mansione tecnica, dove avergli fornito una nuova identità e protezione politica.

Peccato per quelle due donne che ne erano state innamorate. Ma presto si sarebbero accorte che il mondo è pieno di uomini.

Victor aguzzò la vista: la donna sexy che aveva appena fatto il suo ingresso in sala era Sabina, l'ex moglie di Christian. Adesso gli voltava le spalle, esibendo lunghi capelli neri, un profondo spacco sulla schiena e curve che avevano attirato gli sguardi di molti presenti.

Victor aveva già avuto il piacere di fare la sua conoscenza. Era una licenza che si era concesso, dato che gli era stato proibito un qualsiasi approccio nei confronti di Silvia, Katia e Liza. Non era stato inutile, perché Sabina gli aveva raccontato particolari interessanti degli amici di Alex, che continuavano a invitarla alle loro feste, coerentemente alla loro mentalità non convenzionale.

Nonostante fosse già madre di due figli, Sabina era il tipo che cercava di soddisfare i propri appetiti. Un tipo di donna che molti tendono a denigrare con appellativi più o meno offensivi, e qui i tedeschi erano anche più bigotti dei francesi. Ma non gli amici di Alex, per i quali la libertà sessuale non era un privilegio maschile.

Di professione, Sabina faceva l'infermiera. Un lavoro faticoso, che però le dava la sensazione di essere utile alla società. E che le forniva numerose occasioni di dedicarsi alla sua occupazione preferita, che era il sesso.

Dopo aver perlustrato il locale con lo sguardo, Sabina fece rotta per il tavolo di Alex. Tom, abbigliato con stoffe pregiate come al solito, si profuse in effusioni, al che Sabina si accomodò vicino a lui, strofinandosi sfacciatamente all'ex cognato, sotto gli occhi di Katia. Che sembrava impassibile, ma in cuor suo era probabilmente gelosa. Sabina e Tom si conoscevano bene.

Il caso volle che Sabina si trovasse seduta di fronte a Nicole, la quale sicuramente disapprovava il suo atteggiamento e la sua persona. A Nicole, che sapeva maneggiare armi vere, le tipiche armi femminili dovevano sembrare obsolete.

Una certa inquietudine si sparse fra i presenti quando Sabina iniziò a intrattenersi con Christian, riuscendo persino a portarlo sulla pista da ballo. La donna non sembrava intenzionata a rispettare le dovute distanze sociali.

Non si poteva escludere che Sabina fosse venuta per tessere qualche intrigo. A scapito della nuova donna del suo ex marito.

Per un qualche futile motivo, Victor decise di intervenire: non che facesse parte delle sue mansioni, ma si prese la licenza di divertirsi.

«La donna con i capelli neri, che si è appena seduta al tavolo, laggiù...» disse Victor al giovane barista, accompagnando le parole con gesti discreti.

«Sabina?» rispose il ragazzo, ammiccando sotto due folte ciglia. A Victor non sfuggì che portava un orecchino.

«Portale una coppa di champagne. E versane una anche a me. Offro io». Quel trucco funzionava sempre. E viste le abitudini di Sabina, gli amici non se ne sarebbero stupiti.

Quando il cameriere ebbe servito lo champagne, Sabina alzò il calice verso Victor. E lui rispose al brindisi, rivolgendole uno sguardo insistente. E non uno soltanto.

Dopo qualche minuto, Sabina lo aveva già raggiunto al bar.

Per manifestare a Sabina il suo interesse, Victor usò armi di un calibro più sottile di quelle che era solito manipolare: presenza fisica, sguardo penetrante e qualche parola che le rivolse in francese. La tattica funzionò: presto Sabina perse qualsiasi interesse per gli altri.

A posteriori, si pentì di averla giudicata male. La donna era soltanto in cerca di svago. Fra le confidenze che gli aveva fatto, c'erano alcuni particolari sorprendenti a proposito di Silvia. Ma forse era soltanto gelosa della nuova fiamma del suo ex marito. Se con quei discorsi Sabina lo aveva voluto eccitare, ci era riuscita.

Di quella serata Victor si sarebbe ricordato anche per un altro motivo. In seguito Nicole gli riferì che proprio quella sera era stata vittima di un episodio spiacevole, che per di più l'aveva quasi smascherata.

Era stata molestata da un uomo, mentre usciva dal bagno e voleva lavarsi le mani.

L'uomo l'aveva afferrata da dietro. Nicole si era immediatamente divincolata, puntando i gomiti sui fianchi del molestatore e costringendolo ad arretrare. Quindi si era voltata, aveva alzato una gamba e stava infliggendo all'ignaro malcapitato un calcio, quando era comparsa Katia.

Entrando in bagno, Katia si era trovata di fronte a una scena che doveva averla gradevolmente sorpresa, a causa dei ruoli capovolti: una donna di indubbia potenza fisica e dai riflessi pronti stava mettendo a terra un uomo che credeva di essere forte, ma era soltanto stupido.

Invece di chiedersi quali fossero le vere mansioni di un'agente così addestrata, Katia si era messa a ridere, commentando: «È questo che si impara alla scuola di polizia?»

E da quel giorno la chiamava *Wonder Woman*.

18.

Ferma davanti all'ingresso della Torre Blu, Silvia osservava il furgone su cui stavano caricando le poche cose che lei voleva portare via dall'appartamento. Aveva deciso di lasciarlo ammobiliato, per non permettere ai ricordi del passato di violare la sua nuova casa. E pensare che durante lo sgombero aveva anche ritrovato quel manoscritto che si concludeva con una bambina malata in ospedale. Quella bambina era lei. Glielo aveva dato Katia, perché capisse l'origine del loro rapporto di sangue. Leggere quelle righe le aveva procurato forti emozioni. Ma anche il manoscritto era finito fra i rifiuti indifferenziati.

Silvia alzò gli occhi: un debole cono di sole aveva squarciato il cielo coperto. Un buon segno, che la fece sentire ancora più felice.

Qualche giorno prima, Christian l'aveva invitata a cena in ristorante all'aperto. Un posto romantico, con un muretto coperto di edera e lo scrosciare di un torrente nelle vicinanze. Avevano preso posto a un tavolo appartato, dove avevano flirtato per tutta la cena, come se si fossero conosciuti da poco. Il loro litigio a proposito di Alex era già dimenticato.

Per piacere al suo uomo, Silvia si era messa un abito lungo e scollato. Più volte gli si era avvicinata con la scusa che aveva freddo, mentre invece era accaldata.

Dopo aver cenato, Christian aveva messo sul tavolo un pacchettino regalo e l'aveva pregata di aprirlo, sfiorandole il collo con le labbra. Quando aveva visto quel sottile anello, non vistoso ma arricchito da un paio di piccoli brillanti che sembravano veri, Silvia aveva subito pensato che le avrebbe chiesto di sposarlo.

Invece Christian era stato più romantico. Le aveva infilato l'anello, le aveva chiuso la mano e le aveva sussurrato: «Voglio un figlio.» Silvia non sapeva se queste parole, che mai nessuno le aveva detto, l'avessero più eccitata o commossa.

In automobile, dopo che erano riusciti a smettere di baciarsi, Silvia si era chiesta dove la stesse portando. Avrebbe scommesso che erano diretti verso un qualche albergo in collina. Invece si era risvegliata nella loro nuova casa. Una casa ancora piena di scatoloni e non dotata di molti mobili. Ma a loro era bastata.

Il passato con Alex stava diventando sempre più remoto. Nuove emozioni avevano preso il sopravvento su quella fase della sua esistenza che non era stata del tutto felice.

Quella notte aveva deciso che se ne sarebbe andata per sempre dalla Torre Blu.

In quattro e quattr'otto aveva organizzato il trasloco e messo in affitto l'appartamento. Silvia non voleva essere tentata dalla possibilità di tornare.

Christian aveva già iniziato a espletare le formalità, e si sarebbero sposati dopo poche settimane, in segreto. Nessuno di loro aveva voglia di fornire una qualche spiegazione alla famiglia. I figli di Christian avrebbero capito fra qualche anno. E a sua madre, che le aveva mentito per tutta la vita, lei non più aveva niente da dire.

Un brivido la percorse da capo a piedi: Silvia trovava molto romantica l'idea della coppia furtiva, quasi illegittima.

Gettò ancora un'occhiata al furgone, che sarebbe partito da un momento all'altro. Gli scatoloni che contenevano il suo breve passato erano ordinati su due file.

E pensare che aveva dovuto buttare via anche il computer. La polizia ci aveva trovato un programma spia. Qualcuno doveva avere letto tutte le sue mail. Alex aveva fatto bene a non farsi vivo. Ma come avevano fatto a entrare in casa sua?

Il portellone del furgone si chiuse con un *bang*. Era ora di staccare gli ormeggi.

La via era affollata. Silvia sollevò lo sguardo verso le cime dei grattacieli, su cui si rifletteva la luce. Rimase quasi abbagliata e chiuse gli occhi: stava per mettere la parola fine su alcuni anni della propria vita. Era stato un periodo turbolento, ma anche straordinario.

Poi fu colta da una sensazione sgradevole, che veniva dallo stomaco. Le sembrò di vedere girare la piazza, come una giostra. E di avere già vissuto quei momenti in passato. Deglutì e si portò una mano alla bocca.

Dopo qualche secondo fu tutto passato. La stavano già invitando a salire in macchina.

Era contenta che finisse così.

IV. OLTRE I CONFINI

1.

C'era un pensiero che tormentava Mariani: che gli interrogatori dei vicini di Sabahni non fossero stati esaminati con la dovuta scrupolosità.

La caserma era immersa nel silenzio. Mariani passò davanti al piantone di turno e si chiuse nella sua stanza. Era un pomeriggio di domenica, e lui non era obbligato a fare straordinari. Ma c'era quel fascicolo nella sua testa, che esigeva un esame approfondito. Lo mise davanti a sé e ne scrutò attentamente le pagine.

Forse c'era un dettaglio che gli era sfuggito. Che poteva aiutarlo a fare luce sulla morte di Nassim Sabahni.

Il legame della vittima con la famiglia Di Matteo non era casuale. Mariani ne era convinto, sin da quando avevano fatto quella scoperta su Interpol.

Sabahni era morto per arresto cardiaco, dopo essere stato legato alle mani e ai piedi, e percosso. Ciò significava che gli aggressori non volevano probabilmente la sua morte. Avevano soltanto cercato di estorcergli informazioni, che evidentemente erano molto importanti.

Ma quali informazioni poteva avere un anziano iraniano, a meno che non fosse un terrorista?

Forse gli aggressori credevano che l'iraniano fosse un elemento eversivo, anche se Mariani non aveva trovato alcun indizio a supporto di questa tesi. E gli investigatori si erano dati molto da fare, anche servendosi delle proprie fonti. Di attività terroristiche presenti o passate, da parte di Sabahni, non era stata trovata alcuna traccia.

Aveva già letto attentamente le testimonianze dei vicini. Tutti avevano detto che Sabahni era un uomo tranquillo, dedito al lavoro, alla lettura e alla preghiera.

Mariani sfogliò i resoconti degli agenti che avevano interrogato i vicini. E ce ne fu uno che attirò la sua attenzione: un rapporto di De Rossi, corredato dalla foto di Alessandro Di Matteo.

Il verbale riportava la dichiarazione di una dirimpettaia. La vicina aveva raccontato che Sabahni, forse un mese prima della sua morte, aveva ricevuto la visita di un giovane uomo che l'aveva impressionata, perché particolarmente bello.

Il rapporto, però, non finiva lì. De Rossi era persino tornato dalla donna, mostrandole la foto di Di Matteo. E la donna lo aveva riconosciuto subito.

Mariani si prese la testa fra le mani. Perché gli era toccato un collaboratore come De Rossi? Il maresciallo non riusciva a distinguere i dettagli importanti da quelli trascurabili. E non gli aveva mai parlato di quella deposizione. O forse si era offeso di non essere stato coinvolto nell'interrogatorio di Sirtori.

A lui quella testimonianza sembrava rivelatrice. Che cosa andava a fare il dipendente di un consorzio petrolifero da un suo vecchio domestico? La visita di per sé poteva anche essere plausibile. Nulla impediva a Di Matteo di interessarsi a una persona che lo aveva cresciuto, di andarlo a trovare e forse anche di portargli denaro o regali.

Era la tempistica a essere sospetta. Di Matteo aveva fatto quella visita in un momento in cui era dato per scomparso dai suoi amici più stretti, fidanzata e fratello disabile compresi. Praticamente si era fatto vivo soltanto con Sabahni.

Che il rapporto fra Sabahni e Di Matteo fosse stato fatale per l'iraniano? Forse gli aggressori lo avevano assalito proprio per questo.

Tramite Di Matteo avrebbero potuto risalire ai veri motivi dell'uccisione di Sabahni. Che probabilmente era stato aggredito da agenti stranieri, in barba alle leggi italiane e al diritto internazionale.

Il piano cominciava a delinearsi nella mente di Mariani: avrebbero usato Di Matteo per attirare i colpevoli in una trappola.

2.

Né Katia né Robert erano mai stati a Roma, per cui dedicarono le prime ore del loro breve soggiorno ad ammirare le attrazioni turistiche. Avevano il lunedì libero, perché la Festa della Riunificazione era sacrosanta, sia in banca sia in polizia.

Erano alloggiati in un residence all'Esquilino, non lontano dal Colosseo, che fu la loro prima meta. Avevano passato la bella giornata tiepida a visitare monumenti, come il Foro Romano, la Colonna Traiana, le Terme di Caracalla. Da Palazzo Farnese avevano raggiunto il Lungotevere, dove avevano passeggiato, abbracciandosi di tanto in tanto. Quella visita era una di quelle esperienze singolari, in grado di rendere più profondo il rapporto fra due persone.

A pranzo era stata Katia a ordinare, facendo aggrottare le sopracciglia al cameriere. Katia c'era abituata: *"hai la pelle troppo scura per parlare italiano senza accento"* doveva aver pensato il sempliciotto. Persino Robert si era incuriosito, e Katia era stata costretta a raccontargli alcuni particolari della propria infanzia. Erano cose di cui normalmente non parlava. Si vergognava di non avere un padre che le avesse dato un cognome.

La sera avevano appuntamento con un agente della polizia italiana. Katia scese con Robert nel giardino dell'albergo, dove volevano cenare all'aperto. Faceva caldo e il sole era appena tramontato. Per ingannare l'attesa, Katia e Robert ordinarono un aperitivo.

«Katia» gli chiese Robert, «non vorrei passare per maleducato. Ma quando mi rivolgo a lui, devo chiamarlo "Dottore"?»

Katia scoppiò a ridere. «Hai detto che è un carabiniere? No, devi usare il grado militare. Come si chiama?»

«Mariani. Tenente Antonio Mariani. Ha detto che lo riconosciamo dalla divisa.»

Katia sentì un rumore di ghiaia calpestata e vide Robert che sorrideva a qualcuno alle sue spalle. Si voltò e vide un uomo in uniforme. Simpatico: con quel cappello sugli occhi e la barba sulle guance, ricordava il mitico capitano dell'*U-Boot*. Avrà avuto dieci anni più di loro. Gli occhi vivaci del tenente guizzarono da un punto all'altro del giardino, poi Robert alzò un braccio e l'uomo lanciò loro un sorriso.

Mariani si presentò in inglese, stringendo la mano prima a lei e poi Robert.

Alla presentazione Robert rispose con un «*Kriminalhauptkommissar* Robert Bender», non immaginando che quel termine, alle orecchie di Mariani, suonava impronunciabile.

Fortunatamente nessuno si mise sull'attenti. Dopo pochi minuti Katia sedeva rilassata, con le braccia abbandonate sui braccioli della poltroncina.

Mariani si rivolse a lei con modi affabili. Aveva occhi di un nero liquido.

«Conosce Roma?»

Katia annuì, anche se lei di Roma conosceva soltanto alberghi e aeroporti.

«Per me invece è la prima volta. Confesso che ho sempre sognato visitare la città eterna» disse Robert.

«Ho l'impressione che d'ora in poi ci vedremo spesso» rispose Mariani. Katia notò che, quando parlava con Robert, il tenente cambiava l'impostazione della voce. Con lui era scherzoso, mentre con lei cercava di tirare fuori una vena di gentleman.

Si fecero portare pasta al ragù e poi, su consiglio dello chef, una grigliata di pesce.

«Buono?» chiese Mariani a Robert, che aveva addentato le pietanze con l'entusiasmo del goloso.

Robert si pulì la bocca con un tovagliolo. «Dalle nostre parti siamo pieni di ristoranti italiani.» Poi aggiunse, con un'aria trasognata: «Il mio preferito è a Colonia.»

Dopo che ebbero ordinato il dessert, il commissario posò sul tavolo un incartamento.

«Se non sbaglio, volevamo parlare di questo.»

Mariani portò lo sguardo prima sul fascicolo, poi su di lei, infine su Robert. I suoi occhi si muovevano vivaci, come se stesse rimuginando.

«È il fascicolo della polizia francese, quello sullo morte di Moulin?»

«La morte di Moulin è molto strana. Secondo me non è stato un incidente» rispose Robert, che aveva aperto le pagine e puntava il dito sulla foto della vettura accartocciata.

Mariani prese in mano il fascicolo e lo esaminò a lungo.

Nel frattempo, Robert riempì i loro bicchieri di quel vino bianco frizzante con cui avevano accompagnato il pesce. Davvero buono.

«Non si può escludere che l'automobile sia stata manomessa. È un aspetto che non è stato indagato» osservò Mariani.

«Può essere anche andato a cena con qualcuno che gli ha fatto ingerire una droga» intervenne Katia.

Robert scosse la testa. «Comunque sia andata, Alex si è sentito in pericolo quando ha saputo della morte di Moulin.»

«Vuoi dire che Di Matteo è fuggito da Francoforte, perché aveva paura di fare la stessa fine?»

«È fuggito lasciandosi tutto alle spalle. Ma c'è una persona a cui Alex ha pensato fino all'ultimo: suo fratello Fabrizio. È l'unico di noi a non essere autosufficiente» constatò Katia, non senza una punta di rammarico. «E se Alex dovesse rifarsi vivo, lo farebbe con Fabrizio.»

«Allora non ci resta che armarsi di pazienza e aspettare» rispose Robert. «Al massimo sorvegliare il telefono o il computer di Fabrizio, a patto che il giudice vi dia l'autorizzazione.»

Qui Mariani mise su un sorriso sornione, che voleva dire "niente problemi".

Katia spinse il busto in avanti. «A proposito, io sono venuta fin qui per fare la conoscenza di Fabrizio.»

«Fabrizio Di Matteo ci attende per domani. Abbiamo già pensato a tutto» rispose Mariani. «Darà una festa per i bambini dell'asilo, così noi potremo confonderci fra gli invitati.»

Katia annuì. Credeva di capire perché il tenente volesse essere cauto. Ma se avevano qualcuno alle calcagna, nascondersi fra i bambini non sarebbe servito a niente.

I due investigatori continuarono a fare congetture, esaminando gli elementi a loro disposizione, fino a tarda sera.

Robert non poté fare a meno di ordinarsi la sua vodka. E anche lei e Mariani finirono la serata in grappa. *In vino veritas.*

Il giorno dopo, il taxi li portò fino a un muro di cinta. Quando ebbe attraversato il portone, Katia fu assalita da un odore di fiori, e dalle voci che si spandevano nel giardino. A un centinaio di metri vide un tavolo con rinfreschi, al quale si affollavano adulti e bambini. Era stato allestito davanti a una casa a due piani, a cui conduceva il selciato su cui aveva appena messo piede. Il prato a sinistra era punteggiato da alberi dal tronco sottile.

Guardando quella scena, Katia stava iniziando a capire la vita di Alex: era stato un ragazzo benestante, che non era cresciuto in un grigio appartamento di città come lei, ma in una dimora circondata dal verde. La Grande Bellezza.

Rimase a osservare il giardino, come in uno stato di trance. Poi udì la voce di Robert che li chiamava. Si era messo a scattare alcune foto. Anzi sembrava impegnato in un vero e proprio sopralluogo degli esterni della casa.

Il tenente invece era rimasto accanto a lei. Si diressero entrambi verso l'ingresso.

«Se c'è un posto dove Alex potrebbe tornare, credo che sia proprio qui» disse Katia, rivolta al tenente.

Mariani aveva messo le mani dietro la schiena e sembrava assorto. «Sono stato io a dire a Fabrizio che suo fratello è vivo» rispose. «Gli ho fatto anche vedere la foto.»

«E io, come devo comportarmi con Fabrizio?»

«Gli dica la verità. Ho l'impressione che abbia un sesto senso per le menzogne» disse Mariani, con quella faccia di cui Katia ormai si fidava.

Dalla casa uscì una donna dalla carnagione olivastra, che si diresse verso di loro con le mani alzate e un sorriso a tutto campo.

La donna salutò lei per prima. «Bienvenida. Mi nombre è Rosa.»

Si trattava di una domestica, che li condusse dal fratello di Alex. Diversamente da quanto si aspettavano, Fabrizio non era né in giardino né in soggiorno, ma giaceva a letto.

Rosa aveva detto che Fabrizio accusava malori non definiti da qualche giorno, e preferiva il letto alla sedia a rotelle.

Katia entrò nella stanza, dalla cui finestra spalancata si potevano quasi toccare gli alberi del giardino. Quando vide l'uomo a letto, sentì stringersi il cuore.

Era questo il fratello di cui Alex non aveva parlato a nessuno, ma con cui aveva condiviso i primi anni della sua vita. Doveva avere soltanto qualche anno più di lui. Katia fu sopraffatta da un senso di tristezza: aveva letto da qualche parte che le persone affette da quella sindrome non avevano in genere una vita lunga.

Nonostante le deformità e i movimenti sgraziati, l'uomo non le risultò sgradevole. Al contrario, mentre si abituava alla sua vista, cominciò a esserle simpatico. Superando le difficoltà motorie, fu lui a rivolgerle la parola per primo:

«Eri la... fidanzata di Alessandro?»

«No» rispose Katia, abbassando gli occhi. «Alessandro aveva molte fidanzate. Però gli volevo bene lo stesso» aggiunse rendendosi conto che il disabile la costringeva a essere sincera. «Eravamo vicini di casa. Un giorno è sparito senza darci più notizie. Ma non sapevamo molte cose di lui. Non sapevamo nemmeno che avesse un fratello.»

«Forse si è dimenticato di noi» commentò Fabrizio, mentre la testa si torceva in un movimento brusco.

«Ma non stai bene, Fabrizio?» gli domandò Katia, avvicinandosi.

Anche Mariani e Robert apparivano preoccupati, e chiesero alla domestica se era già stato consultato un medico.

«Non preoccupatevi per me...» balbettò Fabrizio, lasciando andare la testa sul cuscino. «Mio fratello. Vorrei soltanto rivederlo.»

3.

Quando vide i colleghi aspettarla sulla soglia dell'ufficio, con una bottiglia di spumante in mano, Silvia corse verso di loro, commossa. Era già autunno, il suo viaggio di nozze era finito e lei riprendeva servizio alla Banca Centrale Europea.

«Auguri alla sposa!» esclamò Claudia Martelli, vestita all'ultima moda, e tutti alzarono i calici.

Silvia non beveva mai di mattina, ma fece un'eccezione. Si fece riempire il bicchiere e si sentì frizzante, come le bollicine.

Luís García, con il suo solito maglione pesante, le porse un pacco colorato.

«Questo da parte nostra e della direzione.»

Silvia guardò il regalo voluminoso, lo prese fra le mani e balbettò: «Grazie, siete molto gentili.» Non credeva che sarebbe stata accolta con tanto calore.

«Immagino che presto sarai in maternità» disse Amélie Dupont, avvolta da una scia di profumo.

Silvia ebbe la pelle d'oca, solo a quel pensiero: era fuori di sé dalla gioia.

Continuò a dire grazie e a sorseggiare lo spumante, finché i colleghi, uno dopo l'altro, tornarono al lavoro.

Quando Silvia si sedette alla scrivania, aprì il pacco: conteneva un'elegante borsa da ufficio marrone, un'agendina coordinata e un set di biglietti da visita. C'era anche il nuovo segnanome che avrebbe dovuto appuntarsi sul vestito.

SILVIA WILSON-BERGER

Rimase a guardarlo, come rapita.

La sua nuova vita era iniziata.

Lei e Christian avevano celebrato il matrimonio in segreto, invitando soltanto Katia e Tom. Silvia era stata felice di non dover dare spiegazioni alla madre e ai suoi parenti snob. Per essere una vera famiglia, non bastavano i legami di sangue. A dire il vero, non erano nemmeno necessari.

Era stato facile affittare l'appartamento alla Torre Blu. Contrariamente ai consigli dall'agenzia immobiliare, non aveva preso come inquilino il solito bancario, ma si era decisa per un funzionario statale: un certo Rickert, recentemente assunto presso la commissione nazionale di vigilanza delle banche e dei mercati finanziari. Dopo la firma del contratto, Silvia lo aveva invitato a prendere un caffè al Blue, per mostrargli il locale e suggerirgli di passarci le sue serate da scapolo. Forse Silvia aveva scelto quell'inquilino perché Rickert sembrava essere un idealista: con il suo curriculum universitario, avrebbe guadagnato di più facendosi assumere da una banca; invece aveva preferito mettersi dalla parte dei supervisori.

Silvia accese il computer e presto comparve la schermata con gli incarichi assegnati. La direzione era clemente: entro il fine settimana avrebbe dovuto soltanto tradurre quindici pagine dal francese.

Forse per via della lunga esperienza, che le consentiva di sbrigare il lavoro in tempi rapidi, la sua occupazione non era faticosa e le lasciava persino tempo di occuparsi di ciò che accadeva nel mondo. Silvia si era sempre interessata di politica. E da qualche tempo aveva iniziato a leggere fra le righe dei documenti che le capitava di tradurre, e a valutarne l'importanza in un'ottica più vasta di quella di una semplice impiegata. Silvia lavorava volentieri alla BCE. Quando ne oltrepassava la soglia, sovrastata dalla scultura blu e gialla dell'euro, aveva la sensazione di entrare in un mondo più grande di lei.

Lei aveva sempre creduto che dall'unione monetaria sarebbe sorta l'unione politica dell'Europa, a cui sperava di poter assistere prima di morire. Era però convinta che l'unione politica non si sarebbe realizzata senza una grossa crisi. In fondo anche i regimi democratici in Europa si erano instaurati soltanto dopo una tragedia come la seconda guerra mondiale.

Per questo, sperare nell'unione politica equivaleva a tenere conto della possibilità che una crisi spazzasse via per alcuni anni il loro benessere e le loro certezze; ma la perdita del benessere non era una cosa che Silvia temesse più di tanto.

Era una convinta europeista, anche se, a differenza di molti suoi colleghi, non aveva genitori che l'avessero educata a quei principi. Forse erano stati gli studi in Francia a conferirle una mentalità di cittadina europea. O il fatto di essere stata a lungo legata a un italiano.

Silvia diede un'occhiata al documento da tradurre: il solito linguaggio burocratico, che era abituata a decriptare al volo. Ci avrebbe messo una giornata al massimo. Sfogliandone le pagine, si accorse che il documento conteneva una nota. La nota faceva riferimento a un memorandum dal titolo *"L'euro come moneta di scambio del petrolio: prospettive e sviluppi"*.

Era un documento che Silvia voleva leggere da tempo. Non ci era mai riuscita, perché era protetto da password.

Con un movimento frenetico, tornò alla schermata dell'incarico. Non credette ai propri occhi: vi era indicata la password di accesso al memorandum.

Silvia guardò l'orologio. Quel giorno avrebbe potuto rimanere in ufficio più a lungo del solito.

Christian era già a bordo di un aereo. Si sarebbe assentato per una settimana, a causa del solito congresso.

Silvia inserì la password, e il memorandum comparve come per magia sul suo monitor. Era redatto in francese e riportava il contenuto di consultazioni da parte di altissimi funzionari dei principali governi dell'eurozona.

Si immerse nella lettura, con un interesse forse inconsapevole. Dovette consultare altri testi, per comprenderlo fino in fondo.

Dopo qualche ora, ritenne di avere le idee chiare.

Dal memorandum si evinceva che i governi dell'Eurogruppo, sapendo di essere fra i maggiori acquirenti di petrolio, stavano cercando da anni di convincere i paesi produttori a vendere loro questa materia prima in cambio di euro e non di dollari.

Questi tentativi erano riusciti solo in parte, perché una buona parte dei paesi produttori, riuniti nell'OPEC, volevano mantenere il dollaro come valuta di scambio del petrolio. Soprattutto l'Arabia Saudita sembrava legata da un patto di ferro agli Stati Uniti.

Ma l'Europa aveva proseguito con un'intensa attività diplomatica, condotta dietro le quinte, che aveva prodotto certi risultati. Nel novembre 2000, l'Iraq di Saddam Hussein aveva accettato di vendere il petrolio in euro. Soltanto l'invasione americana aveva riconvertito lo scambio di petrolio iracheno in dollari.

Gli stati che sembravano più propensi ad adottare l'euro come moneta di scambio erano il Venezuela e l'Iran. L'Iran aveva addirittura annunciato di volere aprire una piazza borsistica dove il petrolio sarebbe stato scambiato in euro.

Ma perché era così importante la valuta in cui era scambiato il petrolio?

La questione poteva sembrare banale, ma era decisiva, se si considerava che le moderne valute degli stati industrializzati, prime fra tutti il dollaro, non avevano valore intrinseco.

La possibilità di usare una determinata valuta per acquistare petrolio conferiva a quella valuta un valore sostanziale. Se prima del 1970 le principali valute erano sostenute dalla parità aurea (cioè dalla possibilità di essere scambiate con l'oro), al giorno d'oggi l'unica parità ancora esistente era la parità petrolifera. Di cui godeva soltanto il dollaro americano.

Se fossero riusciti ad affermare l'euro come valuta di scambio del petrolio, gli stati dell'eurozona avrebbero distrutto la parità petrolifera del dollaro, minacciando la stabilità finanziaria degli Stati Uniti.

Fintantoché il dollaro rimaneva l'unica valuta con cui era possibile acquistare il petrolio, questa valuta non avrebbe mai perso valore. Il mondo intero, spinto dalla necessità di acquistare l'oro nero, avrebbe continuato ad alimentare la domanda di un bene, il dollaro, che gli Stati Uniti potevano produrre in quantità illimitata, al prezzo della carta stampata.

Se invece i paesi produttori avessero cominciato ad accettare altre valute in cambio del petrolio, il valore del dollaro avrebbe rischiato di collassare. E gli Stati Uniti non avrebbero più potuto finanziare il loro immenso debito pubblico.

Quel documento evidenziava che l'Europa e gli Stati Uniti avevano interessi conflittuali, che avrebbero anche potuto sfociare in una guerra.

Silvia rimase con gli occhi puntati sul memorandum. Ecco il motivo delle guerre di aggressione, che i loro governanti spacciavano per crociate a favore della democrazia. Erano cose che la gente comune aveva il diritto di sapere.

Non era abilitata a inviare il memorandum per via elettronica, ma si accorse che poteva stamparlo. Ne fece due copie e se le mise in borsa.

Lei conosceva un giornalista. Lo conosceva fin troppo bene, purtroppo.

Quando fu in macchina, aveva già deciso. La verità era un bene più prezioso della fedeltà a un'istituzione. E per quanto riguardava il suo orgoglio, lo avrebbe messo a tacere come si fa con i bambini impertinenti. Al mondo c'erano cose più importanti delle sue beghe private.

Invece di dirigere l'automobile fuori città, prese la strada che conduceva alla Torre Blu. Per fortuna aveva ancora le chiavi del garage.

Prese l'ascensore fino al quindicesimo piano: dove abitava Tom.

Si fece forza e suonò il campanello. Se era insieme a una delle sue donnine, gli avrebbe consegnato il documento e si sarebbe dileguata.

Tom aprì la porta subito. Ebbe prima un moto di stupore, poi esplose in un sorriso.

«Silvia, che bella sorpresa.»

4.

Katia guardò fuori dal finestrino, mentre l'aereo che li avrebbe riportati a Francoforte stava prendendo quota. Robert era seduto vicino a lei, con un giornale aperto alla pagina sportiva.

Il fratello di Alex è anche mio fratello.

Da quando aveva conosciuto Fabrizio, quel pensiero l'aveva sorpresa più volte. Affiorava alla coscienza e ci rimaneva.

Non sapeva che cosa provasse per Alex, ma Katia avrebbe fatto di tutto per rivederlo. La speranza era tornata, dopo che Christian l'aveva visto vivo. E poi Alex doveva rivelarle quel segreto che riguardava anche lei.

Katia aveva trascorso l'ultima giornata di quella gita da sola, visto che Robert voleva incontrarsi con Mariani e gli altri investigatori italiani. Non le era dispiaciuto avere quel giorno di libertà, di cui aveva approfittato per fare un giro in centro. Aveva noleggiato una Vespa, come nel film *Vacanze Romane,* e non aveva mancato di fare un salto a Piazza San Pietro e alla Fontana di Trevi.

Subito dopo lo sbarco Katia accese il cellulare, che iniziò a vibrare, lampeggiare ed emettere segnali acustici. Era Kobler, che cercava di raggiungerla da almeno un'ora, con lo stesso messaggio:

«Sbrigati. Siamo nei guai.»

Anche Robert era già chino sul telefono, e si separarono in fretta.

Durante la corsa in taxi, Katia si chiese che cosa potesse essere accaduto. Lei aveva aspettato la chiusura per prendersi quella vacanza, dopo che i nuovi bond erano stati tutti piazzati. Aveva partecipato al brindisi offerto dalla direzione e poi si era dileguata, con la scusa che doveva alzarsi presto.

Kobler la ricevette subito. Il capo era in maniche di camicia e aveva i capelli appiccicati. Faceva anche strani movimenti con le narici.

«Si può sapere che cosa è successo?» chiese Katia, con gli occhi puntati sulle carte sparpagliate sulla scrivania.

Kobler girò il monitor verso di lei, mostrandole una curva in discesa. «Qualcuno sta speculando in grande stile contro i nostri bond.»

Adesso la curva era in picchiata. Katia deglutì. Aveva sempre saputo che quel giorno sarebbe arrivato.

«Che istruzioni abbiamo?»

«Tranquillizzare i clienti, affermare che si tratta di sbalzi temporanei e che il loro investimento è sicuro.»

«Sappiamo benissimo che non è vero.»

Kobler annuì e rimase in silenzio. Si mise a riordinare le sue carte, poi si alzò con uno scatto secco. «Katia, chiuditi in ufficio e telefona ai tuoi clienti. Il mercato siamo noi.»

Quando fu sola nella sua stanza, Katia fu presa dal panico. Se fosse stata licenziata, avrebbe dovuto rinunciare al suo tenore di vita. E fare un lavoro normale, in cui sarebbe stata esposta all'ordinaria discriminazione. Fare l'investment banker era stato come salire su un'astronave. Che adesso stava per sfracellarsi a terra.

Si mise alla scrivania e impugnò il telefono. Avrebbe seguito le istruzioni di Kobler alla lettera.

Il primo cliente che chiamò fu Marc Spencer. Inutile dire che anche lui era di cattivo umore.

«Katia, ho l'impressione che ci avete rifilato titoli sopravvalutati, tu e la tua banca.»

«Che cosa dici, Marc. Sei tu che hai voluto la tranche più rischiosa. Comunque i titoli sono liquidi. Puoi rivenderli.»

«Presto non vorrà comprarli nessuno. Ho assistito a Londra alla conferenza di un tipo che lavora per la Global Bank.»

«La Global vende titoli del tutto simili ai nostri» ribatté Katia. Ma già sapeva di chi Marc stesse parlando. La voce era arrivata fino a lei.

«Il tipo sostiene che il mercato immobiliare americano finora si è retto sui bassi interessi. Ma che gli interessi dei mutui ipotecari sono variabili. Che basterà un lieve aumento per far fallire molti mutui. E che ciò porterà ad azzerare il valore dei bond ipotecari.»

Katia aveva studiato matematica e sapeva che Marc aveva ragione. Quello che la gente non capiva era l'effetto esponenziale dovuto alla piccola variazione di un parametro.

Marc non fu il solo a lamentarsi. Quel giorno Katia dovette affrontare clienti insoddisfatti dell'andamento dei loro investimenti. Sapeva che i loro dubbi erano fondati, e questa opinione era ormai condivisa da molti altri venditori, e da Kobler stesso. Ma continuavano a fare buon viso a cattiva sorte, secondo le istruzioni tassative che erano state loro impartite dall'alto.

Fra una telefonata e l'altra, ricevette un messaggio di Laura. Non aveva avuto ancora tempo di salutarla e se ne pentì. Le stava per rispondere, ma fu distratta dall'ennesima chiamata di un cliente inferocito.

Durante la pausa pranzo, in cui rimase confinata in ufficio, sentì bussare alla porta. Era Laura, che teneva in mano un vassoio con due latti macchiati. L'amica era in forma smagliante: abbronzata, capelli raccolti a chignon, abito squadrato color pastello. E una nota di *Dune*.

«Come stai?» le chiese l'amica, sorridendo. «E com'è andata a Roma?»

Katia sospirò. Le dispiaceva per Laura, ma quello per lei non era il momento delle chiacchiere.

«Laura, scusa, ma qui ci sta cascando il mondo addosso.»

«Non saranno tutte invenzioni dei giornali?»

Bullshit. Balle messe in giro dalla direzione, che gli impiegati ripetevano come pappagalli.

Un nuovo squillo la chiamava.

Katia scosse la testa e afferrò la cornetta. Al che Laura prelevò il suo latte macchiato e batté in ritirata. Ma giunta sulla soglia, si voltò verso di lei. Aveva già spalancato gli occhi e aperto la bocca, per dire qualcosa, ma si trattenne. Dopo un attimo era già scomparsa.

Quando il telefono tacque, Katia ripensò all'espressione dipinta sul volto dell'amica.

Sembrava che avesse voluto comunicarle qualcosa di importante. Ma Katia non riusciva a immaginarsi che cosa.

Forse la segretaria di Kobler voleva confidarle problemi personali. Laura aveva già accennato al fatto, peraltro dato da tutti per scontato, che aveva una relazione con il capo. Non era mai scesa in dettaglio e Katia non si era mostrata curiosa. Non voleva sapere se si trattasse di una frequentazione saltuaria, di un rapporto puramente sessuale oppure di una qualche forma di amore: il ventaglio delle possibilità era ampio.

Laura era una vera amica, che Katia non voleva perdere. Se aveva bisogno di sfogarsi, lei sarebbe stata a sentirla.

Così quando, nel tardo pomeriggio, riuscì a lasciare l'ufficio, si avvicinò al banco di Laura. Le altre segretarie se ne erano già andate. Ma l'amica era ancora lì, come se l'avesse aspettata.

«Se vuoi fare quattro chiacchiere, possiamo andare a bere qualcosa al Medlow.»

«Buona idea. Devo parlarti» rispose Laura, che sembrava ansiosa di togliersi un peso.

Il Medlow era un locale che anche i loro colleghi frequentavano. Ma le due donne non videro volti noti e decisero di sedersi a un tavolo appartato.

Nonostante le fatiche della giornata, Laura era quasi più bella di quando l'aveva conosciuta. A Katia piaceva guardarla, e non era sicura che si trattasse soltanto di invidia.

Quando andavano a pranzo o a cena insieme, di solito la conversazione aveva per oggetto il lavoro, il passato oppure, quando capitava che si instaurasse un certa confidenza, i loro amori. Katia aveva confidato a Laura i dettagli di alcune sue relazioni, per cui quest'ultima sapeva tutto di Alex, di Tom e persino di Dennis. Tuttavia la confidenza non aveva mai spinto Laura a parlarle del motivo per cui era stata costretta ad abbandonare il suo precedente posto di lavoro.

Katia decise di parlare per prima. «Come va con Jan?» domandò. Era sicuramente il tema di cui Laura voleva parlare.

L'altra appoggiò il mento sopra le mani giunte e sorrise. «Per ora sono felice. Sei stata tu a consigliarmi di buttarmi in questa storia. Abbiamo passato anche una vacanza insieme.» Poi voltò la testa, come per evitare di guardarla. «Ma non è di questo che volevo parlarti.»

Katia fu incuriosita da quelle parole. La sua aria interrogativa non sfuggì a Laura, che si affrettò a proseguire: «Domenica sera siamo stati a cena al Jacky O'.»

«Accidenti. Se ti porta in un locale così, significa che vuole farsi vedere con te. Comunque immagino che non sia stata quella la parte migliore della serata...»

Laura non aveva evidentemente voglia di scherzare, perché prima di rispondere mise le mani sui bordi del tavolo, raddrizzò la schiena e arretrò sulla sedia. «Katia, non sono qui per parlare di Jan» disse poi, con voce composta. «Mentre stavamo entrando nella sala ristorante, abbiamo visto due persone che si baciavano.»

«E chi erano?» domandò Katia, pensando che la sua amica fosse in vena di *gossip*.

Furono interrotte dal cameriere, che veniva a prendere le ordinazioni. Katia si fece portare un Aperol Spritz, e Laura un Cosmopolitan.

Laura aspettò che il cameriere fosse a debita distanza, dopodiché scandì le parole, come per deglutirle: «Erano tua sorella Silvia e Berger.»

Katia si piegò in due. Come se qualcuno le avesse dato un pugno nello stomaco.

Laura non conosceva Christian. Per "Berger" intendeva sicuramente Tom. A differenza di Tom, che era un giornalista famoso, Christian era conosciuto soltanto in ospedale e nell'ambiente delle missioni umanitarie. Ambienti che Laura non frequentava. E poi l'amica era al corrente di tutti gli sviluppi della loro relazione. Si ricordava di averle detto una volta: «Tom è il mio dio.»

Katia strinse i pugni. I suoi occhi galleggiavano nel vuoto. I pensieri più diversi affiorarono, come catapultati dai circuiti cerebrali. Riuscì a prendere la parola soltanto dopo un silenzio che nemmeno Laura si sentì di violare.

«C'è una cosa che forse non sai» riuscì a dire, con un filo di voce. «Silvia è sposata con il fratello gemello di Tom Berger. Sei sicura di aver visto proprio Tom?»

«Sono sicura, perché Berger si è subito staccato da lei, appena ci ha visti. Ha riconosciuto Jan, e sembrava imbarazzato.»

Laura aveva ragione. Soltanto Tom conosceva Kobler. Anche se la foto del capo era apparsa sui giornali, non era possibile che Christian sapesse chi fosse o dovesse vergognarsi di fronte a lui.

«Forse ha riconosciuto anche te. Si ricorda certamente della nostra cena, dopo l'intervista.»

«Si vedeva da lontano che era imbarazzato. Anche se Jan ha fatto finta di niente.»

Katia si credeva immune alle infedeltà degli uomini. Ma venire a sapere che Tom sbaciucchiava sua sorella era troppo. Non poté impedire l'affiorare di complessi di inferiorità da cui aveva creduto di essere immune. Forse Tom non le portava rispetto a causa della sua pelle nera.

Silvia era una gatta morta. All'apparenza votata al grande amore, era incline a cedere alle debolezze della carne. Proprio lei, che proclamava di essere pazzamente innamorata di Christian.

Ripensandoci, Silvia aveva troppa confidenza con Tom. Katia aveva anche creduto che lo facesse apposta, per provocare la sua gelosia. In fondo sarebbe stata plausibile una forma d'invidia, da parte di Silvia, nei suoi confronti: semplicemente perché Katia aveva un lavoro che le permetteva di essere davvero indipendente. La sua non era l'indipendenza relativa delle mogli e compagne che percepiscono un proprio reddito, ma non potrebbero mai mantenere lo stesso tenore di vita senza il sostegno di uomo ricco. Era un'indipendenza assoluta. Invece Silvia, senza il suo chirurgo, avrebbe dovuto rinunciare a qualche lusso extra.

Forse Laura aveva esagerato: Tom e Silvia si stavano probabilmente baciando in modo tenero, da amici.

Ma era anche vero che Silvia aveva cominciato a cambiare, subito dopo la scomparsa di Alex. Quelli che non se ne erano accorti erano ciechi. A Katia non era sfuggito che sua sorella aveva iniziato a civettare con gli sconosciuti.

Però dopo aver incontrato Christian, Silvia avrebbe dovuto tornare a essere la gentile fanciulla che, nell'immaginario di Katia, era sempre stata. Ma evidentemente lei si sbagliava: Silvia era come le altre.

«Ma in che modo si baciavano?» chiese, alla fine. Forse l'episodio era meno grave di quanto sembrasse. «Forse erano solo baci teneri, come quelli che ci si scambiano fra amici...»

A questo punto Laura, dopo essersi guardata intorno, per assicurarsi che non venissero viste, cinse le spalle di Katia e avvicinò la bocca a quella di lei.

«Era Berger che la baciava, esattamente in questo modo» proseguì Laura, assestando qualche bacio tenero sul viso e le labbra di Katia, «ma sono sicura che stavano per baciarsi in bocca.»

E anche Katia si lasciò baciare. In fondo era quello che desiderava.

«Quando ci si bacia in questo modo, dopo si va a fare l'amore» disse Laura, guardando Katia con insistenza.

La serata stava prendendo una piega inaspettata. Dopo tutto, Laura era almeno riuscita a dirottarla verso altri pensieri. Forse voleva soltanto consolarla.

Dopo averci pensato un po', Katia prese una decisione, che considerò irrevocabile, almeno per il momento:

«Laura, sei molto bella e mi piaci. Ma non sono sicura che la cosa faccia per me. Siamo entrambe legate a un uomo. Nel mio caso, forse gli uomini che amo sono addirittura due.»

«Alla faccia degli uomini.»

«Non sono mai stata con una donna» disse Katia, allargando le braccia. «E tu?»

«Io sono cresciuta in mezzo alle donne. I miei genitori mi hanno fatto frequentare un collegio femminile. Ma di recente ho avuto una brutta esperienza. È per questo che mi sono licenziata dalla EBS.»

«Ti ricordi che sono stata io ad assumerti? Quando ho letto il tuo curriculum, ho capito subito che avevi lasciato la EBS a causa di molestie sessuali. Ma ho sempre preferito non chiederti chi fosse il molestatore, per non aprire vecchie ferite.»

«Allora avrai anche letto che ero la segretaria personale di Christine Bandelle. È stata lei.» Laura aveva abbassato gli occhi. Quando li rialzò, erano rossi di lacrime. «È stato molto umiliante. L'ho riferito a pochissime persone, ma nessuno mi ha creduta.»

Christine Bandelle era una donna potente. Una delle poche che erano riuscite a entrare nel consiglio di amministrazione di una grossa banca di affari. Laura aveva subìto la legge del più forte.

Tornata a casa, Katia riuscì ad addormentarsi soltanto dopo qualche ora. Quella sera aveva ricevuto un numero di informazioni decisamente superiore a quello che il suo cervello era in grado di elaborare.

Al suo risveglio, fu abbastanza lucida da prendere due decisioni: per quanto riguardava Tom, lo avrebbe affrontato faccia a faccia, chiedendogli se volesse un legame serio. Non sapeva ancora quali parole avrebbe usato, ma il senso di quello che voleva dirgli era chiaro.

Per quanto riguardava la vicenda di Laura, le era venuto in mente un piano su come entrare in possesso delle prove che potevano inchiodare Christine Bandelle. In fondo conosceva una donna che era in grado di atterrare un uomo con la sola forza fisica.

Una cosa che Laura non sapeva era che il posto alla Lindman Bruck era stato assegnato a Jan Kobler dopo una cernita fra alcune candidature, fra le quali c'era anche la Bandelle. Anche se l'episodio con Laura era avvenuto prima dell'insorgere di questa rivalità, si trattava di una strana ironia della sorte.

Katia aveva suggerito a Laura di denunciarla per violenza carnale. Ma Laura non se la sentiva: aveva omesso di far documentare da un medico le tracce dell'aggressione, e ciò che rimaneva era soltanto la sua deposizione. Le avrebbero opposto che era consenziente, visto che si era recata a casa di Christine di propria volontà.

Laura le aveva raccontato che cosa era successo, e i dettagli del racconto l'avevano sconcertata. Christine aveva voluto umiliare Laura, e non soltanto fare sesso.

Il piano di Katia prevedeva il coinvolgimento di Nicole. Ma era pericoloso parlare della faccenda in un locale, dove la possibilità che qualcuno udisse qualche nome o qualche particolare di quella storia, in fondo piccante, le faceva venire i brividi. Pregò Laura di non dire niente a Jan. Nonostante la flemma diplomatica, che non gli permetteva di parlare male di Christine, il capo probabilmente non vedeva l'ora di vedere annientata la sua rivale e avrebbe potuto fare qualche passo sbagliato.

Nicole arrivò puntuale. Indossava un tailleur elegante e tacchi alti, che le facevano raggiungere il metro e novanta. Si guardò intorno, compiaciuta.

«Accidenti, che bella casa» le disse, gentile. «Che cosa può fare una rappresentante dello Stato per una capitalista come te?»

Katia sperò che il lusso non mettesse Nicole a disagio.

«Ti presento la mia collega Laura Fischer» le rispose. «È lei che ha bisogno del tuo aiuto.»

«Io sono una semplice segretaria» aggiunse Laura, mentre provvedeva a far scomparire il blazer firmato.

Si sedettero in soggiorno. Dopo che Katia ebbe portato gli aperitivi, prese lei la parola. Non era sicura che Laura sarebbe riuscita a parlare dell'accaduto.

«Laura è stata vittima di un episodio di stupro, in passato.»

«Quando?» chiese Nicole a Laura, con una voce che era salita di un'ottava. «Hai già compiuto trent'anni?»

L'agente si stava preoccupando della prescrizione. Ma la storia che stavano per raccontarle era recente.

«Ho trentadue anni. E la cosa è avvenuta tre anni fa» rispose Laura, tirando fuori la voce a stento.

«Hai fatto denuncia?» insisté Nicole.

«Non è così facile» intervenne Katia. «La persona coinvolta in questa storia è molto potente.»

«Un qualche esponente della nostra aristocrazia finanziaria?»

«Si tratta di Christine Bandelle. Attualmente nel consiglio di amministrazione della EBS.»

Nicole inarcò le sopracciglia. Poi scosse la testa. La polizia federale doveva essere abituata a tutte le varianti del crimine.

Katia continuò: «Laura, adesso tocca a te. Racconta per filo e per segno che cosa ti è successo.»

Laura si prese la testa fra le mani e comincio a singhiozzare.

«Ha usato uno... uno strumento...» balbettò, «mi ha fatto molto male.»

Non riuscirono a farle dire molto altro Quando Laura ebbe finito, Katia si accorse che Nicole era diventata pallida, ma teneva i pugni chiusi. Era stata l'ultima parte del racconto quella più inquietante, che rivelava una violenza emersa all'improvviso, come un istinto sadico.

«Perché non hai sporto subito denuncia? Il reato si prescrive dopo trent'anni, a partire dal trentesimo anno di età della vittima» disse Nicole, che fremeva di indignazione. «Ma le prove devono essere rilevate in fretta.»

«Christine Bandelle è una donna influente. Avrebbero creduto a lei. E io non avrei più trovato lavoro.»

«Laura, è vero che ti ha scattato delle foto?» intervenne Katia.

«Sì, mi ha ripreso con una fotocamera mentre ero supina, con le gambe divaricate e i polsi legati dietro la schiena. Mi ha anche detto cose umilianti, prima di iniziare.»

«Qualsiasi difensore affermerebbe che eri consenziente» disse Nicole, alla quale Katia lanciò un'occhiata di disappunto.

«Quando ho visto lo strumento, ho detto più volte "non voglio", "non voglio, così", "no". L'ho anche gridato. Ma non è servito a niente. Mi ha seviziata.»

Laura continuava a tenersi la testa fra le mani. La sua voce si era ridotta a un rantolo.

«Nicole» aggiunse Katia, con tono implorante. «Ci siamo rivolte a te perché pensiamo che Christine abbia ancora quelle foto.»

Nicole si era messa gli occhiali, e adesso la guardava attraverso le lenti di una montatura alla moda. Ma a Katia non sfuggì il guizzo che le passò negli occhi.

«Che cosa ti fa pensare che non le abbia distrutte?»

«Ai sadici piace rivedere le situazioni che li hanno eccitati. È probabile che Christine conservi le foto nel suo pc, o addirittura sul cellulare» disse Katia. «Forse possiamo incaricare qualcuno che ha voglia di farle una visita...»

Nicole inclinò la testa e la appoggiò su una mano. «Pensi a un ladro o a un seduttore?»

«Laura, tu conoscevi le abitudini di Christine. Le piacciono gli uomini?»

«Il marito l'ha lasciata per una donna più giovane. E da allora ha il complesso di essere troppo vecchia. Ma Christine non faceva trapelare granché della sua vita privata. Trascorreva quasi tutti i fine settimana a Parigi, dove viveva da sola.»

«Parigi?» esclamò Nicole, facendo un balzo dal divano. «Allora conosco qualcuno che fa al caso nostro.»

«Un poliziotto?»

«No. Senza una denuncia, la polizia non può fare niente. Penso a un amico, che è abituato a fare cose molto più pericolose.»

«Un *private eye*?»

«Diciamo che si tratta di un tipo speciale. Uno che talvolta si annoia.»

5.

Fu ancora una volta Fibonacci ad annunciargli la novità: su Facebook era comparsa una strana foto di Fabrizio di Matteo.

Robert congedò lo studente e rimase solo in ufficio. Si connesse subito agli *Alex Friends* e rimase a scrutare la foto, con un misto fra incredulità e brutti presagi: l'immagine ritraeva Fabrizio nella sua camera da letto, circondato da due infermiere. Al braccio aveva una flebo.

La dicitura che accompagnava la foto non era molto incoraggiante: "Forse non mi rimane molto più tempo da vivere."

Robert si ricordò che durante la loro ultima visita Fabrizio aveva accusato un peggioramento. Ingrandì la foto, cercando di cogliere l'espressione del degente. Il volto era deformato, e gli occhi inviavano un messaggio di sofferenza.

Robert fece un lungo sospiro. Qualcuno gli aveva detto che le persone affette dalla sindrome di cui soffriva Fabrizio non vivono a lungo. Forse non lo avrebbero più rivisto.

Afferrò il telefono, per chiamare subito Katia. Ma era meglio non usare le vie elettroniche. Decisero di incontrarsi in un bistrò sul lungofiume.

La passeggiata era affollata di turisti. Era sempre così, appena il bel tempo faceva capolino. Nonostante la folla, Robert la riconobbe, appoggiata a uno dei tavoli alti. Sorseggiava un Aperol Spritz.

Robert la raggiunse e si ordinò una vodka.

Poi estrasse il cellulare e le mostrò un profilo di Facebook. Quello con l'immagine del pirata. «Se l'altra sera ho capito bene, dietro il nome Kurtz potrebbe nascondersi Alex» le disse, osservando le sue reazioni.

Katia esitò, scuotendo la testa. «È soltanto una congettura… letteraria. Quel profilo potrebbe essere un *fake* di qualcuno che ci prende in giro.»

323

«Però non ci costa niente tentare.»

«Che cosa vuoi che faccia?» rispose Katia, corrugando la fronte.

«Hai letto il messaggio di Fabrizio?»

«Certo che l'ho letto. Non mi ha fatto dormire.»

«Vuoi renderti utile? Chiedi a questo Kurtz se Alex ha intenzione di far visita al fratello.»

Katia spalancò gli occhioni magici. «Perché non lo fai tu?»

«Di me non si fiderà.»

Katia non rispose. Si mise a fissare il liquido rosato nel bicchiere. Come se uno spirito potesse venire a suggerirle qual era la cosa migliore da fare. Poi ebbe un lampo negli occhi, come se si fosse ricordata improvvisamente di qualcosa. «Hai ragione. Non perdiamo tempo» disse. Mise una banconota nelle mani del cameriere, scese dallo sgabello e in un batter d'occhio era già sparita.

Robert la vide allontanarsi, mentre era ancora seduto. Chissà perché lo aveva piantato in quel modo. Ma non pretendeva risposte immediate. Per schiarirsi le idee, ordinò un'altra vodka.

Due giorni dopo, Katia non si era ancora fatta viva. Robert decise di telefonarle, fingendo una conversazione banale. Il telefono di Katia poteva essere sorvegliato.

«Allora? Com'è andato il tuo *date*?» le chiese.

«Vediamoci stasera al Blue.»

Robert ebbe un sussulto. Katia sembrava avere ottenuto qualcosa e lui moriva di curiosità. Forse erano vicini alla soluzione dell'enigma.

Aveva appena riattaccato la cornetta, quando Nicole fece irruzione in ufficio. Era agitata. Si mise a sedere e si tolse gli occhiali, passandosi una mano sulla fronte. «Ci sono novità importanti» disse, senza nemmeno salutarlo.

«Spara.»

«Gli italiani credono che Alex stia per recarsi a Roma. Hanno intercettato una comunicazione fra Alex e Fabrizio, in cui il primo annuncia la sua visita per il 22 ottobre.»

Robert sbarrò gli occhi, incredulo. In realtà, era quello che voleva sapere. «Siamo sicuri che non sia una pista falsa?»

«Gli italiani sorvegliano Fabrizio da tempo. Hanno fatto tutti i riscontri, e sono convinti che si tratti di un'informazione fondata.»

Robert era confuso. La testa gli ronzava. Avevano cercato Alex per mesi e adesso era tutto così facile? E poi, dopo le foto scattate da Christian, per la squadra Scomparsi il caso era chiuso. Alex si era allontanato di propria volontà. Certo che lui avrebbe voluto conoscerlo, ma quella era una questione privata.

Rimanevano i suoi obblighi nei confronti di chi aveva sporto la denuncia. Se Alex aveva intenzione di farsi vivo a una determinata data, era suo dovere parlarne con Katia.

Arrivò al Blue quando erano appena passate le nove di sera.

La sala era semivuota. Un noiosissimo giorno feriale. Robert scrutò il locale da un capo all'altro, senza vedere Katia. Stava per sedersi ad aspettare, quando gli sovvenne che la temperatura era troppo mite per non accomodarsi all'aperto. Si avvicinò alla portafinestra e vide Katia seduta in un angolo della terrazza panoramica, da sola. Gli altri tavoli erano tutti occupati, e i rumori delle voci si mescolavano a quelli del traffico, che lassù arrivavano attutiti.

Robert respirò l'aria fresca e si guardò intorno. Erano al decimo piano, e la visuale non era ostruita da costruzioni antistanti. In lontananza baluginava il sole appena tramontato. Forse quella vista lo avrebbe aiutato a rilassarsi.

Katia allungò il collo e lo invitò a sedersi accanto a lei.

«Kurtz non mi ha risposto subito» disse, con tono risoluto. «Mi ha fatto aspettare. Ma ieri ho ricevuto un messaggio, in cui dice che Alex farà visita a Fabrizio il 22 ottobre. Per cui sono in partenza.»

Robert annuì, mentre gli occhi gli stavano uscendo dalle orbite. «Ti rendi conto che potrebbe essere una trappola, o una presa in giro?»

«Io vado ugualmente. Non ho nulla da perdere. E se Alex non compare, *so what*? Almeno non dovrò rimproverarmi di non avere tentato.»

Robert non le parlò di quanto gli aveva riferito Nicole. Non voleva incoraggiare Katia a fare qualcosa che, lo sentiva, era pericoloso. Cercò ancora di dissuaderla, ma sapeva che era inutile.

Furono interrotti da Tom e Liza, che si sedettero accanto a loro. Tom era elegante, ma sotto la giacca blu portava una maglietta, al posto di camicia e cravatta. Robert sorrise all'idea che Tom imitasse il suo stile.

«Avete visto il post di Fabrizio su Facebook?» esordì Liza. A quanto pareva, Katia non aveva parlato con nessuno del messaggio di Kurtz.

«Scusate, ma questo post sembra messo apposta, affinché Alex faccia visita al fratello malato» osservò Tom.

«Fabrizio è davvero malato. L'ho visto con i miei occhi» ribatté Katia.

«E credi che Alex potrebbe davvero andarlo a trovare?»

«Alex doveva essere molto legato al fratello. È l'unica persona di cui si è occupato in tutto questo tempo» disse Katia, aggiungendo: «Ho deciso di andare anch'io a Roma. Se c'è la possibilità che si faccia vivo, voglio incontrarlo.»

«Sei impazzita. Alex non verrà. È più egoista di quanto credi» disse Tom, voltandosi dall'altra parte con una smorfia.

«Fabrizio mi ha inviato un messaggio privato, pregandomi di andare a Roma, ad aspettare Alex insieme a lui. E io voglio esaudire questo desiderio.»

Robert non le rivelò niente. Ma già sapeva che sarebbe andato anche lui.

6.

Katia si trattenne ancora un poco con gli amici, a soppesare i pro e contro della situazione. Tom era apparso contrariato dalla sua decisione di partire, e aveva lasciato il locale prima degli altri. Anche Robert aveva cercato di dissuaderla. Daniel e Liza le avevano raccomandato di stare attenta.

Dopo essere uscita dal Blue, Katia non tornò a casa. Aveva un appuntamento con Dennis. Non lo aveva detto a nessuno, ma lo aveva rivisto e aveva anche accettato di collaborare. Avrebbe fatto di tutto, pur di salvare Alex, e poi Dennis aveva un fisico mozzafiato. Peccato che Katia avesse un brutto ricordo dell'ultima volta. Si era aspettata un incontro galante. Invece lui le aveva detto di venire nella sua camera di albergo e l'aveva trattata come una puttana. Lei ci era rimasta male. Uscendo dall'hotel, si era sentita umiliata. Quando aveva cercato di spiegargli perché si fosse offesa, si era sentita rispondere: «Credevo che ti piacesse».

Lui aveva cercato più volte di rivederla. Le aveva inviato mazzi di fiori. "Sei una di quelle donne che non si dimenticano" le aveva detto.

Ma Katia aveva sempre rifiutato. Fino a quella sera. Era venuto il momento in cui Dennis le sarebbe potuto servire per rivedere Alex. Per questo aveva accettato l'appuntamento al Jacky O'.

Un cameriere la riconobbe e le sorrise, affrettandosi a sfilarle il soprabito.

Lo sguardo di Katia si posò sulle lampade gialle posate su davanzali delle finestre. Erano proprio brutte. Gli architetti di grido non lavoravano sempre al massimo delle loro capacità.

Quando rimase con le spalle nude, provò un brivido. Indossava soltanto un abitino color argento, profondamente scollato nel mezzo, e un profumo che si diceva fosse afrodisiaco.

Dennis le venne incontro, salutandola con un baciamano. Lei tirò fuori il suo sguardo più seducente, con le pupille dirette dal basso verso l'alto.

Mentre erano seduti, Katia si divertì a osservare le sue reazioni. Lui si limitò ad accarezzarle le mani. *Vuole farsi strada gradualmente.*

«Forse non ci credi, ma ti ho invitata qui per parlare» disse lui.

Katia inarcò le sopracciglia. «Un bel locale, non trovi?»

Ma Dennis non perse il filo. «Katia, hai un'idea sbagliata sul mio conto. Io non voglio fare del male ad Alex.»

Katia ebbe un sussulto. A un'affermazione così diretta, si sentì in dovere di ribattere.

«Sei tu che ti sbagli su di me. Il fatto di avere un padre americano non vuol dire che io approvi i vostri metodi.»

«La lotta al terrorismo richiede questi metodi.»

Quell'uomo stava accomunando Alex a un terrorista. Katia si accalorò. «Spiegami qual è il vostro piano. Va bene, lo lascerete in vita. Ma volete portarlo a Guantanamo. E io dovrei collaborare?»

«È su questo che ti sbagli. Il piano è un altro.»

Katia lo guardò di sottecchi. Ma quali scuse stava cercando? Dennis era uno di quelli che attentavano alla vita di un uomo che lei aveva amato.

«Katia, hai un'idea di come lavorino i servizi segreti?»

«Spiegamelo tu.»

«Il materiale più importante per noi sono le informazioni. Sull'imminenza di attentati terroristici, per esempio.»

«Davvero avvincente» commentò Katia, contraendo le labbra per il disgusto.

«Per procurarci queste informazioni» la ignorò Dennis, «la cosa migliore è avere quelle che noi chiamiamo *fonti*, all'interno degli ambienti eversivi.»

«Cioè delle spie che vengono a raccontare tutto a voi? Perché dovrebbero farlo?»

«Per denaro. Tu stessa affermi che con il denaro si può comprare tutto. Ma le *fonti* vengono adescate anche con altre promesse. Come il diritto di cittadinanza negli Stati Uniti, oppure un lavoro prestigioso, o altri vantaggi materiali o immateriali.»

«Anche con la promessa dell'amore?»

«Era un metodo usato nella Germania dell'Est. Gli agenti avvicinavano la segretaria di un importante funzionario, la facevano innamorare e in questo modo la inducevano a fare la spia.»

«Ho capito. È quello che avete tentato di fare con me.»

«Il mio compito era soltanto quello di comprarti.» Poi, dopo una pausa, Dennis aggiunse: «L'idea di fare l'amore mi è venuta soltanto dopo averti conosciuta.»

Dennis continuava con i complimenti. Ma lei non ci cascava.

«Vogliamo semplicemente convincere Di Matteo a fare il doppio gioco. Se il piano funziona, lui ci passerà informazioni sui suoi amici, e noi gli garantiremo una vita comoda, l'incolumità e soldi a palate. Non avrà più bisogno di lavorare.»

«E che cosa c'entro io?»

«Tu dovrai far parte della sua nuova vita.»

Katia si sentì sbiancare. «Volete rapirlo?»

Dennis assunse un'aria grave, giunse le mani e rispose: «Sono le regole del gioco.»

Katia ebbe un sussulto e guardò Dennis con disprezzo.

Lui le prese la mano. «Non torceremo un capello ad Alex. Anche nei servizi segreti ci sono i falchi e le colombe.»

A Katia venne da ridere. «E tu saresti una colomba?»

«A te piacciono i falchi? Come il tuo amico Tom?» le disse Dennis, con ironia malcelata.

Katia aveva capito l'allusione. Robert le aveva riferito che a casa di Tom era stata scoperta una microcamera. E dato che lo avevano sorvegliato, erano probabilmente al corrente di tutte le sue abitudini.

Rabbrividiva all'idea che Dennis avesse visto un video di Tom che faceva sesso con Silvia. Sperò che non facesse parte delle sue mansioni. Che si fosse limitato a leggere verbali scritti da altri.

«È vero che Tom stava con mia sorella?» chiese Katia, per avere la conferma di ciò che già sapeva.

«Tom aveva una relazione di lunga data con Silvia. Ma se ti consola, tua sorella non era l'unica. Lo sapevi che fra le conquiste di Tom Berger c'è anche l'agente Schmidt?»

Wonder Woman: alla faccia di Sabina, che a Nicole aveva riservato l'appellativo di *lesbica*. Katia strinse i pugni per la stizza. Sperò che Tom avesse riportato molti lividi da quell'avventura.

C'era un'ultima curiosità che voleva togliersi.

«Come avete fatto a manomettere il computer di Silvia?»

«Tom aveva le sue chiavi di casa. Gliele abbiamo sottratte e siamo entrati mentre Silvia era al lavoro.»

Un altro colpo allo stomaco. Persino le chiavi si erano scambiati. Katia rimase in silenzio. Il rapporto fra Silvia e Tom doveva essere iniziato quando Silvia era ancora la donna di Alex. Alex lo sapeva? Era quello il segreto che non aveva voluto rivelarle?

Quindi Dennis passò a impartirle istruzioni. Le spiegò per filo e per segno come avrebbe dovuto comportarsi. Katia lo ascoltò con attenzione.

«E se Alex si rifiutasse di collaborare?»

«Alex può anche rifiutarsi. Ma tu devi sapere da che parte stai.»

Katia rabbrividì. Il tono di Dennis, da galante, si era fatto minaccioso.

7.

A Roma, Katia prese alloggio in un hotel vicino a Piazza di Spagna. Quando si fu sistemata, erano quasi le dieci di sera: troppo presto per andare a dormire. Il mese di ottobre volgeva al termine, ma l'aria era ancora tiepida. Katia si affacciò in strada e decise di uscire.

Fece qualche passo nella via ancora frequentata, fino a sbucare nella piazza illuminata e affollata di turisti. Una bancarella di bibite era ancora aperta. Un rumore di ruote e di zoccoli, accompagnato da un odore di sterco, la fece sorridere. Se fosse stato un viaggio romantico, avrebbe preso anche lei una carrozza con due cavalli. Peccato che fosse da sola. Non le rimase che mescolarsi ai turisti: chi sedeva sul muretto della fontana, chi teneva in alto una videocamera. Molti portavano shorts e scarpe colorate. Beati loro, che erano in vacanza. Katia si fermò sui gradini della scalinata e pregò un giapponese di farle una foto. Poi salì fino in cima e guardò la scena dall'alto. Di via Condotti si intravedevano l'Antico Caffè Greco e i negozi alla moda. Non avrebbe avuto tempo di comprarsi un'altra borsa. Le rimanevano soltanto poche ore di ozio.

Rimase a respirare l'aria fresca e le venne voglia di dormire all'aperto. Mentre scendeva di nuovo i gradini, il suo sguardo si posò sull'ultimo muretto a destra. Nell'atmosfera suggestiva di quella piazza era stata girata una famosa scena d'amore, con Audrey Hepburn che mangiava il gelato. Ciò bastò per farla cadere in uno stato di malinconia.

Tornò in albergo e non fu in grado di addormentarsi subito. Non riusciva a immaginarsi che cosa sarebbe successo il giorno dopo. Erano troppi i dubbi che la tormentavano. Faceva bene a fidarsi di Dennis? Davvero avrebbe potuto iniziare una nuova vita con Alex?

Dopo poche ore fu già mattina. Giunse il momento in cui avrebbe dovuto prendere il taxi per arrivare a casa di Fabrizio. Indossò scarpe basse. Era pronta a correre, saltare, fuggire.

I sedili del taxi erano freddi. Katia rabbrividì. Ma forse erano le emozioni che le stavano facendo venire la pelle d'oca. Stava per rivedere Alex. Quanto aveva atteso quel momento! Quante volte si era chiesta che effetto avrebbe fatto rivederlo.

Il cancello della villa si aprì e Katia esitò. Fuori faceva caldo, e si tolse il soprabito. Poi vide la badante che le veniva incontro. Si chiese se fosse informata di quanto stava per accadere.

«Fabrizio è in camera. Non sta bene» disse la donna, invitando Katia a seguirla su per le scale.

Fabrizio giaceva a letto. Era pallido e teneva la testa in una posizione innaturale. Si vedeva che soffriva. Katia sentì una fitta fra il cuore e lo stomaco. Si avvicinò per salutarlo, o consolarlo.

«Come stai?» gli chiese, cercando di prendergli una mano.

Fabrizio torceva il collo verso di lei, nel tentativo di guardarla in faccia. Non rispose. Si limitò a fissarla con occhi che volevano dire molte cose. Lei si sforzò di capirle tutte. Forse era contento di stare per rivedere Alex. Ma era anche inquieto, e sembrava volesse supplicarla. Katia provò un senso di contrizione: Fabrizio avrebbe approvato quello che stava per fare?

Ripeté a sé stessa le istruzioni. All'arrivo di Alex, l'avrebbe accolto esternando tutta la sua felicità: una cosa per cui non aveva bisogno di fingere. La finzione sarebbe arrivata dopo.

Si sedette sul letto di Fabrizio. Stava per tradirlo. Se lui l'avesse saputo, l'avrebbe cacciata da quella casa. Ma c'erano molte cose che Fabrizio non sapeva. Alex rischiava di morire. E facendo quello che stava per fare, lei gli avrebbe salvato la vita. Non aveva altra scelta che assecondare il piano di Dennis.

Dopo pochi minuti, entrarono due infermiere. Una parlava italiano, l'altra era molto alta e non diceva una parola. Fu la seconda a fare a Katia un cenno, per farla allontanare dal letto.

I movimenti dell'infermiera alta avevano qualcosa di familiare. Da un angolo della stanza, Katia allungò il collo e la guardò in viso. I capelli erano nascosti dalla cuffia e la donna non portava occhiali, ma Katia la riconobbe con un sussulto: che cosa ci faceva Nicole in quella stanza?

8.

No. Non poteva essere, non aveva senso.

Nessuno le aveva detto che Nicole avrebbe partecipato all'operazione.

Rimase a fissarla, esterrefatta. Si aggrappò ai braccioli della poltrona, come paralizzata. Poi Nicole le fece un altro cenno e Katia capì che doveva uscire dalla stanza.

Barcollando, mosse qualche passo nel corridoio, alla ricerca del posto prestabilito. Era sfinita, ancora prima di cominciare. Cercò di ricomporsi. Secondo le istruzioni, avrebbe dovuto aspettare l'arrivo di Alex in un andito arredato con divano e poltrone, prossimo alle scale che portavano al piano terra. Lo trovò e si mise a sedere.

Considerò la sua posizione. Non era lontana dalla camera di Fabrizio, dalla quale si sentivano voci, e nemmeno dal piano terra, in cui avrebbe dovuto esserci soltanto la badante. Adesso non doveva fare altro che aspettare.

Dopo una mezz'ora, sentì passi che salivano le scale. Non era la badante. Chi era allora, visto che la porta principale non era stata aperta?

Quando vide Robert Bender in cima alle scale, pensò di avere le allucinazioni. Anche lui faceva parte del piano? Katia era confusa e cominciò ad avere paura. Robert mise un borsone sul pavimento. Lo sguardo interrogativo di Katia fece la spola fra Robert e il suo bagaglio. Qualcosa non quadrava, ma Katia non osò dire niente.

Robert si sedette accanto a lei, prendendole una mano. «Il piano è cambiato» mormorò, guardandosi intorno. «Fidati di noi. Alex non corre alcun pericolo.»

Lei non ci stava capendo più nulla. «E io che cosa devo fare?»

«Comportati esattamente come ti è stato detto.»

«Anche Mariani è qui?»

«Gli italiani sono sotto.»

Quindi Robert le mostrò le uscite della casa ed estrasse dalla borsa un giubbotto antiproiettile.

Indossando quel giubbotto, Katia ebbe la sensazione di perdere le forze. Non aveva idea di quello che sarebbe successo. Doveva fidarsi di Robert. Non aveva altra scelta.

La sorpresa arrivò nel pomeriggio.

Robert le fece cenno di avvicinarsi alla finestra: un'automobile si era fermata di fronte al portone del muro di cinta. Katia sentì il cuore in gola. Ne uscì un uomo vestito con un giaccone invernale e il volto nascosto da occhiali scuri, un berretto da baseball e la barba.

Katia non credeva ai suoi occhi: Alex stava attraversando il giardino della villa.

9.

Il cuore le si mise a battere forte. Stava per arrivare il momento che aveva tanto aspettato.

Le gambe le tremavano. A un cenno di Robert, Katia si rimise a sedere sulla poltrona. Come d'istinto, gettò uno sguardo verso la stanza di Fabrizio. La porta si aprì e Nicole fece loro cenno di raggiungerla.

Katia non capiva quello che doveva fare. Fu Robert a darle spiegazioni, invitandola a seguirlo.

«Katia, fai quello che fa Fabrizio. Fidati di noi.»

Una volta entrata nella stanza, vide che ciascuno prendeva il proprio posto, come in una recita. Nicole si era tolta la cuffia, si era appostata in un angolo e nel frattempo faceva cenno a Katia di rimanere calma.

Aspettarono. A Katia sembrò un'eternità. Poi la porta finalmente si aprì e l'uomo con la barba varcò la soglia. Katia fece per scattare in piedi. Voleva guardarlo negli occhi. Voleva abbracciarlo. Ma Robert, che era vicino a lei, la trattenne.

L'uomo si tolse il berretto. Adesso Katia lo riconobbe. Aveva la stessa corporatura di Alex. Gli stessi occhi grandi e scuri. Le sopracciglia folte. Il naso diritto.

Ma non era Alex.

Che cosa diavolo stava succedendo?

Katia si strinse nelle spalle, sopraffatta dalla delusione. Non avrebbe rivisto Alex. Un'idea troppo bella per essere vera.

Colui che aveva di fronte non era Alex, ma un uomo che gli somigliava molto. Dopo la delusione, Katia si sentì come paralizzata. Non sapeva cosa fare.

Fra le tante sensazioni che la assalirono, ci fu anche il sollievo. Alex non era caduto in quella trappola, e lei non avrebbe dovuto fidarsi di persone che dicevano di volerlo proteggere, ma in realtà gli volevano male.

Poi le sembrò di assistere alla scena di un film. Una scena assurda. Vide Fabrizio che spalancava le braccia e si rallegrava, come se riconoscesse in quell'uomo il fratello.

Katia cercò Nicole con lo sguardo. La trovò appostata dietro un armadio. Le rivolse un'occhiata interrogativa, a cui Nicole rispose con un'espressione che diceva «non fare la stupida.»

Katia fece un profondo respiro. Chiuse gli occhi e strinse i pugni, per concentrarsi. Lei era una *Supergirl*, abituata a muovere miliardi. E a mantenere i nervi saldi. Avrebbe dato il massimo.

Si diresse verso l'uomo e lo abbracciò, come avrebbe fatto una donna innamorata. Si accorse che anche lui indossava un giubbotto antiproiettile.

La finestra era aperta. Con un cenno della testa, Nicole fece loro capire che potevano lasciare la stanza.

Ma Katia non fu veloce come gli altri. Esitò qualche istante sulla soglia e in quel momento sentì Nicole che parlava a bassa voce, in francese.

Robert li aspettava nel corridoio. Alzò le mani, come per dare istruzioni.

«Di giorno non arriverà nessuno. Aspetteranno l'oscurità» disse. «Nel frattempo, voi girate per casa come se fosse tutto normale. Katia, mi raccomando.»

Normale? Non c'era nulla di normale, in quella situazione.

Katia aveva paura. «Chi stiamo aspettando?»

«Quelli che vogliono sequestrare Alex» rispose Robert.

Lo sconosciuto le porse una mano. Katia lo seguì giù per le scale e poi in cucina, comportandosi come se fosse Alex.

Le stanze al piano terra sembravano deserte. Consumarono una cena preparata dalla domestica. Lo sconosciuto le rivolse qualche parola gentile. Era un bell'uomo, e assomigliava davvero ad Alex. Ma Katia non riusciva a rimanere seduta senza pensare a quello che poteva succedere da un momento all'altro. Teneva gli occhi fissi sul tavolo. Cambiava posizione sulla sedia. Talvolta, si voltava di scatto.

Forse per tranquillizzarla, o forse perché faceva parte della recita, l'uomo le si era avvicinato, e l'aveva presa fra le braccia come si farebbe con una fidanzata. Le aveva messo un braccio sulla spalla. Dopo un'esitazione, Katia si era abituata a quella vicinanza fisica e l'aveva trovata persino gradevole:

«È proprio necessaria questa messinscena?» aveva chiesto allo sconosciuto, che prendeva sempre più confidenza.

«Chiamami Alex» aveva risposto lui. Aveva anche finto di baciarla, in prossimità di una finestra.

Infine vennero spente tutte le luci e nella casa si sparse l'oscurità. Soltanto qualche raggio di luna penetrava attraverso i vetri. Katia seguì lo sconosciuto al piano di sopra, nel salottino dopo le scale. Lui continuò a tenersela vicina, rivolgendole tenerezze.

«Non avere paura. La casa è piena di agenti» le disse a bassa voce.

Ma Katia continuava a tremare. Non aveva idea di quello che sarebbe successo.

A un certo punto, Nicole comparve sulla porta e fece un segno con la mano, come per indicare il numero quattro. Poi rientrò immediatamente nella stanza. Lo sconosciuto pronunciò la parola "quattro" in un microfono.

Katia, tempo dopo, non avrebbe saputo ricostruire esattamente quello che era successo. Avrebbe ricordato soltanto che, nel silenzio di quella casa piombata nel buio, aveva sentito passi che salivano le scale e si avvicinavano a loro.

Sul pianerottolo comparve un uomo armato, con il volto nascosto da un cappuccio. Katia guardò a destra, poi a sinistra, poi alle spalle del primo. Di quei figuri se ne erano materializzati altri tre.

Erano quattro? O cinque? Ce n'erano altri?

In un attimo, i primi due si gettarono sul sosia di Alex. Il terzo si parò davanti a lei, con la pistola puntata.

«Don't move» la minacciò.

Katia si irrigidì e spalancò gli occhi. Cercò di muoversi, ma gli arti non risposero. E non era finita. Un rumore di passi pesanti le investì i timpani. Quando riuscì a voltare la testa, il quarto aggressore aveva già fatto irruzione nella stanza di Fabrizio. Katia, atterrita, riuscì solo a percepire un trambusto.

Improvvisamente, un elmo con visiera fece capolino dalla porta della stanza di Fabrizio. Sotto l'elmo, un corpo atletico di donna. Katia riuscì a fare un respiro. Quella era Nicole, in assetto di guerra.

Un nuovo rumore di passi. Molti passi, concitati. Il pianerottolo fu invaso da almeno otto agenti.

Le voci erano sommesse, ma Katia fu sicura che parlassero italiano.

Quanto tempo passò? Una frazione di minuto? O di secondo?

Gli agenti immobilizzarono i tre aggressori. Katia era libera.

Un grido. Era la voce di Nicole.

«Seguitelo. È riuscito a fuggire dal balcone.»

«E Fabrizio?» chiese Katia, che non riusciva ancora ad alzarsi.

«Fabrizio è illeso» sibilò Nicole.

Mentre gli agenti tenevano a terra gli aggressori, sul pianerottolo comparve un altro uomo. Un uomo che Katia non avrebbe notato, se l'avesse incontrato per strada. Forse cinquantenne, non portava alcuna uniforme, ma un semplice abito grigio.

«What are you doing here? Italy is a sovereign country.»

In quel preciso momento, Katia udì uno sparo provenire dal giardino. Corse nella stanza di Fabrizio e si precipitò alla finestra: l'uomo che aveva tentato di fuggire si contorceva a terra, e sul luogo stavano accorrendo gli altri agenti.

Era tutto finito. Ma Katia era ancora percorsa dai brividi. Aveva visto di che cosa erano capaci i potenti, se veniva messo in discussione quel sistema per cui lei stessa lavorava.

Passò i momenti successivi a ripensare a tutto quello che era successo, e al pericolo che avevano corso. Le immagini continuarono ad assalirla. E ogni volta il suo cuore si metteva a battere più forte, e le mani a sudare.

Gli aggressori furono portati via in manette, e presto Katia rimase sola con Robert, il tenente Mariani, il sosia di Alex e Fabrizio.

Era accasciata su una sedia, la testa fra le mani. Mariani le si avvicinò. «Mi dispiace, Katia, ma non abbiamo mai creduto che Di Matteo sarebbe venuto. Abbiamo organizzato questa messinscena per catturare coloro che credono di poter commettere qualsiasi arbitrio nel nostro paese. Anche l'uomo che ha badato ad Alex e Fabrizio, quando erano bambini, ha diritto alla giustizia.»

«Avete messo in pericolo la vita di Fabrizio» rispose Katia.

«Il piano è nato da un'idea di Fabrizio» spiegò Mariani. «È stato lui a insistere.»

In ogni modo, per Fabrizio quella non era stata soltanto una messinscena. Fabrizio doveva aver creduto davvero che stava per rivedere suo fratello, perché a un certo punto era scoppiato in un pianto a dirotto.

Katia e la badante avevano cercato di consolarlo, ma Fabrizio sembrava colto da una crisi isterica.

E quando aveva smesso di piangere, aveva iniziato a ripetere ossessivamente queste parole: «Alessandro non è mio fratello. Non è mio fratello. Non è mio fratello.»

Katia rimase seduta vicino a Fabrizio, senza sapere cosa fare. Alla fine le emozioni trovarono sfogo e anche lei si mise a piangere.

Era stata una giornata particolare.

10.

«Un Ricard» ordinò Victor alla hostess.

Era contento di tornare a Parigi. Lo attendevano un periodo di riposo, la buona cucina francese e tutti i piaceri con cui la capitale imbandiva la tavola. E per ammazzare la noia si sarebbe dedicato a qualche lavoretto extra.

Da Nicole si era congedato all'aeroporto. Le sarebbe mancata, come le cameriere del Blue.

Victor guardò i passeggeri intorno a sé. La maggior parte era contenta di fare una vita normale. La vita che non aveva mai fatto per lui.

Ripensò all'operazione appena conclusa. Per qualcuno era stata giustizia, per altri vendetta.

Secondo quanto riferito da Nicole, era da tempo che il procuratore Scalzi voleva tendere una trappola a coloro che si permettevano di violare le leggi di un paese sovrano. Anche dietro l'uccisione di Sabahni supponevano il tentativo di uccidere o di rapire un presunto terrorista, benché le cose non fossero andate esattamente così. In realtà Sabahni era stato aggredito affinché rivelasse il luogo in cui Alex si nascondeva, e consegnasse i documenti che provavano la sua origine.

Quando Fabrizio aveva manifestato al tenente Mariani la sua intenzione di fingersi malato, gli italiani ne avevano approfittato, e il piano d'azione era stato predisposto.

Era stato trovato un agente che presentava una forte somiglianza con Alex ed era stata finta una corrispondenza elettronica fra Fabrizio e un presunto Alex, in cui questi annunciava di voler venire a Roma a visitare il fratello malato, comunicando la data precisa del suo arrivo.

Contemporaneamente, Fabrizio aveva postato una foto e un messaggio su Facebook, in cui esortava il fratello a venirlo a trovare.

L'operazione *Alex* era stata autorizzata ad alti livelli sovranazionali. Nicole era responsabile dell'operazione per i tedeschi, e aveva insistito per avere Robert come partner.

Nel giorno previsto, l'agente speciale Fabio Riccini, che aveva assunto le sembianze di Alex, era arrivato all'aeroporto di Roma Fiumicino e aveva preso un taxi fino a casa Di Matteo. Era stato accolto dalla badante e da Fabrizio, che erano a conoscenza del piano, con grandi abbracci.

La presenza di Katia era stata prevista. Secondo il piano degli americani, avrebbe dovuto aiutarli a catturare Alex. Ma Nicole e Robert avevano assicurato che, una volta resasi conto della situazione, anche lei sarebbe stata al gioco.

I ROS avevano appostato i propri agenti speciali nel piano interrato della villa, con un procedimento durato alcuni giorni, al fine di non dare nell'occhio. Gli agenti erano arrivati alla spicciolata, fingendosi genitori dei bambini dell'asilo, o elettricisti che volevano riparare qualcosa, oppure studenti in cerca di una camera in affitto. Ciascuno di loro era rimasto nella casa, nascondendosi.

Nicole era stata dotata di microspia e microtelefono mobile. A differenza di quello che credevano Robert e gli italiani, non era soltanto incaricata di proteggere Fabrizio, ma anche di comunicare con Victor, che era appostato fuori dalla villa.

Vista dall'esterno, la casa appariva del tutto normale. Alex era a cena con la badante e la sua donna, mentre Fabrizio riposava al piano di sopra.

Gli aggressori erano comparsi appena si era fatto buio, penetrando nel giardino attraverso il portone nel muro di cinta, che non era stato chiuso. Per quanto riguarda la porta di ingresso della villa, avevano dovuto manometterla con strumenti speciali, dando agli agenti il tempo di prepararsi.

Erano quindi saliti al piano di sopra, dove credevano di trovare Alex, e avevano sopraffatto Fabio e Katia. Il quarto uomo era entrato in camera di Fabrizio, dove era stato aggredito alle spalle da Nicole, addestrata per questo tipo di lotta. L'uomo era però riuscito a svincolarsi e, puntando l'arma contro Fabrizio, aveva costretto Nicole a gettare la pistola.

Ma poi doveva avere udito voci e rumori, da cui si capiva che gli aggressori erano stati sopraffatti. L'uomo che aveva minacciato Fabrizio era quindi fuggito, saltando giù dal balcone.

Nel frattempo, Victor aveva preso posizione sul muro di cinta e osservava la scena dal mirino del suo fucile di precisione.

Quando aveva visto il fuggitivo, aveva ripensato a Jean-Claude, ed era stato tentato di colpirlo alla testa. Ma le considerazioni razionali avevano preso il sopravvento: era giusto che quei terroristi venissero giudicati da un tribunale.

Aveva quindi mirato alla rotula. Un grido lancinante: l'uomo era caduto a terra con il ginocchio spappolato.

Victor aveva fatto appena in tempo a riporre l'arma, e ad allontanarsi in un'automobile camuffata da taxi, dove aveva preso posto anche Nicole. L'automobile li aveva portati al sicuro, nell'ambasciata francese.

Victor mise in bocca un cioccolatino.

Non sapeva se gli assassini di Jean-Claude sarebbero mai stati assicurati alla giustizia. Ma la vendetta aveva avuto un sapore prelibato.

FOLLOW THE MONEY

(di Tom Berger)

Nell'ultimo blog avevo spiegato che il denaro viene generato attraverso l'erogazione del credito da parte delle banche, e che nel nostro sistema finanziario esiste una minoranza di soggetti che possono procurarsi il denaro a titolo gratuito o semi-gratuito.

Fatta questa premessa, passiamo oggi a parlare dell'euro, cioè della valuta che è diventata moneta unica dell'Unione europea il 1° gennaio del 1999 a livello virtuale, e nel 2001 in forma di monete e banconote.

Purtroppo l'unione monetaria è spesso oggetto di critiche pesanti, al punto che sono sorti movimenti populisti, che chiedono a gran voce l'abolizione dell'euro e il ritorno alle vecchie valute.

Va detto che, nonostante gli indubbi svantaggi dell'unione monetaria su alcuni fronti, essa presenta innumerevoli vantaggi, con tutti i nessi politico-economici che le nostre classi dirigenti spesso preferiscono tacere ai loro elettori.

La prima cosa che salta agli occhi, nel contesto dell'introduzione dell'euro, è la rapidità con cui l'unione monetaria è stata messa in atto. Evidentemente i nostri politici avevano dei buoni motivi per fare le cose in fretta.

All'indomani dell'entrata in vigore dell'unione monetaria, erano circolate molte voci su quali fossero stati i veri motivi che avevano spinto i governi europei a rinunciare a un aspetto così importante della loro sovranità, cioè alla libertà di battere moneta.

Ci si stupiva che anche nazioni potenti – come la Francia –o dotate di una moneta stabile e affermata sul mercato – come la Germania – avessero aderito al progetto dell'unione valutaria senza remore, e anzi con un certo entusiasmo da parte della classe politica, che si era permessa anche di ignorare elementari possibilità di legittimazione democratica. La moneta unica era stata introdotta nel giro di pochi anni, senza che nella maggior parte degli stati membri fosse stato indetto un referendum popolare.

C'era qualcosa che aveva spinto i governanti europei ad agire con sollecitudine, in parte scavalcando la volontà popolare. Si ricordi che in Germania un eventuale referendum avrebbe probabilmente visto una maggioranza contraria all'euro. La popolazione, appena reduce dalla riunificazione, vedeva nel marco un simbolo dell'unità e della prosperità nazionali.

Era proprio alla riunificazione tedesca che si rifaceva una delle teorie più riportate nei giornali dell'epoca. Essa ipotizzava che la Germania avesse accettato la moneta unica in cambio dell'assenso incondizionato della Francia alla riunificazione. Questa teoria non fu mai confermata da documenti e fu probabilmente inventata allo scopo di tenere buone le masse.

Bastava porsi la classica domanda «cui prodest?», per verificare quanto fosse infondata questa teoria, perché in palese contrasto con quelle che si rivelarono le realtà economiche degli anni successivi.

A trarre enorme profitto dalla moneta unica fu infatti proprio la Germania, i cui prodotti, già affermati sui mercati prima dell'unione monetaria, si abbassarono improvvisamente di prezzo, mentre sul fronte opposto i paesi dell'Unione, grazie all'espansione creditizia causata dall'introduzione dell'euro, si trovarono improvvisamente a godere di una liquidità che permetteva loro di comprare merci da tutti gli altri paesi dell'eurozona.

In pochi anni, le merci tedesche avevano invaso i mercati europei e acquisito una posizione predominante sul mercato. L'euro aveva causato una spinta congiunturale destinata a protrarsi per molti anni, e a garantire occupazione e prosperità economica al paese.

Per questo motivo la classe politica tedesca, che ebbe il merito di prevedere in anticipo i benefici effetti dell'unione monetaria su economia e occupazione, decise di non perdere tempo e di aderire immediatamente al progetto, avendo cura di non far trapelare anche la sola possibilità di una consultazione popolare in materia.

Il maggiore beneficio andò a favore dell'industria automobilistica e al suo indotto; si trattava di un settore che prima dell'unione monetaria era in crisi, e che con l'introduzione dell'euro ricevette una boccata di ossigeno, che gli permise di continuare a sfornare motori a combustione.

In conclusione, ai paesi esportatori del Nord Europa l'introduzione dell'euro aveva permesso di spiazzare la concorrenza di paesi dotati di un apparato industriale meno produttivo. Ora che i prodotti avevano lo stesso prezzo, il mercato consentì l'affermazione dei prodotti migliori, a scapito delle industrie di paesi meno concorrenziali.

Fu così che l'unione monetaria fece entrare in crisi molti settori industriali, non soltanto in paesi scarsamente industrializzati come la Grecia, ma anche in regioni in cui l'industria era stata un'importante fonte di occupazione, come la Francia o l'Italia. Qui l'introduzione dell'euro fece innescare un vero e proprio processo di deindustrializzazione.

A questo punto viene spontaneo chiedersi se la classe politica di questi paesi non avesse previsto questi effetti nefandi, oppure se avesse deciso di accettarli, in considerazione degli enormi vantaggi che l'unione monetaria avrebbe portato anche a loro.

Ma quali erano questi enormi vantaggi?

Si ricordi che prima dell'euro non c'era un solo paese europeo che potesse vantare una valuta stabile, idonea a fungere da moneta di riserva o di scambio internazionale. La maggior parte dei paesi europei disponeva di valute deboli, che nel corso del dopoguerra avevano subito forti spinte inflazionarie. Per questo motivo anche i tassi di interesse erano alti e proibitivi.

Per questi paesi l'introduzione dell'euro rappresentò il passaggio a una moneta forte, che ebbe come primo benefico effetto il calo dei tassi di interesse. Questo calo si trasformò in un'espansione dei crediti erogati dalla banche a imprese e cittadini, e fece aumentare la liquidità.

Se da un lato i paesi esportatori del nord inondavano i mercati europei con le loro merci, i paesi importatori del sud disponevano di sufficiente denaro per comprare queste merci.

Naturalmente l'espansione creditizia portò a un aumento del debito pubblico e privato, ma non si tratta di un vero problema fino a che un paese dispone della possibilità di battere una moneta che viene accettata come mezzo di pagamento in qualsiasi parte del mondo.

Furono i motivi legati alla sovranità monetaria, più di quelli direttamente legati all'export e all'espansione creditizia, a determinare la scelta dei governanti europei a favore dell'euro.

Per sovranità monetaria si intende non soltanto la capacità di battere moneta, ma soprattutto la capacità di indebitarsi nella propria moneta.

Quasi tutti gli stati del mondo battono moneta, ma pochissimi sono in grado di contrarre debiti nella propria moneta. Soltanto chi possiede una valuta di riserva può indebitarsi in questa stessa valuta. L'euro è una valuta di riserva.

L'euro è servito ai paesi europei per riacquistare la sovranità monetaria.

11.

«Alla faccia del disabile» esclamò De Rossi. «Fabrizio Di Matteo ha avuto un'idea geniale.»

Mariani puntò gli occhi sulla scrivania piena di carte da riordinare. Poteva ritenersi soddisfatto dell'esito dell'operazione, anche se alcuni dettagli non erano chiari.

Prelevò una foto dall'incartamento. Ritraeva un uomo a terra, ferito a una gamba e incappucciato. La sollevò per mostrarla a De Rossi, che si era seduto di fronte a lui.

«Ancora non abbiamo capito chi gli ha sparato.»

L'uomo ferito era quello che aveva cercato di fuggire dal giardino. L'esame balistico aveva rivelato che il colpo era uscito da un fucile di precisione di fabbricazione francese. Non era un'arma in dotazione ai carabinieri o alla polizia tedesca.

«Le vie del signore sono infinite» sospirò De Rossi, alzando le mani al cielo. Il maresciallo credeva che lui fosse tenuto a osservare chissà quale segreto. In realtà Mariani non era stato informato della partecipazione dei francesi. Ma era un'ipotesi plausibile, visto che anche loro avevano un morto. C'era un collegamento fra la morte di Jean-Claude Moulin e la scomparsa di Di Matteo.

De Rossi si alzò, appoggiando le mani sul tavolo. «Il procuratore Scalzi sarà contento. Ha ottenuto la detenzione preventiva.»

Mariani annuì. Arrestare gli aggressori in flagranza di reato era stato un bel risultato. A giudicare dall'equipaggiamento, e dal fatto che non parlavano bene l'italiano, si trattava di agenti stranieri, intenzionati a compiere reati gravi sul territorio di uno stato sovrano. Scalzi aveva avuto ragione a voler tendere loro una trappola.

«Ci sarò anch'io a condurre gli interrogatori» disse Mariani. Era proprio curioso di sapere quello che i fermati avevano da raccontare. E come si sarebbero giustificati.

«E i tedeschi?»

«Anche loro vogliono interrogare gli aggressori. Manderanno una specialista. Lo sai perché ci tenevano a partecipare all'operazione?» disse Mariani, prelevando un articolo di giornale dalle carte sparse sul tavolo.

De Rossi gli si avvicinò, incuriosito.

«È una storia che dalle loro parti conoscono tutti: un cittadino tedesco di origine turca, rinchiuso a Guantanamo.»

«Prelevato in mezzo alla strada e portato via in elicottero, come fanno da noi?» chiese De Rossi, che aveva iniziato a interessarsi di politica da quando aveva saputo che l'Italia era uno dei pochissimi paesi al mondo dove agenti di un servizio segreto straniero erano stati condannati da un tribunale ordinario. *Meglio tardi che mai.*

«Più o meno. La cosa sarebbe passata inosservata, se non fosse stato per il fatto che il turco è di famiglia ricca. Hanno pagato un avvocato famoso, che rilascia interviste e va pure in televisione. Sotto la pressione dell'opinione pubblica, il governo sta facendo di tutto per ottenere la liberazione del prigioniero» spiegò Mariani, mostrando l'articolo.

«E l'agente che indagava sulla scomparsa di Alessandro Di Matteo?»

«Sarà costretto ad archiviare il caso. E rimarrà il mistero.»

«Crede che riusciremo a far luce almeno sulla morte di Sabahni?»

Mariani annuì con forza. «L'uccisione di Sabahni è stata colposa. E secondo me, gli aggressori non volevano nemmeno la morte di Alessandro Di Matteo. Volevano rapirlo e rinchiuderlo da qualche parte, per interrogarlo e ottenere informazioni, o forse perché lo ritenevano un terrorista.»

In ogni modo, Mariani non aveva intenzione di mollare. I responsabili della morte di Sabahni dovevano finire di fronte a un tribunale.

Chinò la testa sul fascicolo, soffermandosi sull'ultima pagina del resoconto dell'aggressione. Si ricordò di come aveva reagito Fabrizio, quando era tutto finito. Il disabile si era messo a piangere, ripetendo più volte che Di Matteo non era suo fratello.

Mariani prese il rapporto e lo porse al maresciallo. «Sai, questa cosa che ha detto Fabrizio, alla fine, non mi convince…»

«Dobbiamo interrogare nuovamente la badante» rispose De Rossi, gesticolando con veemenza. «La badante sa un sacco di cose che non ci ha detto.»

De Rossi aveva ragione. Dovevano scoprire chi fosse veramente Alessandro Di Matteo.

Non c'era tempo da perdere. Si assicurarono che la badante fosse in casa e partirono con la sirena alla volta di San Saba.

Una volta rimasti soli con lei in cucina, decisero di metterla alle strette.

«Rosa, la prego di dirci la verità. Mentire alla polizia è un reato, e chi commette reati perde il diritto di soggiorno in Italia» minacciò De Rossi, con una certa dose di esagerazione.

Mariani si parò davanti a lei, cercando di essere convincente. «È inutile mentire. Oggigiorno è sufficiente un test del DNA, per stabilire se una parentela sussiste davvero.»

«La polizia tedesca ci ha consegnato materiale genetico di Alessandro. Basta che facciamo un confronto con quello di Fabrizio» aggiunse De Rossi.

A questo punto, la donna si strofinò le mani nel grembiule e disse con un filo di voce: «Alejandro y Fabrizio, no hermanos. Todos lo sabían.»

La donna continuò. Fabrizio e Alessandro non erano veri fratelli. Alessandro era stato adottato dalla famiglia quando era ancora un neonato e Fabrizio aveva soltanto due anni. Era una cosa che tutti i domestici della famiglia avevano saputo, compreso Sabahni.

Rosa era entrata al servizio della famiglia soltanto molti anni dopo. Ma si raccontava che i coniugi Di Matteo lo avessero ricevuto in adozione da un ospedale, dove era stato abbandonato appena nato. E che fossero stati felici di vedere crescere quel bambino dotato di perfetta salute, dopo essere stati colpiti dalla sciagura di un figlio disabile.

«Ma Fabrizio sapeva che il fratello era stato adottato?»

«Lo entendío. Dopo la muertes de los padres, l'ho escuché hablar con Alejandro.»

Fabrizio aveva chiesto al fratello se avrebbe continuato a fargli visita, ora che non avevano più niente in comune. Ma Alessandro lo aveva rassicurato. A Rosa erano rimaste impresse le sue parole.

«Quali parole?»

Rosa strizzò gli occhi a mandorla, che erano diventati lucidi. Giunse le mani e parlò lentamente, sforzandosi di non fare errori.

«"Non importa avere lo stesso sangue per essere fratelli".»

Mariani sentì un brivido corrergli per la schiena. Adesso capiva perché Fabrizio non avesse denunciato la scomparsa del fratello, e perché credeva che non sarebbe ricomparso.

Mentre tornavano in caserma, Mariani aprì bocca soltanto una volta.

«Comunque il test del DNA lo facciamo ugualmente. A scanso di equivoci.»

12.

Robert era di nuovo seduto nella metropolitana che lo avrebbe portato alla Torre Blu. Il vagone era affollato e pervaso di umidità. Fuori pioveva. Stava per sedersi, quando vide una donna anziana e decise di lasciarle il posto. Si appoggiò al vetro divisorio, gettando la testa all'indietro. Era triste. Forse quella era l'ultima volta che incontrava gli amici di Alex.

Dopo l'operazione di Roma, Robert era stato costretto ad archiviare il caso Di Matteo, classificandolo come scomparsa volontaria. Aveva opposto qualche resistenza, ma non c'era stato nulla da fare. I superiori avevano impartito istruzioni precise. Il caso era arrivato al muro invisibile.

Robert aveva partecipato volentieri all'operazione. Ma si era reso conto che lo scopo delle forze dell'ordine non era stato quello di proteggere Alex da chi lo voleva morto.

La polizia italiana aveva voluto catturare gli assassini di Sabahni, e anche istituire un precedente che servisse da esempio.

La polizia federale era stata spinta da motivi del tutto simili. Avevano partecipato all'operazione a Roma soltanto per poter ricattare gli americani. C'era un cittadino tedesco che era stato prelevato per strada e portato nella prigione di uno stato estero, dove languiva senza processo. Quella violazione di sovranità sarebbe passata inosservata, soprattutto in un paese che ci si era abituato, se non fosse stato per lo zelo di alcuni giornalisti.

Finalmente fu all'ingresso della stazione. Robert si avviò verso le scale mobili, alzandosi il bavero della giacca per difendersi dalla corrente d'aria. Un poster rosso sangue attirò la sua attenzione: la pubblicità di un nuovo thriller.

Nicole non era più comparsa in commissariato. Praticamente, Robert non l'aveva più vista, dal momento in cui aveva lasciato la casa di Fabrizio. Ufficialmente, l'agente di Berlino era stata richiamata in sede per un'indagine a cui era stato attribuito un carattere prioritario:

353

l'omicidio a sangue freddo di una poliziotta, in un'area di sosta dell'autostrada. Ma Robert aveva letto nella faccia di Sander che si trattava di una mezza verità.

Ormai era convinto che la polizia federale non poteva o non voleva indagare ulteriormente sul caso Di Matteo.

Per questo motivo, Robert aveva deciso di fare qualcosa che era ufficialmente proibito, ma rispondeva alla sua idea di giustizia. Era stata Katia a convincerlo. Avrebbe passato tutte le informazioni, anche quelle che non aveva inserito nel rapporto ufficiale, al tenente Mariani. In fondo Alex era nato in Italia, e c'era pure scappato un morto. Gli italiani non avrebbero potuto archiviare le indagini così facilmente.

Tuttavia, c'erano ancora alcune cose che non aveva capito a proposito di quella che era stata la missione di Alex nel Golfo Persico. Aveva chiesto agli amici di Alex di aiutarlo a chiarirsi le idee. O forse era soltanto una scusa per incontrarli.

Tom era stato gentile: per poter parlare dell'intera storia senza essere disturbati o ascoltati da curiosi, aveva invitato Daniel e Robert a casa sua. La casa di Tom era sicura: Robert aveva fatto smontare tutti i dispositivi spia.

Era già sera e la casa immensa di Tom era debolmente illuminata. La testa a due facce, che non si era mossa dal solito piedistallo, sembrò lanciargli un sorriso enigmatico. L'unico angolo illuminato a giorno era l'estremità sinistra della sala, delimitata da due colonne di granito. Robert si avvicinò al tavolo di vetro, a cui avrebbero potuto prendere posto dodici persone.

Lui aveva insistito per coinvolgere anche Katia e Silvia, che arrivarono una dopo l'altra. Fra gli amici doveva esserci qualche screzio, perché le due donne si sedettero ai capi opposti del tavolo e rimasero in silenzio per la maggior parte del tempo.

Dopo essersi accomodato su una sedia metallica, Robert prese la parola.

«Come ho già detto, il nostro reparto ha deciso di archiviare il caso Di Matteo. Non sussistono prove che smontino la tesi della scomparsa volontaria. Mai io ho pensato di inviare un rapporto non ufficiale agli investigatori italiani. Credo che siano loro ad avere maggiore interesse a fare luce sui retroscena di questo caso. Per questo vi chiedo di aiutarmi a capire perché Alex è sparito e chi lo perseguitava.»

Fu Tom il primo a rispondere. «Conosci la mia rubrica *Follow the Money*?»

«Purtroppo ricordo soltanto il primo articolo.»

Robert aveva dato un'occhiata alla rubrica. Ma senza approfondire.

Tom si allontanò, e tornò dopo alcuni minuti con un fascicoletto brossurato. «Ecco una raccolta di tutti gli articoli. Ci ho messo anche la dedica. Ti consiglio di leggerli attentamente, se vuoi capire che cosa stesse facendo Alex in Iraq.»

Robert ne aprì la prima pagina e sorrise, sbirciando la dedica scritta apposta per lui. Poi ripose il fascicolo nella borsa e da questa estrasse un verbale, sul quale puntò un dito.

«Daniel,» disse allo scozzese, che era seduto di fronte a lui, «alla fine dell'interrogatorio ci hai detto quanto segue: 'Ho motivo di ritenere che Alex facesse parte di un'equipe di specialisti, inviati dai governi europei in Medio Oriente, allo scopo di affermare l'euro come moneta di scambio del petrolio'. Potresti spiegare meglio quello che volevi dire?»

Nel frattempo, Tom era tornato dalla cucina con un vassoio e si era messo a servire da bere. Fu lui a rispondere, al posto di Daniel. «Ti ricordi dell'aggressione dell'Iraq sul Kuwait nel 1990? Dopo questo atto di guerra, la comunità internazionale impose sanzioni che proibivano agli stati membri dell'ONU di acquistare petrolio dall'Iraq.»

«Questo lo sapevo già. E so anche che verso il 1995 fu lanciato il programma umanitario Oil for Food, che consentiva all'Iraq di vendere il proprio petrolio in cambio di medicinali e derrate alimentari.»

«Vedo che sei informato. Ma lo sai qual è stato l'aspetto più rivoluzionario del programma Oil for Food?»

Robert si strinse nelle spalle. «So che Alex era coinvolto in questa operazione, e che è stato rimpatriato dall'Iraq dopo che non c'era più niente da fare, a causa della guerra. Ma non ho capito perché dovrebbe essersi trovato in pericolo.»

«A partire dalla fine del 2000, il regime di Saddam Hussein cominciò a richiedere che il petrolio venduto nell'ambito del programma Oil for Food venisse fatturato in euro invece che in dollari» disse Tom, mettendo le mani sul tavolo e rivolgendosi con enfasi a tutti i presenti: «Si trattava di un evento rivoluzionario. Finora il petrolio era stato sempre negoziato in dollari.»

Katia annuì. Silvia, invece, teneva il capo chino sul tavolo.

Daniel si lasciò andare contro lo schienale della sedia. «Come ho detto durante il mio interrogatorio, è stato dall'inizio del 2001 che la quotazione dell'euro sul dollaro ha cominciato a salire, portandosi da 0,85 a 1,35 dollari. E non è un caso.»

«Il programma Oil for Food ha avuto dimensioni economiche enorme. Intorno a esso hanno gravitato gli interessi di tutto il comparto petrolifero europeo» continuò Tom, alzando la voce. «Un affare gigantesco, che ha attirato tutta una rete di diplomatici e procacciatori di affari. E poi l'idea di fatturare il petrolio in euro non è venuta spontaneamente a Saddam Hussein. Deve essere stata frutto di un'opera di convinzione da parte di emissari che difendevano gli interessi europei. Un'opera di convinzione che si sarà servita anche della corruzione.»

A questo punto Robert tirò fuori la foto di Jean-Claude e la mise sul tavolo.

«È anche quello che ci hanno detto gli italiani: l'amico di Alex doveva essere un diplomatico francese, che aveva proprio questo incarico:

convincere l'Iraq a vendere il petrolio in euro. Si chiamava Jean-Claude Moulin ed è morto a Parigi, in un incidente stradale alquanto sospetto.»

Daniel allungò le braccia e mostrò i palmi, come per dire che la cosa era chiara. «Alex aveva probabilmente la stessa missione di Moulin.»

«Dopo l'invasione dell'Iraq nel 2003, una delle prime iniziative degli americani è stata quella di ristabilire il dollaro come moneta di scambio del petrolio iracheno. È stato anche il momento in cui Alex è stato fatto tornare dall'Iraq. La sua missione era finita, o meglio fallita» proseguì Tom, ancora in piedi accanto all'amico.

Robert scosse la testa. «Qualche mese dopo, Alex deve essere venuto a sapere della morte di Moulin. Probabilmente ha avuto paura, e per questo è fuggito. Ma se il progetto era già fallito, che bisogno c'era di eliminare Moulin?»

«Uccidendo Moulin, gli americani volevano intimidire tutti coloro che avessero osato fare lo stesso. E volevano stroncare sul nascere iniziative del genere» rispose Daniel. «E poi il progetto non si era affatto concluso. La diplomazia europea ha cercato di convincere altri produttori di petrolio a passare all'euro. E ci è anche riuscita, per esempio in Iran. L'Iran voleva aprire una borsa in cui il petrolio sarebbe stato scambiato in euro.»

«La famosa borsa del petrolio sull'isola di Kisch» disse Silvia.

Katia, che finora non aveva parlato, a questo punto volle dire la sua.

«Anch'io credo che ci troviamo all'interno di una guerra valutaria. E le valute non sono una cosa astratta. Servono per accaparrarsi le risorse della terra.»

Robert dovette ripensare alle aggressioni di cui erano stati vittime Tom e Katia. Alex doveva essere stato un personaggio importante di quella guerra.

Silvia alzò la voce, rivolta a Robert. «Qualunque cosa facesse Alex, sono sicura che agiva per idealismo. Il programma Oil for Food fu istituito affinché la gente non morisse di fame e malattie. Scrivi anche questo, nel tuo rapporto.»

Gli amici rimasero in silenzio, fino a che Silvia si chinò sul pavimento e ne riemerse con un pacco regalo, che spinse sul tavolo verso Robert.

«Prometti di aprilo solo quando sarai a casa? È una sorpresa.»

«Promesso» rispose Robert, contento di quel pensiero gentile. Ma c'era anche tristezza nella sua voce. Finora, nessuno aveva parlato di rivedersi. Sarebbero tutti tornati alla loro vita normale, nella quale non c'era posto per lui.

Qualcuno dovette notare il suo stato d'animo. Un'occhiata passò da Liza e Silvia a Daniel, fino ad arrivare a Tom e Katia.

«Robert» intervenne Liza «per Capodanno darò una festa a casa mia. Vieni anche tu? Porta pure la tua ragazza.»

«Porta *chi vuoi*» precisò Katia.

Tom si allungò sul tavolo, verso di lui. «Sei uno di noi, Robert. Scusa, se non te lo abbiamo detto prima.»

Robert esplose in un sorriso. Poi allungò le gambe e avvertì una sensazione di leggerezza. Era felice, e per tutto il resto della serata fu come se il tempo avesse preso il volo.

Tornando a casa, Robert si mise a osservare la folla dei passeggeri nella metropolitana. A ogni stazione gente di ogni età, colore, estrazione sociale, si riversava nel vagone. Chissà quali strani destini si nascondevano dietro le loro apparenze.

Una banale casualità gli aveva fatto conoscere persone interessanti. Ormai gli erano amici, anche se guadagnavano molto più di un poliziotto e abitavano in case che lui non avrebbe mai potuto permettersi.

Tutti loro condividevano le vicende, le emozioni, i desideri di qualsiasi essere umano: l'amore, l'euforia, il tradimento, la delusione, la rabbia. Le emozioni che avevano provato insieme, durante la gita al ponte sospeso. La felicità stava in quelle emozioni, e non nel denaro.

Anche se le sue disponibilità economiche erano modeste, Robert aveva le stesse possibilità di essere felice. Ormai aveva capito quello che Tom scriveva nei suoi articoli: il denaro non ha alcun valore intrinseco.

Assorto in questi pensieri, era già sceso dal vagone e si apprestava a risalire in superficie, quando vide un mendicante che giaceva accanto alla biglietteria automatica. Doveva essersi riparato lì, perché fuori pioveva.

Con una decisione improvvisa, Robert estrasse dalla giacca il portafoglio. Aveva soltanto una banconota da cinquanta euro. Scrutò l'emblema del portale barocco e la sollevò, per osservarne la filigrana in controluce. Ormai aveva capito che quel pezzo di carta era riproducibile a piacimento. Lui non ci cascava più.

Si chinò verso il mendicante e posò la banconota nel cappello che teneva accanto a sé.

Forse a lui sarebbe servita.

13.

Fu soltanto verso la metà di dicembre che Robert venne a sapere chi era veramente Alessandro Di Matteo.

La giornata era cominciata male. Con pioggia e neve, che avevano mandato in tilt la rete della metropolitana. Robert era arrivato tardi in ufficio.

Nadia era sulla porta, e quando lo vide gli venne incontro gesticolando.

«Robert, finalmente, sta arrivando un fax per te, dai ROS di Roma.»

Robert provò un fremito, non seppe dire se di gioia o di paura. C'erano novità? O era successo qualcosa a Fabrizio?

Si precipitò in segreteria e si chinò sull'apparecchio, dal quale stavano ancora uscendo fogli. Sembravano analisi di laboratorio. L'ultima pagina era costituita da una lettera personale di Mariani.

Afferrò i documenti e si chiuse in ufficio.

Per prime esaminò le analisi. Sbarrò gli occhi e quasi si distese sul tavolo. Cercò di mettere a fuoco quello che c'era scritto, come per accertarsi che non fossero allucinazioni.

Quando fu certo che la notizia fosse vera, si lasciò andare sulla sedia. Qualcuno avrebbe dovuto dirlo agli amici di Alex, e quel qualcuno era lui.

Poi prese la lettera di Mariani, in cerca di spiegazioni. Era stata scritta in fretta, in un inglese smozzicato, ma Robert ricostruì ciò che doveva essere accaduto. Tutto era partito dalla deposizione di uno degli aggressori arrestati. L'interrogato era caduto in un lapsus a proposito della nazionalità di Alex. E il lapsus aveva insospettito uno degli inquirenti; che avevano confrontato il DNA di Alex non soltanto con quello di Fabrizio, ma anche con quello del defunto Nassim Sabahni. Robert guardò fuori dalla finestra. La scoperta gettava una nuova luce sulla personalità di Alex e contribuiva a spiegare definitivamente la sua fuga. E anche i motivi della persecuzione di Alex da parte dei servizi segreti angloamericani…

Robert non riuscì più a stare fermo sulla sedia. Doveva assolutamente dare quella notizia agli amici di Alex. Ma non era il caso di chiamarli al telefono. Guardò il calendario. Era davvero venerdì. Quella sera sarebbe andato al Blue.

Quando arrivò, il locale era affollato. Dovette farsi strada fra una musica assordante e l'odore di alcool misto a quello del caffè. Daniel, Silvia, Katia e Tom sembrarono felici di vederlo. Si alzarono, lo abbracciarono e gli fecero posto al tavolo.

«Hai fatto bene a venire» gli disse Katia.

Silvia aveva la solita faccia d'angelo, a parte il fatto che era ingrassata. Ma questo faceva parte della vitalità che aveva preso a emanare.

Tom, nonostante l'abbronzatura, non dava l'impressione di stare bene. Le rughe ai lati della bocca si erano fatte più profonde, i capelli più radi. Katia aveva la frangia spettinata e si torceva le mani. Daniel osservava il fondo del suo scotch.

Robert doveva avere interrotto una conversazione, perché gli amici, mentre lui cercava di attirare l'attenzione di un cameriere, ripresero immediatamente a discutere.

«La crisi finanziaria non è una tragedia.» Tom parlava in modo risoluto, agitando una mano come se volesse scacciare una mosca.

«La crisi finanziaria scatenerà una guerra per il controllo delle risorse, e quella sarà una tragedia» ribatté Katia.

«A noi non può succedere niente» commentò Silvia, con aria di sufficienza. «Anche se dovessimo perdere il lavoro, ci sarà sempre lo Stato ad alimentarci. Non è ovunque così.»

Per una decina di minuti, Robert aspettò il momento giusto per fare il suo annuncio. Ma accorgendosi che non sarebbe arrivato, decise di interromperli.

Si alzò in piedi e mise le mani sul tavolo.

«Scusate, ma devo farvi una rivelazione importante su Alex.»

Gli amici non tacquero subito. Tom scambiò ancora qualche parola con Daniel.

«Sentiamo» disse Silvia, alzando il volume della voce. «Ormai non ci stupiamo più di nulla.»

Katia lo guardò con aria interrogativa.

«Vi avevo già detto che gli italiani hanno fatto alcuni riscontri sul DNA di Alex e hanno scoperto che non era figlio naturale dei Di Matteo, ma era stato adottato.»

Tom annuì. «Lo sapevamo già.»

Una cameriera si avvicinò finalmente al loro tavolo e Robert si distrasse un attimo. Voleva ordinarsi una vodka. Ne avrebbe avuto bisogno.

«Non è tutto» riprese, quando la ragazza fu andata via. «Dopo l'interrogatorio di un imputato, hanno comparato il DNA di Alex con quello dell'iraniano trovato morto. E hanno scoperto che Alex è figlio biologico di Nassim Sabahni.»

Gli amici rimasero impietriti. Robert vide volti trasformati in punti interrogativi, carnagioni farsi pallide, mani aggrapparsi al tavolo.

«Cioè che Alex è nato in Iran?» chiese Katia, con gli occhi spalancati.

Robert sospirò. «Alex è nato su una nave di profughi, da padre e madre iraniani. Ma sua madre è morta di parto, durante la traversata.»

A questo punto gli amici rimasero per qualche istante in silenzio. Fu Silvia a fare la prima osservazione: «E allora? Anche se fosse stato giallo con gli occhi a mandorla, o nero con le labbra grosse, sarebbe stato sempre Alex. L'uomo che tutti amavano.»

Quando la cameriera portò la vodka di Robert, Tom ne ordinò una anche per sé. Poi si protese verso Robert, con le braccia allargate. Sul suo volto erano aumentate le rughe. «E come è finito in una famiglia di Roma?» chiese, incredulo.

«Nassim Sabahni doveva essere disperato. In una città straniera, con un bambino appena nato. Ha depositato il neonato in una ruota degli esposti, presso un ospedale» rispose Robert. «Ma la storia non finisce qui. Il padre biologico di Alex ha tenuto duro.»

Daniel si mise a braccia conserte. «Nassim Sabahni lavorava presso la famiglia di Alex, o sbaglio?»

«Appunto» sospirò Robert. «Sabahni è riuscito a trovare la famiglia che aveva adottato Alex, ha saputo aspettare e alla prima occasione si è fatto assumere come domestico. Così è stato vicino al figlio per tutto il tempo in cui Alex ha vissuto a Roma.»

Gli amici erano rimasti ad ascoltare in silenzio. Silvia si era prostrata in avanti, con gli occhi lucidi. «Accidenti, questa sì che è una storia romantica.»

«Come sapete, Nassim Sabahni è stato trovato morto, circa un anno dopo la scomparsa di Alex. Forse per mano delle stesse persone che volevano rapire il vostro amico.»

«Ma Alex sapeva che Nassim era suo padre?»

«Nassim era ancora vivo quando i genitori adottivi di Alex sono morti. È probabile che a questo punto abbia rivelato a suo figlio la verità.»

Silvia si afflosciò sulla sedia. «Quando ho conosciuto Alex, mi ha detto che i suoi genitori erano deceduti da poco. Ma con me non ha mai parlato né di un padre biologico, né di un fratello.»

«Secondo me non dobbiamo prendercela» disse Tom. «Gli anni che abbiamo passato con Alex sono stati belli, non importa chi fosse e che fardello si portasse dietro. Siamo stati fortunati ad averlo come amico.»

Poi Tom scolò la sua vodka e rimase a osservare il fondo del bicchiere. «Le relazioni umane sono a tempo determinato. Arriva sempre il momento in cui bisogna dividersi.»

«*Dove io devo andare, tu non puoi seguirmi, bambina?*» disse Katia, senza che Robert capisse il senso delle sue parole.

14.

Uno squillo del campanello fece saltare Katia dal letto. Erano appena le cinque.

I mesi erano passati e stava di nuovo iniziando l'estate. Quella notte, Katia non era riuscita a dormire.

Le rivelazioni sull'origine di Alex e su quella che era stata la sua vera esistenza avevano lasciato un vuoto nelle loro vite. E le avevano cambiate, anche se in apparenza tutto era rimasto come prima.

Katia era tornata alla sua normale vita a Francoforte. Di giorno vendeva bond, derivati e swap di dubbio valore sostanziale, di notte usciva con gli amici del Blue e qualche volta indulgeva al fascino maschile.

La fine dell'anno era stata festeggiata con una cena a casa di Liza, a cui si era fatto vedere anche il commissario. Non era accompagnato e non era stato promosso, ma sembrava felice lo stesso. E poi tutti al Blue, dove Robert aveva trasmesso ai tasti del pianoforte il suo stato di grazia.

Con Tom, Katia non se l'era sentita di ricominciare. Non c'era stato alcun chiarimento fra loro. Lui le aveva più volte accarezzato il polso, ma Katia aveva fatto finta di niente.

Dell'operazione degli agenti a Roma avevano parlato molto. Katia aveva dovuto raccontare molte volte tutto quello che era successo, e ogni volta si rendeva conto che rimanevano particolari oscuri. Si chiedeva per esempio perché Nicole fosse scappata così in fretta, senza più farsi viva, e perché Fabio non avesse avuto alcuna paura di girare con lei per la casa, senza elmetto.

Si domandava anche se Robert fosse stato a conoscenza del compito che le era stato affidato. Katia aveva creduto davvero che Alex sarebbe comparso. E visto che il piano degli americani era andato male, aveva temuto l'incontro con Dennis. Ma aveva dovuto ricredersi, quando Dennis le aveva spiegato che i falchi avevano tentato di raggirare anche lui.

Gli amici le avevano chiesto se avesse avuto paura, e se si fosse sentita in pericolo. Una domanda che le faceva ricordare quei momenti in cui era rimasta letteralmente terrorizzata, e aveva anche avuto paura di morire.

A Laura aveva confidato di avere passato l'ultima notte a Roma insieme a Fabio, l'agente che aveva fatto finta di essere Alex, e che l'aveva tranquillizzata con le coccole che si fanno a una bambina. Katia non aveva resistito a quella situazione, mista di paura ed eccitazione, e gli aveva fatto una proposta esplicita, usando una battuta di *L.A. Confidential*: «Non è vero che assomigli a Alex. Sei più bello.» Anche se Fabio non le aveva rivelato alcun retroscena dell'operazione, Katia aveva un bel ricordo di quell'incontro erotico inaspettato.

Katia si precipitò alla porta. Chi poteva essere a quell'ora? Un corriere le consegnò un pacchetto e Katia dovette firmare qualcosa. Ma non era un corriere qualsiasi. Portava una divisa che Katia non aveva mai visto.

Quando aprì il pacchetto, aveva il cuore in gola. Per prima cosa prese fra le mani il biglietto, che riportava un enigmatico messaggio di poche righe:

"È stato un piacere: Wonder Woman e l'Uomo Invisibile."

Katia spalancò gli occhi e dovette mettersi a sedere sulla panca del guardaroba. Oltre al biglietto, il pacchetto conteneva alcune foto e un supporto dati.

Diede soltanto un'occhiata fugace alle foto e trasalì. I pochi fotogrammi furono sufficienti a farla piegare in due. Le mise subito a faccia in giù. Non voleva che le immagini della violenza su Laura la tormentassero.

Nicole, però, aveva mantenuto la promessa.

Andò in cucina e si fece un caffè. Avrebbe consegnato quel materiale a Laura il prima possibile. Con esso l'amica avrebbe potuto querelare

Christine, o comunque cercare di farsi giustizia. Sapeva come andavano le cose in quell'ambiente. Un bravo avvocato (e Katia ne conosceva uno, anzi una) avrebbe ottenuto un risarcimento in via di transazione privata, senza troppa pubblicità.

Già gioiva, pensando alla cifra che Christine Bandelle avrebbe dovuto sborsare. Non era lei che aspirava al consiglio di amministrazione della Global? A quei livelli sarebbe stata una cifra che avrebbe permesso a Laura di smettere di fare la segretaria.

Venne anche il giorno in cui dovettero affrontare la discussione seria che avevano tante volte rimandato.

Sebbene non volessero ammetterlo, le ultime rivelazioni sull'origine di Alex avevano creato un certo sconcerto fra loro. Alex non era mai stato quello che credevano. E non c'era da stupirsi che volesse vivere altrove.

Erano seduti sulla terrazza del Blue, in una tiepida serata d'estate. Tom si era piegato in avanti, nascondendosi il volto fra le mani.

«Credevamo di essere amici. Invece non sapevamo nulla di Alex.»

Silvia scosse la testa. Aveva gli occhi lucidi. «La sua origine non importa. Quello che mi ha deluso è che ci abbia piantato in questo modo» disse, quasi farfugliando. Stava per mettersi a piangere. «Forse pensava che non lo avremmo accettato.»

«Deve esserci ancora qualcosa che non sappiamo» aggiunse Tom, che si era messo a osservare l'etichetta dell'acqua minerale.

Daniel si raddrizzò sulla sedia. «Mi sembra che la questione sia abbastanza chiara: l'operazione di Roma ha rivelato che qualcuno voleva eliminare o rapire Alex, per motivi legati all'affare del *Big Oil*.»

«O perché credono che sia un terrorista» disse Silvia.

Katia si sentì obbligata a prendere le difese dell'amico. «Per questo Alex è fuggito. E non si è fatto vivo non perché fosse uno sporco egoista, ma perché voleva proteggerci.»

«Ti rendi conto che eri in pericolo anche tu, Silvia?» si infervorò Tom. «Saresti potuta morire insieme a lui, in un finto incidente d'auto.»

Liza allargò le braccia. «A questo punto, dobbiamo rassegnarci. Alex non tornerà. Silvia, sei stata fortunata a trovare un altro uomo.»

Katia si era fatta pensierosa e gingillava con la collana di perle. «Forse Alex ha voluto dirci qualcosa, con la sua scomparsa».

Tom si mosse sulla sedia, sospirando. «Alex non è soltanto fuggito. Si è rifiutato di continuare a fare la vita che facciamo noi».

«Vuoi dire la vita dei privilegiati?» ribatté Silvia.

«Parli dei nostri privilegi come se fossero un optional che non toglie nulla a nessuno. E invece provocano fame, guerre e distruzioni» concluse Tom. «Conoscete la parabola dell'altalena?»

Katia scosse la testa. Non la conosceva. Lei aveva studiato matematica.

« Bertolt Brecht» mormorò Silvia «*Santa Giovanna dei Macelli.*»

15.

Era stato Tom a suonare il campanello, senza preavviso.

Katia aveva appena aperto uno spiraglio della porta, quando avvertì l'odore del suo dopobarba. Il solito sfacciato, come se avesse un qualche diritto su di lei. Arretrò di un passo e lo fece entrare. Non sapeva nemmeno lei perché, ma poteva essere una buona occasione per un chiarimento.

Tom si accomodò accanto a lei, sul divano. Era vicinissimo. Katia inspirò profondamente e fu assalita dai ricordi. Ma resistette a quelle sensazioni. Fece un balzo e si spostò di un metro.

«Non so che cosa ti abbia raccontato la tua amica» esordì Tom, che si mise le mani sulle ginocchia ed evitò di guardarla negli occhi, «ma fra me e Silvia non c'è niente.»

«Laura ha avuto tutt'altra impressione.»

«La gente vede quello che vuole vedere.»

Katia mise le mani sui fianchi. «Anche Silvia ti sei preso?»

«Io e Silvia ci scambiamo soltanto tenerezze, come fra buoni amici.»

«Laura mi ha detto che sembravate in procinto di andare a letto.»

Tom si torse le mani e abbassò gli occhi. «Non è vero. È una storia passata.»

Katia ebbe un fremito. Era la prima volta che Tom confessava di avere avuto qualcosa con Silvia. Si alzò, stizzita, e fece finta di andare a prendere qualcosa in cucina. Qui appoggiò le mani sul tavolo e chinò la testa. Tirò un lungo sospiro.

Poi fece per tornare in soggiorno, ma rimase sulla porta, a braccia incrociate.

«Ma non ti vergogni a "scambiare tenerezze" con la moglie di tuo fratello?» gridò.

«Non ho fatto niente di male. E poi il rapporto fra due gemelli è una cosa particolare.»

«Fuck you.»

«Siamo abituati al fatto che le donne ci desiderino tutti e due. È sempre stato così, fin da ragazzi.»

«Ma che bravi» esclamò Katia, furiosa. «Adesso che non c'è più Alex, scambi le donne con Christian.»

Tom si lasciò andare sullo schienale. «Confessa che Christian ti piace. Immagina di rimanere sola con lui, fra qualche anno, quando si sarà stancato di Silvia. Credi che potresti resistergli?»

«Hai ragione. Christian è meglio di te.»

«E pensare che le prime ragazze che abbiamo visto in bikini erano italiane. Mio padre ci portava al mare in Liguria» disse Tom, raddrizzando la schiena. Aveva recuperato la sua disinvoltura.

Ma Katia era decisa a mantenere le distanze. «Che cosa sei venuto a fare? A parlare di Christian?»

Tom poggiò i gomiti sulle ginocchia e la guardò negli occhi. «Non mi offri da bere?»

Katia aveva messo una grappa sul tavolino. Ne riempì due bicchieri con gesti lenti, mentre rimuginava su quello che avrebbe detto o fatto.

Tom portò alla bocca il liquido trasparente e Katia buttò giù il suo in un sorso. Il calore che le pervase la gola le diede coraggio.

«Questa situazione non mi ha mai reso felice» disse Katia, infine. «Quando siamo stati insieme, in vacanza, non pensavo che sarebbe finito tutto così in fretta.»

Tom abbozzò un mezzo sorriso. «Anche tu sei andata subito con Alex.»

«E ho fatto bene. Alex era un uomo eccezionale, che altrimenti non avrei conosciuto.»

«Non credo che sia l'infedeltà sessuale a ferire. Quello che fa star male è la menzogna. Se vuoi, ti racconto la verità.»

«La verità dal tuo punto di vista? Non so se mi interessa.»

Tom era scuro in viso. Le rughe ai lati della bocca erano come scolpite. Ma la sua vicinanza le faceva increspare la pelle. Katia versò altre due grappe.

«Devi sapere che quella che ho avuto con Silvia, in passato, è stata una lunga relazione, e non un'avventura.»

Katia si sentì gelare, anche se lo sapeva. Era come se Tom le sparasse con proiettili di gomma. Facevano male anche quelli.

«È cominciata durante un lungo viaggio di Alex. All'inizio, Silvia si consolava con me, durante le sue assenze.»

«Che cosa vuol dire "all'inizio"?»

Tom si alzò e si avvicinò alla finestra. Katia lo seguì con lo sguardo. I bagliori della città entravano a sprazzi nella stanza, formando ombre sinistre.

«È cominciato con un banale tradimento» disse lui, senza guardarla. «Silvia stava con tutti e due, ma il bello è iniziato quando Alex se ne è accorto.»

«Tom, i vostri litigi non mi interessano.»

«Ti sbagli, Katia. Da allora, abbiamo iniziato a stare insieme. Era questo il segreto di Alex.»

Katia si alzò di scatto dal divano e lo raggiunse, incredula. Alex gli aveva parlato di un segreto. Ma quando era venuta a sapere di suo padre, aveva pensato che il segreto fosse quello.

«Che cosa vuoi dire?» gli disse, in piedi accanto a lui. Fuori, un aereo stava attraversando il cielo.

«Avevamo... quello che si chiama un *ménage à trois*.»

Katia guardò a terra, evitando lo sguardo di Tom. Sperò che non continuasse a parlare.

«Ma Silvia, la amavi?»

«Non far finta di non capire. Non era una situazione facile. Ho deciso più volte di troncare tutto. Quella vacanza, ti ricordi della vacanza che abbiamo passato insieme? Ti avevo invitata apposta. E Silvia ci è rimasta male.»

Peccato. Tom stava rovinando il ricordo piacevole che Katia aveva di quel viaggio. Adesso comprendeva l'intrigo a cui si era prestata.

«E Alex?»

«È stato lui a volerlo. Gli andava bene così. Lo sai che cosa è arrivato a chiedermi?»

«Non voglio saperlo.»

«È stato qualche mese prima della sua scomparsa. Forse saprai che Alex si era fatto sterilizzare.»

Katia fece un passo indietro, con l'intento di allontanarsi. Ma Tom la trattenne per un braccio, continuando a parlare.

«Mi ha chiesto di ingravidare Silvia, sostenendo che avrebbe provveduto lui a riconoscere il bambino.»

Katia si irrigidì. Si voltò ed espirò contro il vetro, fino a farlo appannare. «Doveva proprio considerarti un amico.»

«O forse voleva usare sia me che Silvia per i suoi scopi egoistici.»

«E ci avete provato?»

«Silvia non è mai rimasta incinta. La natura ci ha fatto una grazia.»

Katia era fuori di sé. «Per quanto tempo?»

«Non ricordo, ma avevo già cancellato Alex dalla mia vita. La mattina in cui è partito in auto, l'ho visto in garage, e ho avuto subito la sensazione che non lo avremmo più rivisto.»

«Quella notte era stato con me» disse Katia, per ripicca.

Ma Tom non reagì. «Qualche mese dopo la sua partenza, qualcosa mi ha spinto a rompere la relazione con Silvia. Sono stato io a presentarle mio fratello. Credo che sia l'uomo adatto a lei, e le auguro di essere felice.»

«Perché mi racconti tutto questo, Tom?» gli chiese infine Katia.

«Perché Alex potrebbe tornare. Ed è meglio che tu sappia chi è.»

Katia rimase scossa da questa confessione. Adesso capiva perché quella vacanza non aveva avuto alcun seguito. Tom l'aveva soltanto usata. Era anche sconcertata dallo strano rapporto che Alex sembrava avere avuto con Tom. Chiedendogli di mettere incinta la sua donna, voleva avere davvero un figlio dal suo migliore amico? Alex non conosceva limiti. Tutti gli scrupoli morali che Katia aveva avuto a suo tempo le apparivano adesso ridicoli.

Quella storia continuò a tormentarla per un po' di tempo. Ma un giorno, mentre cercava un DVD sullo scaffale, vide la copertina di un film e le venne un dubbio. Non fu più sicura che Tom le avesse detto la verità. Poteva anche essersi trattato di una fantasia. In fondo Tom era uno che scriveva per mestiere.

Ciò che Tom le aveva raccontato assomigliava alla trama di quel film. Soltanto che in quella storia il figlio nasceva, la madre moriva di parto, e i due uomini si ritrovavano con un figlio in comune.

16.

Quel giorno Katia non si era alzata presto. Prese il giornale dalla soglia della porta, si fece un caffè e si sedette di fronte al computer. Era di nuovo estate e la luce inondava la stanza attraverso le pareti di vetro. L'orologio in stile Dalí segnava le dieci.

Katia accese il computer per leggere le ultime notizie. Poi ci ripensò e cliccò sul suo album di fotografie, che presero a scorrerle davanti agli occhi, una dopo l'altra.

Alex, Tom, una festa a casa di Liza, il Blue, la sala trader della Lindman Bruck.

Erano passati quasi tre anni da quando il caso della scomparsa di Alex era stato archiviato. Katia non aveva avuto più notizie. Aveva mantenuto i contatti con Fabrizio, al quale talvolta scriveva, nella speranza che Alex si facesse vivo con lui.

Silvia era ormai madre di una bambina di nome Aisha. Si vedevano abbastanza spesso, anche perché Katia qualche volta si offriva di fare la baby-sitter.

Che fine aveva fatto Tom? Era uno dei tanti. Uno degli uomini con cui Katia si incontrava. Non sapeva se le andasse bene così, perché nemmeno lei era sicura di volere essere soltanto sua. O forse si era semplicemente rassegnata.

Laura una volta le aveva detto che anche famose intellettuali, come Simone De Beauvoir o Helene Weigel, erano state felici al fianco di uomini infedeli. Laura aveva studiato lettere: per questo faceva la segretaria.

Aprì il cassetto in cui giaceva il manoscritto. Fu tentata di rileggerlo, ma poi lo ripose via. A differenza di sua madre, lei era almeno riuscita a mantenere l'indipendenza.

La storia dell'umanità faceva passi da gigante. Un giorno Silvia era venuta al Blue, si era seduta al loro tavolo e aveva esclamato, con un insolito entusiasmo: «Lo sapete che Barack Obama è stato eletto candidato ufficiale alla presidenza degli Stati Uniti?»

Daniel e Liza si erano commossi a quella notizia. E anche Katia aveva esultato: tutte le volte che l'immagine di quel politico appariva sul piccolo schermo, le sembrava di vedere il suo *daddy*.

In banca era finita male. La crisi aveva colpito anche il suo reparto, proprio perché erano loro che vendevano bond strutturati a banche, investitori istituzionali e privati.

Katia, che aveva analizzato quei titoli, era sempre stata sicura che fossero sopravvalutati. Ma a lei, stupida donna, era stato detto che quel tipo di analisi non faceva parte dei suoi compiti, e che doveva limitarsi a vendere.

Già nel 2005 ne aveva parlato con Marc, il quale le aveva consegnato uno studio di un collega americano, in cui si prevedeva che un certo tipo di bond strutturati, cioè i bond ipotecari, in cui venivano cartolarizzati i mutui per l'acquisto di immobili, avrebbero perso drammaticamente di valore.

In seguito aveva saputo che anche Marc si era posizionato al ribasso contro i bond ipotecari, e che c'era persino un reparto della Lindman Bruck che vendeva agli speculatori gli strumenti finanziari necessari per lucrare su questo ribasso. Ciò voleva dire che la Lindman aveva doppiamente puntato al rialzo di titoli che probabilmente non valevano nulla.

I giornali avevano scritto che la crisi era dovuta al crollo del mercato immobiliare americano. Ma questo fenomeno si era tradotto in una crisi mondiale soltanto a causa dell'eccessiva cartolarizzazione praticata dalle banche. I mutui dei proprietari di case americani erano stati impacchettati in bond, che poi erano stati rivenduti in tutto il mondo, Europa compresa. E la banca di Katia, che aveva il quartier generale a New York, aveva partecipato in grande stile a quel gigantesco affare.

Ma l'espansione creditizia aveva provocato crisi anche su altri fronti: c'erano banche che avevano elargito crediti con troppa facilità, a persone e società che non li avrebbero mai potuti restituire. E c'era la crisi del "debito sovrano", vale a dire la crisi dei prestiti erogati agli stati.

Inoltre le banche continuavano a emettere una gran quantità di derivati, cioè di strumenti finanziari principalmente finalizzati alla speculazione, e privi di concreto aggancio a un bene mobile o immobile dell'economia reale. Fra di essi i cosiddetti *swap*, con cui le principali banche mondiali (fra cui la Lindman) stipulavano una specie di scommessa sul verificarsi di un evento incerto di mercato. Venivano emessi swap su tassi di interesse, su valute, su merci, sul rischio del credito. Il valore dei derivati negoziati sul mercato internazionale era di molto maggiore rispetto al valore di tutti gli altri tipi di beni patrimoniali messi insieme.

Un'organizzazione umanitaria aveva calcolato che il denaro investito in strumenti finanziari era dodici volte superiore al valore totale dei beni acquistabili sulla terra.

Katia si era resa conto che il suo lavoro non era più sicuro, che la crisi era imminente e che poteva essere licenziata da un momento all'altro. Si era anche accorta di essere mal vista dall'amministrazione della Lindman Bruck. Ne aveva parlato con Marc, il quale si era offerto di aiutarla, a modo suo: le aveva proposto di investire nel suo fondo. Normalmente non accettava somme inferiori a un certo importo e addebitava commissioni salate, ma per lei avrebbe fatto un'eccezione. Le aveva anche detto che nell'ambiente erano in molti a farlo, in segreto, compreso il suo capo Jan Kobler.

Katia aveva quindi svincolato l'ottanta percento dei suoi risparmi, e li aveva affidati al fondo speculativo di Marc Spencer. Era stato un po' come giocare alla roulette.

Katia gettò un'occhiata al prospetto relativo all'investimento. Era andato bene.

La crisi aveva colpito anche Jan. Prima del botto finale, aveva convocato lei e gli altri venditori all'alba, mettendoli al corrente di una brutta situazione: il consiglio di amministrazione della banca si era riunito in nottata e aveva impartito al loro reparto istruzioni per effettuare una vera e propria svendita di bond ipotecari, che dovevano sparire dai bilanci.

Katia era rimasta non poco sorpresa, sia per le cifre in gioco, sia per il fatto che avevano negoziato tranquillamente quei titoli fino a pochi giorni prima.

Ciò che l'aveva maggiormente preoccupata era il fatto che Jan non sembrava essere d'accordo con la procedura. Anzi pensava che, così facendo, la banca perpetrasse una vera e propria truffa a danno dei clienti. Per non parlare delle implicazioni penali, che potevano ricadere anche su di lui.

Quella svendita era stata seguita da altre operazioni al limite della legalità. E Jan aveva lasciato la banca di propria volontà, portandosi dietro Laura.

Katia era stata licenziata poco prima che la crisi giungesse al culmine, nell'estate del 2008.

Dopo forti riduzioni di personale e sovvenzioni statali, la Lindman Bruck era sopravvissuta alla crisi, ma con un bilancio ridimensionato, in cui continuavano a nascondersi passività che ne facevano un gigante dai piedi di argilla. Un destino che la accomunava a molte altre banche con sede a New York, Londra o Francoforte.

La crisi fu molto seria, se si considerava che il ministro delle finanze fu costretto a lanciare un appello in televisione.

Katia se lo ricordava bene: aveva appena finito di prepararsi una cena frugale, apparecchiando in soggiorno, quando aveva sentito la voce di quel politico emanare dal televisore acceso. Si era messa ad ascoltare ed era rimasta impietrita: il ministro delle finanze di uno stato industrializzato dell'occidente stava esortando i risparmiatori a non assalire gli sportelli delle banche.

Per un'addetta ai lavori come lei, ciò significava che gli istituti di credito temevano un tale assalto e non avrebbero potuto farvi fronte. Katia sapeva bene che le banche non erano in grado di soddisfare richieste di prelievo superiori a una certa soglia, e che il sistema si reggeva sull'estrema improbabilità che i clienti volessero prelevare i loro denari tutti insieme. Nelle banche era depositata soltanto una frazione minima dei denari virtualmente accreditati sui conti dei clienti.

La fine del mondo era vicina.

17.

Giunse un nuovo settembre. Katia era appena riuscita a riambientarsi sotto il cielo grigio di Francoforte, dopo una lunga vacanza passata lontano da tutto e da tutti.

Si era svegliata tardi e aveva ricevuto uno strano messaggio su Facebook. Non aveva creduto a una sola parola. Ma siccome non le costava niente, aveva invitato gli amici a venire quella sera al Blue. Aveva però evitato di invitare Robert. Non voleva far perdere tempo a un pubblico ufficiale, che oltretutto stava per ottenere la maledetta promozione.

Si guardò allo specchio del bagno: aveva ancora un aspetto giovane, quasi sbarazzino. Si provò gli occhiali che indossava per presentarsi ai colloqui di lavoro. *Troppo seria, meglio le lenti a contatto.* Poi indossò il tailleur color panna che le donava. Uno spruzzo di profumo, e fu pronta per uscire.

Erano mesi che non metteva piede al Blue.

Entrando, notò che la sala non era affatto cambiata: il solito bar a sinistra, la solita vista panoramica. Al loro tavolo erano già seduti Daniel, Liza e Tom, che le inviarono cenni di saluto. Ma dov'era Silvia?

Una giovane cameriera venne a prendere le ordinazioni.

«Un Aperol Spritz» disse Katia.

«E un Cosmopolitan, per me». La voce di Silvia le risuonò alle spalle, facendole fare un sussulto.

Katia si voltò e si accorse che Silvia portava il nastrino di raso.

«Come sta Aisha?» chiese Liza.

Silvia emise appena un mormorio, mettendosi a sedere. «L'ho lasciata a Christian.»

A poco a poco il tavolo si animò. Qualcuno fece una battuta, come ai vecchi tempi. C'erano pochi avventori nel locale. Katia alzò gli occhi verso i grattacieli, che incombevano attraverso la vetrata. Poi li posò sul pianoforte: non c'era nessuno a suonarlo.

«Stai cercando lavoro o vai già in pensione?» chiese Daniel. Gli amici sapevano che era stata licenziata, ma non avevano idea delle sue speculazioni con il fondo di Marc. Nemmeno del fatto che stava cercando di scrivere un libro scandalo sul sistema finanziario.

Katia scoppiò a ridere. «Sono troppo giovane e poi in casa mi annoio. Ma il mio prossimo lavoro non sarà in banca.»

«Banche o assicurazioni, sono la stessa cosa» disse Tom. «O vuoi metterti a fare l'insegnante di matematica?»

Tom era cattivo. Stava alludendo al modesto lavoro di sua madre.

«E come va la tua rubrica *Follow the Money?*» rispose Katia, incrociando le braccia. Non voleva reagire alle sue provocazioni.

Liza alzò il suo prosecco, come per un brindisi. «Ormai Tom è famoso. Lo invitano pure alla televisione pubblica.»

Katia lo sapeva. Anche lei aveva una raccolta di tutti i suoi articoli. Ma fece finta di niente.

Continuarono a parlare di tutto quello che era successo mentre lei era in vacanza.

«E tu, Daniel, ancora alla Global?»

«Al desk valutario non c'è stata alcuna crisi. Anzi abbiamo assistito a un rialzo dell'euro che lo ha portato fino alla quotazione record di 1,60 dollari.»

Tom alzò entrambi i palmi delle mani e scandì le parole: «1,60 dollari: vi rendete conto? È il massimo storico.»

Liza raccontò che faceva lo stesso lavoro di sempre, e si batteva per una maggiore supervisione delle banche, ora che erano state scoperte manipolazioni di bilancio e una troppo facile erogazione del credito.

«Liza è troppo modesta» esclamò Silvia, alzando il calice verso l'amica. «Lo sapete che il suo partito ha deciso di candidarla al Parlamento Europeo?»

Liza sorrise, accettando i complimenti che tutti le rivolsero. Katia non sapeva quando fosse entrata in politica, ma da lei se lo era sempre aspettato.

Mentre erano immersi nella conversazione, Katia notò che Silvia puntava con occhi di fuoco l'ingresso del locale. Si era alzata in piedi, teneva le mani sul tavolo e fremeva. La sua figura pallida era come circondata da un alone di luce. Tutti se ne accorsero, e gli sguardi interrogativi passarono da un volto all'altro. Fino a che tutti fissarono la figura che si stava dirigendo verso di loro.

Era la figura di un uomo dagli zigomi alti, occhi e sopracciglia scure, un filo di barba.

Katia allungò il collo, per accertarsi di quello che stava vedendo. *Kurtz* non aveva mentito. Il cuore le saltò in gola. Poi abbassò il viso sul petto e strinse i pugni. Rialzò gli occhi e inviò un sorriso raggiante a quell'individuo che avrebbe riconosciuto in qualsiasi posto, in qualsiasi tempo.

«Ciao, Alex.»

18.

Tom si era alzato e stava per andargli incontro. Ma Alex fece un cenno della mano, per arrestare i suoi passi.

Erano tutti come paralizzati. Tom era ancora in piedi e stava per dire qualcosa, ma si trattenne. Katia fu percorsa dai brividi. Non sapeva se avesse caldo o freddo. Facendo con lo sguardo la spola fra Alex e gli amici, riuscì a captare qualcuna delle loro reazioni.

Silvia stava guardando Alex con ostinazione, forse con ripicca. Gli occhi erano lucidi.

Daniel sorrideva, ma il suo era un sorriso immobile, strano, quasi irreale.

Anche Liza si era alzata. Sembrava intenta a reprimere un urlo di entusiasmo.

Alex si avvicinò, un passo dopo l'altro. La vicinanza si trasformò in abbracci, che gli amici si scambiarono senza guardarsi in faccia, nascondendo il volto sulla spalla dell'altro.

Erano commossi, e rimasero assorti per un tempo indefinibile. Katia aveva esitato, ma poi lo abbracciò anche lei. Si limitò a sentire il suo calore, senza riuscire a dire niente. La voce era come legata da un laccio.

Alex...

Era davvero lì. Quando si mise a sedere in mezzo a loro, l'imbarazzo era così tangibile da tagliare l'aria. Poi li guardò negli occhi, uno a uno, dicendo: «Non potete immaginare come sono felice di rivedervi.»

Katia inspirò profondamente. Non era cambiato. Sembrava più maturo e lo sguardo si era fatto più pacato. Ma era ancora bello.

Fu Liza a parlare per prima: «Alex, come hai fatto ad arrivare fin qui? Non sei in pericolo?» Era seduta di fronte a lui e si torceva le mani.

«Sono stato in pericolo. Ma adesso godo di protezione diplomatica» rispose lui, posando lo sguardo su ciascuno di loro. «E ne ho approfittato per venire in Europa.»

«Hai fatto bene a venirci a trovare» sospirò Katia. Non voleva chiedergli se si sarebbe trattenuto. Non voleva saperlo.

«Come sta Fabrizio?» chiese Liza.

Alex si strinse nelle spalle. «Non posso portarlo via da Roma. Ma mi prenderò cura di lui.»

Tom, che occupava il posto più lontano da Alex, si decise a dire qualcosa. «E dove vivi adesso?»

«È un segreto» rispose Alex. «Almeno per ora.» E a Katia parve di rivedere il suo sorriso sornione. Una scossa la attraversò. Forse quello non era un addio.

Silvia, seduta alla destra di Alex, aveva la faccia imbronciata.

«Alex, perché non ti sei fatto vivo, in tutto questo tempo?» disse, a voce alta. Sembrava sull'orlo di una crisi isterica.

«Non ti devi giustificare» mormorò Katia, quasi parlando a sé stessa.

Alex era seduto a capotavola. Si fece serio e mise le mani davanti a sé. «Io non ho mai smesso di volervi bene. Ma le nostre strade erano destinate a dividersi.»

Silvia gridò: «Nessuno è obbligato a lasciare le persone che ama»

«Mi è dispiaciuto separarmi da voi, ma il mio posto era altrove.»

Alex aveva qualcosa di diverso. Lo sguardo magnetico era rimasto lo stesso. Eppure, dietro il taglio affascinante di quegli occhi, si nascondeva un'ombra, un tremore, una vibrazione stonata.

«Abbiamo capito che sei fuggito per non fare la fine del tuo collega» intervenne Daniel. «Ma perché non ci hai detto nulla? Non un messaggio, non un segno di vita.»

Tom tuonò, dall'altro capo del tavolo: «Una persona importante come Alex non può stare dietro a comuni mortali come noi.»

Katia ebbe un fremito di disappunto. Ma fu Silvia a fulminare Tom con lo sguardo.

«L'ho fatto per non mettervi in pericolo» rispose Alex, guardando diritto di fronte a sé. «Avete visto che cosa è successo a mio padre.»

Silvia saltò dalla sedia «Che avevi un padre, e un fratello, non ce lo hai mai detto. Anche questa menzogna era solo per proteggerci?»

Liza le posò una mano sul braccio, invitandola a calmarsi.

«Nel mio lavoro ci sono regole precise. Non ero autorizzato a parlare di mio fratello. E quanto a mio padre, era un segreto di cui non era a conoscenza nemmeno la Oil Europe.»

«Tuo padre... quando sei venuto a saperlo?» chiese Silvia, che aveva assunto un'espressione contrita. Forse era pentita del suo rimprovero.

Le pupille di Alex si dilatarono. «Al funerale della mia madre adottiva. Quando siamo rimasti soli, Nassim ha fatto finta di volere servire un tè. Ma accanto alla teiera ha messo la foto di una donna. Morta di parto.» La voce di Alex vacillava. «Non sapete che cosa abbia voluto dire per me.»

Katia si allungò verso l'amico e gli prese una mano. «Almeno tu hai vissuto insieme a lui.»

Daniel chiamò il cameriere e ordinò un altro giro di drink.

«Ti ricordi delle nostre serate?» chiese Liza rivolta ad Alex.

«Delle discussioni che facevamo a casa nostra?» aggiunse Daniel. «Io a quelle cose ci credo ancora. E tu?»

Alex sollevò gli occhi, che aveva abbassato, e lo guardò in viso. Aveva ancora la sua postura eretta, e quell'aura di coraggio che ne faceva un uomo libero. Ma il suo volto non era più raggiante. Era come coperto da un velo.

«Ci credo ancora. Ma il mondo che ci circonda non è un circolo esclusivo.»

«Immagino che non lavori più per la Oil Europe» sbottò Tom.

«Non posso dirvi per chi lavoro, ma vi assicuro che sto facendo cose in cui credo.»

Poi Alex cominciò a parlare del suo passato. A tratti, fu costretto ad abbassare la testa. Ammise di aver fatto molti errori nella sua vita.

Ma alla fine fu colto da uno strano fervore. E li apostrofò con queste parole:

«Vi siete mai chiesti da dove proviene la ricchezza che ci consente di vivere in questi palazzi di vetro? E non parlo soltanto della ricchezza dei miliardari, ma anche del benessere di chi ha un reddito modesto. Qui non c'è nessuno che sia davvero povero: in questa parte del mondo esiste uno stato che paga sussidi, pensioni minime, assistenza medica. E vi siete mai chiesti perché i nostri negozi sono pieni di merci a basso prezzo? Costano poco i mobili con cui arrediamo le nostre case, costano poco i vestiti che ci mettiamo addosso. Qui tutti possono fare una vita dignitosa. Se poi si sale la scala sociale, si fa davvero una vita da privilegiati, con vacanze in luoghi esotici, case spaziose e beni di consumo in quantità. La vita che fate voi.»

«E che cosa dovremmo fare?» domandò Daniel, scuotendo la testa. «Un voto di povertà?»

«Dobbiamo smettere di sfruttare quei paesi che noi chiamiamo *terzi*. Altrimenti un giorno si ribelleranno, e loro sono in maggioranza. All'inizio si limiteranno a venire in Europa. Una moltitudine di profughi sta per mettersi in marcia verso le nostre città. Ma un giorno potrebbero portare la guerra fin qui. Un mondo basato sulla diseguaglianza produce mostri.»

«Credi davvero che ci sarà una guerra?»

«Le guerre ci sono già adesso. Ma voi le vedete soltanto in televisione.»

Dopo quelle parole, un silenzio calò sugli amici. Era giunto il momento di separarsi, quella volta per sempre. Senza lacrime e senza promesse. Soltanto Katia sembrava intenzionata a non lasciarlo andare via così.

Silvia fu la prima ad alzarsi.

«Per me è ora di andare. Ho un marito che mi aspetta. E anche una bambina.»

Alex alzò la testa e spalancò gli occhi, che furono i primi a ridere. Poi il sorriso gli illuminò tutto il volto.

Si alzò e prese Silvia fra le braccia. Il calore di quell'abbraccio si trasmise agli amici, come un'onda benefica. Anche Katia si sentì riscaldata.

«Davvero? Sarai felice, immagino» disse Alex, quando riuscì a staccarsi dalla sua ex.

«L'ho chiamata *Aisha*» disse Silvia, infine. I suoi singhiozzi erano soffocati, ma Katia li percepì chiaramente.

«*Aisha Berger*» mormorò Tom, che si parò davanti ad Alex e gli tese la mano.

Katia guardò Tom in viso. Le pieghe ai lati della bocca si erano distese. In quel momento, le sembrò di vedere l'espressione buona di Christian.

«Ti credevamo morto, e tu invece te la spassavi» disse Tom ad Alex, con gli occhi azzurri che avvolgevano l'amico. Furono soltanto pochi attimi. Il tempo di stringersi la mano. Poi Tom girò sui tacchi e si diresse a passi svelti verso l'uscita, senza nemmeno voltarsi. Era una posa. In realtà a Tom si stava spezzando il cuore, come a lei e a Silvia.

Daniel e Liza riuscirono a congedarsi con compostezza.

«Tom è ingiusto. Lo abbiamo capito che avevi una missione. E continueremo a volerti bene» gli disse Liza prendendogli le mani e lanciando un'occhiata a Daniel, che confermò le parole della moglie con un sorriso benevolo. A differenza di Tom, Daniel l'aveva perdonato.

Alla fine, Katia rimase sola con Alex.

Finirono la serata a casa di lei, dove Katia non resistette alla tentazione di abbandonarsi a quell'uomo che in fondo amava. Ma non si stupì di vederlo andare via al mattino. Forse non era lei l'unica persona da cui Alex voleva congedarsi.

19.

«Come fa un geologo a conoscere *Cuore di tenebra*?»

«Un regalo di Silvia. Era il suo romanzo preferito.»

Poi ripresero a guardare il mare, in silenzio. Accovacciati sulla sabbia tiepida.

Dopo la notte passata insieme, Katia aveva preso l'aereo insieme ad Alex. Avevano in programma un breve soggiorno in Italia e una visita a Fabrizio. Katia presagiva che dopo quel viaggio avrebbero dovuto separarsi per sempre, ma era anche convinta che fosse la cosa migliore. Come in uno di quei film, in cui l'amore romantico viene suggellato dalla parola "fine".

Alex aveva espresso il desiderio di passare qualche giorno sul litorale toscano. Si sentiva legato a quei luoghi, dove aveva trascorso le estati della sua prima giovinezza, e voleva rivederli. Avevano preso alloggio in un albergo situato nelle immediate vicinanze di una lunga spiaggia con pineta.

Era tarda estate: faceva ancora caldo, anche se il sole tramontava presto. Di giorno si erano sdraiati sulla spiaggia deserta, di notte avevano fatto l'amore, in un silenzio interrotto soltanto dai grilli o dall'ululato di un cane.

Non sapeva se fosse l'effetto del sole e del mare, ma era stato come andare sull'ottovolante.

Purtroppo l'amore romantico di cui parlava Silvia era un'illusione. Katia aveva smesso di credere che fosse possibile amare qualcuno per tutta la vita. Ma decise di abbandonarsi a quell'illusione per la breve durata del loro ultimo viaggio.

Durante quelle giornate, Katia aveva evitato di fare ad Alex tutte le domande che aspettavano risposta. Soltanto una volta, mentre passeggiavano su una lunga spiaggia, al limite della pineta, si era fatta coraggio. Prima gli aveva chiesto di quel libro, che lei aveva letto soltanto perché aveva ispirato uno dei suoi film preferiti. Poi lo aveva fatto sedere vicino a lei, su una barca di salvataggio. Dal mare si alzava un odore di sale e di pesce.

«Ma alla Oil Europe sapevano tutto?»

«Sono loro che hanno organizzato la mia fuga. Ma dopo un anno ho fatto perdere le mie tracce e la Oil Europe ha temuto che fossi passato agli avversari. La Oil Europe è una società privata soltanto sulla carta. In realtà è un organo che rappresenta gli interessi di governi europei, ed è affiancata dai servizi segreti.»

«Chi era Nicole?»

«Un'agente speciale inviata da Berlino. Non ci crederai, ma il suo compito era quello di depistare le indagini. Quando Bender ha inserito la tua denuncia nella banca dati di Interpol, i tedeschi si sono allarmati. Non volevano che la polizia criminale ficcasse il naso in questa storia. Temevano anche che mi fossi convertito al terrorismo. Nicole era al corrente di tutto, sapeva anche di Jean-Claude.»

Katia fu percorsa da un brivido. Ma non era l'acqua fredda che le sfiorava i piedi. Erano tutte le cose che aveva ignorato.

«Ma Nicole non è riuscita a impedire a Robert di appurare la verità.»

Alex scosse la testa. «Lo ha fatto apposta. Nicole è un tipo indipendente, ha iniziato a disobbedire agli ordini e a fare di testa sua. È lei che ha portato Robert sulla pista giusta. Quando i superiori se ne sono accorti, l'hanno sollevata dall'incarico.»

Si era alzata una brezza. Katia mise un braccio sulla spalla di Alex e si strinse a lui.

«Ho fatto male a fidarmi di Dennis?»

«Dennis era sincero» rispose Alex, ricambiando l'abbraccio. «È uno degli agenti americani che vogliono acquisirmi come fonte. Ma fra i suoi colleghi c'erano anche coloro che volevamo uccidermi. Se mi avessero preso, non so come sarebbe andata a finire. Sono loro che hanno installato microspie in casa vostra e scandagliato i vostri computer. È per questo che non mi sono mai fatto vivo con voi.»

Katia guardò il mare: in lontananza, una nave faceva rotta verso sud. «Chi ha ucciso il quarto aggressore a Roma?»

«Un uomo dei servizi segreti francesi. Forse l'avrai visto al Blue. È stato inviato a Francoforte dopo che gli americani hanno cominciato a molestarvi. I francesi non hanno mai accettato la morte di Jean-Claude, e credono che sia stato vittima di un attentato. Di questo non ci sono prove, ma con la sua crociata a favore dell'euro, Jean-Claude aveva pestato i piedi a parecchie persone.»

«Amavi Jean-Claude?» chiese Katia, staccandosi da lui.

«Eravamo amici e abbiamo condiviso sia situazioni pericolose che situazioni gratificanti. Quando si sta bene insieme, si finisce per innamorarsi. Purtroppo me ne sono accorto soltanto alla fine. Ma sono contento di quello che ho fatto. La vita è breve. Anche tu ti sei accorta che si possono amare più persone.»

«E Silvia?»

«Silvia aveva idee in cui credevo anch'io. Credevo a un sacco di cose, a quel tempo. Forse Silvia vedeva in me l'eroe romantico, uno che sia in grado di salvare l'umanità. Purtroppo né io né Jean-Claude siamo riusciti a salvare l'umanità. Ci hanno presi in giro.»

«E con Tom, che cosa sei andato a dirgli?»

Prima di rispondere, Alex si alzò, si distese sulla sabbia e invitò Katia a sdraiarsi su di lui. Katia si crogiolò nel calore del suo corpo. Lui la tenne stretta, poi la guardò in viso.

«Dovresti lasciar perdere Tom. È uno che ama soltanto sé stesso. Ma se c'è una persona di cui non può fare a meno, sappi che si tratta di tua sorella.»

Katia si sentì gelare e divenne rigida come un manichino. Si girò di fianco, sdraiandosi accanto ad Alex. Cercò di balbettare qualche parola: «Davvero volevate avere un figlio da lei?»

«Silvia desiderava un figlio. E noi volevamo accontentarla.»

«E quando te ne sei andato, è tutto finito anche per loro?»

«È strano, ma Tom e Silvia stavano bene insieme finché c'ero anch'io. Poi, deve essersi spezzato l'equilibrio. Silvia ha sempre desiderato avere una famiglia, ma le piace anche farsi possedere da due uomini. E Tom non vuole rinunciare alla vita del libertino. Silvia e Tom sono ancora in uno stadio in cui si vuole avere tutto, in cui ci si crede onnipotenti. Anch'io ero così.»

«E come hai fatto a cambiare?»

Alex era disteso su un fianco, a pochi centimetri da lei. Abbassò gli occhi. «Devono essere state le sofferenze che ho visto. Si sono accumulate, e un giorno ho cominciato a vedere le cose in modo diverso. Mi sono accorto che ero stato sempre un privilegiato. Un ragazzo, che voleva soltanto prendere. E che si dava da fare per raggiungere obiettivi di poco conto.» Poi rialzò gli occhi, guardando verso il mare. «Un giorno ho compreso che potevo mettere le mie qualità al servizio di qualcosa di più grande.

Quanto vieni colto dal desiderio di dare, allora hai raggiunto la fase adulta: quella del genitore in grado di provvedere ai figli, senza chiedere niente in cambio. In genere è solo in questa fase che un uomo desidera avere figli, oppure mettersi a fare qualcosa che sia utile per l'umanità. Christian, per esempio, è un uomo adulto. Quanto a te, faresti meglio a cercarti un posto a Londra. Per capire certe cose a livello emozionale, ci vuole la distanza.»

Katia si era raggomitolata fra le braccia di lui, assumendo una posizione fetale. Aveva le lacrime agli occhi. La storia con Tom era proprio finita.

Passò un tempo indefinito. Poi l'odore del mare e dei pini la avvolse e le risvegliò i sensi. Katia alzò la testa verso quell'amico eccezionale, con cui aveva il privilegio di passare un po' di tempo. Si fece forza: *Supergirls don't cry*.

«E adesso, vorresti avere figli?»

«Lo sai che non posso. Ma ci sono un sacco di persone a cui ho deciso di dare il mio aiuto, anche se non sono i miei figli.»

Katia inspirò profondamente. «Intendi tornare in Europa?»

«Una volta mi trovavo all'ambasciata italiana a Bagdad, al tempo delle sanzioni. Tutte le sere, fuori dalla porta di servizio, si formava una lunga coda di uomini, donne, bambini, vestiti soltanto di stracci. Aspettavano la distribuzione di generi alimentari che altrimenti sarebbero stati buttati via. Sono stato spesso a guardarli, mi facevano un'enorme pena. È allora che ho deciso di non stare più dalla parte dei carnefici.»

Infine, giunse il momento di porre termine a quel viaggio romantico. Si erano recati a Roma, dove Katia aveva prima dovuto dividere Alex con Fabrizio, e poi si era dovuta separare da lui.

A Fabrizio Alex aveva dedicato i suoi ultimi due giorni di soggiorno in Europa. Il fratello era stato felice di vederlo, e avevano avuto molte cose da dirsi. Katia era rimasta nelle vicinanze, senza disturbare l'idillio.

Il giorno della partenza di entrambi, Fabrizio volle accompagnare il fratello in aeroporto. Katia spinse la sedia a rotelle e lo aiutò a scendere dal taxi. In fondo erano tutti una grande famiglia.

L'aeroporto di Roma Fiumicino era affollato. Un viavai di gente in abiti estivi e invernali. Una babilonia di voci. Katia si mise in coda a un bar, per prendere tre caffè da asporto.

Alla fine si ritrovarono davanti alla barriera degli imbarchi, che Alex avrebbe oltrepassato da solo. Una folla anonima li circondava. Ma per Katia esistevano soltanto quei due uomini.

Fabrizio, nella sua sedia a rotelle, guardava il fratello con le lacrime agli occhi, felice di averlo ritrovato, ma anche disperato di stare di nuovo per perderlo.

«Siamo ancora fratelli?» disse, con un movimento goffo della testa.

Alex si chinò su di lui e lo afferrò per le spalle. «Non c'è bisogno di avere lo stesso sangue per essere fratelli» disse, e a Katia parve che in quella voce ci fosse tutto il calore del mondo.

Poi fu la volta di Katia, che prese Alex per l'ultima volta fra le braccia.

«Tu, almeno, *avrai sempre Parigi*» gli disse, alludendo alle ultime frasi di un vecchio film che avevano rivisto insieme.

«I problemi di tre piccole persone come noi non contano in questa immensa tragedia» rispose Alex.

Poi sollevò la sua valigia, si diresse verso l'imbarco e si voltò per l'ultima volta, con un sorriso e un cenno della mano.

Katia lo seguì con lo sguardo, fino a vederlo sparire oltre la porta di vetro.

Un fremito le percorse la spina dorsale, fino a farla vacillare. Ma non c'era tempo per rimuginare. Si occupò di rimettere Fabrizio su un taxi ed elargì all'autista una bella mancia, pregandolo di portare il disabile fino alla soglia di casa.

Tornò fra la folla anonima dell'aeroporto e si diresse verso la sua destinazione. Con la sua valigia firmata, il tailleur elegante e i tacchi alti, chiunque l'avrebbe scambiata per una donna in viaggio d'affari. Ed era bene così.

Mentre aspettava l'imbarco per Francoforte, tirò fuori dalla borsetta la fattura dell'hotel che li aveva ospitati in Toscana. A lei non rimaneva Parigi, ma soltanto un pezzo di carta, su cui sarebbero rimasti per sempre impressi i loro nomi: quello di Alex, che ora si faceva chiamare *Amir Sabahni*, accanto al nome di Katia, che era invece il suo nome di sempre.

Il nome che le aveva dato sua madre, e che non avrebbe mai cambiato: *Katia Romano*.

20.

Nonostante fosse un po' influenzato, Robert decise di andare al lavoro. Starnutì, mentre si incamminava verso l'ingresso della centrale, sotto un ombrello. Con quel tempo, avrebbe fatto meglio a restare a casa. Lanciò un'occhiata al parcheggio: la pioggia scrosciava sull'asfalto, come nel giorno in cui aveva conosciuto Katia.

Ne era passato di tempo. I muri dell'edificio continuavano a essere grigi e Robert attaccava a lavorare alla stessa ora. L'unica differenza era che lui aveva smesso di prendere sempre la macchina. No, quel giorno non c'era alcuna donna elegante che scendeva da un'auto di grossa cilindrata.

La centrale era piena di gente, e lui dovette farsi strada a spintoni. Quando poté richiudersi la porta dell'ufficio alle spalle, vide il tavolo sommerso dalle carte. E percepì un odore di polvere nell'aria. L'unica nota di colore del suo ufficio era una pianta verde, che nessuno aveva innaffiato.

Presto si sarebbe presentato un genitore. Gli avrebbe mostrato la foto di un bambino scomparso nel nulla. E Robert avrebbe dovuto reprimere la commozione. Il suo non era mai stato un lavoro facile.

Improvvisamente, Nadia fece capolino nel suo ufficio. Aveva messo su qualche chilo di troppo, ma sprigionava una freschezza che metteva di buon umore.

«Robert, di là c'è qualcuno che vuole vederti.»

Quel qualcuno era già dietro di lei. Un uomo.

«Digli che aspetti.»

Robert udì una voce dal timbro caldo. Diceva che era urgente, che c'era un aereo in partenza.

Robert si rivolse a Nadia, che si era parata davanti alla porta.

«Va bene, fallo passare.»

Quando alzò gli occhi dalla scrivania, mise a fuoco la figura in piedi sulla soglia. Un uomo elegante, le mani infilate nelle tasche di un cappotto color cammello. Capelli folti, ancora giovane. Robert lo guardò meglio, incuriosito: aveva un bel volto dagli zigomi alti, occhi scuri e profondi, sottolineati da sopracciglia marcate. Incontrando il suo sguardo, Robert percepì gli sforzi del suo cervello, che tentava di sistemare i tasselli di un'immagine che stava già abbandonando la sua memoria. Dovette strizzare gli occhi: era soltanto una banale somiglianza?

Esitò. Riabbassò gli occhi sulle sue carte, forse per prendere tempo. Ma l'uomo si era già avvicinato alla scrivania e gli porgeva la mano.

Robert si ritrasse sulla sedia. Poi puntò le mani contro il tavolo e lo guardò di nuovo in faccia.

Non ci credeva. L'uomo che aveva di fronte era Alessandro Di Matteo.

«Sono venuto a ringraziarla, commissario» disse l'altro, con voce pacata. «Senza quella segnalazione su Interpol, le autorità non si sarebbero mosse.»

Che cosa ci faceva Di Matteo in commissariato? Era scampato al pericolo?

Robert si alzò e gli strinse la mano. La situazione era insolita. Aveva sempre desiderato conoscerlo. Adesso che ne aveva la possibilità, non sapeva a quali parole affidarsi.

Si infilò i pollici nella cintura dei pantaloni. Un gesto banale, per apparire disinvolto. «Si... si sieda» balbettò, facendogli cenno di accomodarsi.

Avrebbe volentieri scolato una vodka. Peccato che fosse contrario al regolamento.

«Possiamo darci del tu» disse Alex, sedendosi. «Ormai è come se ci conoscessimo. Ne abbiamo fatta di strada insieme.»

Robert si lasciò andare sulla sedia e osservò l'uomo di fronte a lui. Il particolare più bello del suo viso erano gli occhi. Occhi bruni, carichi di energia. Non sapeva perché, ma ebbe voglia di pungolarlo.

«Come ci si sente a far girare come trottole le polizie di mezza Europa?»

Alex non rispose. Prese la bandierina dell'Unione Europea dalla scrivania e se la rigirò fra le mani, con un mezzo sorriso.

«Un regalo di Silvia, immagino.»

Robert si ricordò della sua emozione, quando aveva scartato il regalo. Una giacca di lino, con quella bandierina nascosta in una tasca. Che era finita sulla sua scrivania, fra la foto di sua madre e il metronomo.

«Almeno hai fatto visita ai tuoi amici? Erano disperati. Ti credevano morto.»

«Li ho incontrati. Ma i miei amici sguazzano in una bolla di benessere.»

«Non occorre avere le stesse idee per essere amici» rispose Robert, mentre continuava a guardarlo, non sapeva se con ammirazione o con invidia.

«Toglimi una curiosità: sei davvero fuggito per non fare la stessa fine di Moulin?»

Alex si sistemò sulla sedia e giunse le mani, come per fare una rivelazione. «C'è di più. La mia macchina, quel giorno, era stata sabotata.»

Robert sbarrò gli occhi. «Che cosa vuol dire, sabotata?»

«Quando sono partito per Bruxelles, non avevo intenzione di allontanarmi definitivamente da Francoforte. Ma ho avuto un incidente in autostrada. Si è staccato uno pneumatico. Sono vivo per miracolo.»

Un incidente, in Belgio. Nei registri consultati da Robert non ce n'era traccia.

«Eri ferito?»

«Ho riportato solo qualche graffio, ma il meccanico della Oil Europe ha accertato che dalla ruota era stato allentato un bullone. Un attentato.»

La Oil Europe era stata reticente. Alla polizia avevano fornito informazioni con il contagocce.

Alex continuò: «In seguito a un fatto così grave, la Oil Europe mi ha procurato un passaporto falso e mi ha messo sul primo aereo. Così è iniziata la mia fuga.»

«Ma perché non hai detto nulla ai tuoi amici? Katia mi è stata alle calcagna finché non ho aperto un'indagine.»

«C'è ancora una cosa che non sai. La Oil Europe ha dichiarato ai nostri partner commerciali che ero morto nell'incidente.»

Robert saltò dalla sedia. «Ti hanno dichiarato morto, in Belgio?»

«È facile manipolare le iscrizioni anagrafiche dei diplomatici. Mi sono prestato al gioco, a condizione che la mia presunta morte non venisse comunicata ai miei amici o a mio fratello. È per questo che non ho più potuto farmi vivo. Ma è anche il motivo per cui gli americani hanno capito che era stata una messinscena. Così hanno cominciato a cercarmi. Prima hanno aggredito mio padre. Poi hanno preso di mira Katia, Tom, Silvia.»

Alex si era appena riferito a Nassim Sabahni come "suo padre". Qualcosa doveva legarlo a quell'uomo, al di là del sangue.

«Chi era tuo padre?»

«Mio padre apparteneva a una famiglia di oppositori dello Scià, che erano stati fedeli a Mossadeq. Per questo è fuggito dall'Iran. E io sono nato su una nave di profughi, da una madre che è morta di parto. Lui si è ritrovato da solo, con un bambino appena nato. Ha saputo da altri profughi che a Roma c'era un ospedale con una specie di sportello, in cui era possibile lasciare neonati di cui nessuno poteva curarsi. Mi ha portato lì, di notte, abbandonandomi al mio destino.»

Robert si immaginò come Sabahni avesse sperato che il figlio trovasse una famiglia disposta ad amarlo e ad accudirlo. Questo desiderio era stato esaudito.

«Però sei stato fortunato. Sei capitato in una famiglia vera, che ti ha voluto bene. Immagino che i tuoi primi vent'anni siano stati belli, spensierati.»

«Il solo fatto di avere un bambino sano, dopo l'infermità di Fabrizio, ha reso felici i miei genitori adottivi. Mi avrebbero amato anche se non avessi avuto alcun talento. E confesso di essere cresciuto anch'io come un privilegiato. Il mio padre adottivo era di Livorno e d'estate passavamo le vacanze sul litorale toscano. Ho molti bei ricordi di quel tempo.»

«Come ha fatto Sabahni a trovarti?»

«È stata la moschea a fornirgli l'indirizzo della famiglia. Mio padre ha sempre lavorato come giardiniere e tuttofare a Roma. Era un lavoro umile, per lui che veniva da una famiglia di intellettuali, ma l'ha fatto fino alle fine e non si è mai risposato. Credeva che fosse la volontà di Dio.»

Robert ricordava il resoconto di Mariani a proposito dell'iman. Anche l'iman non aveva raccontato tutto quello che sapeva.

«Così ha cominciato a spiarmi. Per esempio quando uscivo dall'asilo. Mi ha visto per la prima volta quando avevo già tre anni.»

Robert si immaginò quel profugo, sopraffatto dalla commozione nel vedere il suo bambino giocare nella villa di una famiglia benestante. Forse era stato in quel momento che aveva deciso che avrebbe fatto di tutto per stargli vicino.

«Quanti anni avevi, quando Sabahni si è fatto assumere come domestico?»

Alex abbassò gli occhi. Erano velati di lacrime. Quell'uomo era troppo intelligente per non avere già capito che di fronte a Robert le manifestazioni di virilità erano superflue.

«Cinque anni» rispose in un sospiro. «Con un figlio disabile, mia madre non ce la faceva a stare dietro a due bambini. Così mio padre venne a vivere da noi, e ci è rimasto per più di dieci anni. Si occupava di noi con affetto, e tutti si fidavano ciecamente di lui. Ci portava a scuola, ci preparava i pasti e ci accompagnava dappertutto. E con il tempo è successa una cosa… una cosa miracolosa.»

«Che cosa?»

«Era compito di mio padre assistere Fabrizio, che a quel tempo poteva camminare ma non era autosufficiente. E mio padre ha iniziato a occuparsi molto più di lui che di me.»

«Fabrizio era il più bisognoso» intervenne Robert. «Ma hai ragione. Sabahni si era fatto assumere per stare con te. Se fosse stato egoista, avrebbe fatto per Fabrizio soltanto il minimo indispensabile.»

«Invece mio padre trattava Fabrizio come se fosse suo figlio. Era un uomo di fede. Considerava il suo destino come una prova divina. Una prova che era deciso a superare.»

Robert trovò commovente quell'aspetto della vicenda.

«E tu credi in Dio?»

«Io credo soltanto negli uomini. Ma mio padre mi ha insegnato che la fratellanza universale esiste.»

Alex aveva ancora gli occhi lucidi. Ma teneva la testa alta e lo guardava negli occhi.

Robert sentì un nodo alla gola. «Quando sei venuto a sapere che Sabahni era tuo padre?»

Alex gli parlò del funerale della sua madre adottiva, e di come Nassim gli avesse rivelato le sue origini iraniane di fronte a una tazza di tè. Nassim gli aveva consegnato alcuni documenti, e lo aveva abbracciato, contento di essersi finalmente ricongiunto al figlio.

Robert si commosse ad ascoltare quella storia romantica di un padre che aveva vissuto per anni accanto al figlio, in incognito.

«Non ho capito subito la portata di questa rivelazione» aggiunse Alex. «Ho continuato a fare la mia vita, ma ogni volta che mi recavo nel Golfo ho iniziato ad accorgermi di cose che prima non vedevo. E poi la guerra, e la morte di Jean-Claude, hanno fatto il resto.»

Robert fissò quell'uomo. Aveva l'espressione di un sopravvissuto.

«Com'è la guerra, Alex? Io sono figlio di un soldato.»

«La notte dei bombardamenti su Bagdad io mi trovano in città, in un hotel internazionale. Il giorno dopo ho preso una jeep e mi sono messo in viaggio verso sud, da dove avanzavano le truppe alleate. Ho visto l'inferno. E ricorderò sempre l'odore. L'odore della carne bruciata.»

Robert si piegò su stesso. Mai più guerre. C'era scritto nel suo DNA.

«Dove vivi, adesso?»

Alex esitò. «È un segreto».

«Se me lo dici avrò nemici potenti? Sono curioso lo stesso.»

Alex tacque per un attimo. Poi guardò Robert di sottecchi e rispose: «Sull'isola di Kisch, quando non sono in viaggio. Invece di comprare il petrolio, adesso lo vendo.»

Isola di Kisch. Suonava bene come rifugio di un diplomatico, di un agente segreto o di un procacciatore d'affari.

Dietro la scrivania di Robert, a sinistra della foto di una squadra di calcio, era appesa una grande cartina geografica. Robert prese una bacchetta e la porse ad Alex.

«Già che ci sei, fammi vedere dov'è quest'isola dei famosi.»

Alex si alzò e puntò la bacchetta su un punto della cartina.

«Ma vi sconsiglio di venirci in vacanza» disse, volgendo gli occhi verso l'alto. «Lassù c'è qualcuno che si diverte con i videogiochi.»

Si rimise a sedere, con le mani in grembo e lo sguardo perso. Doveva avere una vita difficile.

Robert si prostrò verso di lui. «Scommetto che non hai più incontrato persone come quelle che avevi qui. Non è facile trovare veri amici. Nemmeno per un uomo eccezionale come te.»

«Mi è dispiaciuto lasciare Silvia, Katia, Tom, Liza e Daniel. E confesso che certe volte soffro di solitudine. Ma bisogna anche sapere stare da soli.»

«Sei tu quello che su Facebook si fa chiamare Kurtz?»

Alex annuì. «Ho visto anche la foto di Fabrizio malato. Non ci crederai, ma sono stato tentato di andare subito a Roma. È stato uno dei vostri ad avvertirmi, a dirmi che era una trappola. Ve ne sono riconoscente.»

Robert non aveva idea di chi avesse avvertito Alex dei piani degli americani. Nicole si era astenuta da fornire troppe spiegazioni.

Si intrattennero ancora a parlare. Erano molte le cose che Robert voleva sapere dal suo ospite inatteso. Fino a che non fu più possibile ignorare gli squilli del telefono. Allora Alex si alzò, rimettendo a posto la bandierina a dodici stelle, che aveva tenuto in mano per tutto il tempo.

«Sperò di essere riuscito a soddisfare la tua curiosità. Ti ringrazio ancora per quello che hai fatto per me. Ma adesso devo andare» disse Alex per congedarsi.

«Non mi ero accorto che sono passate due ore» rispose Robert, guardando l'orologio digitale. «Il tempo è volato.»

Alex infilò le mani in tasca e si diresse verso la porta. Ma mentre abbassava la maniglia, qualcosa lo fece voltare per l'ultima volta.

«Commissario, un uomo libero se ne fotte di suo padre, dei colleghi e anche della promozione» gli disse, con un fervore che riempì la stanza. E poi scomparve oltre la soglia.

Robert fu come investito da un'onda. Sentì la schiena allungarsi, e il soffitto gli parve più basso del solito. Aveva finalmente incontrato l'uomo che aveva fatto tremare una potenza mondiale. Ma l'aspetto più singolare di Alex era che lui aveva dato alla sua vita una direzione diversa da quella che era stata predeterminata dalla nascita, dal luogo in cui era cresciuto, dall'estrazione sociale e dal sesso.

Alex era un uomo libero.

Robert si era spesso chiesto se sarebbe stato in grado di essere libero come lui. Se avrebbe avuto il coraggio di essere qualcosa di più di un ficcanaso.

Quel giorno Robert riuscì a staccare alle quattro in punto.

Quando uscì dal commissariato, il cielo era ancora luminoso. Lo aspettava una di quelle sere tiepide, ideali per stare fuori, al tavolo di un ristorante o di una birreria all'aperto. Una di quelle serate magiche, in cui si poteva finire sull'ottovolante.

Robert tirò fuori il cellulare.

Adesso sapeva che cosa avrebbe risposto a Klaus.

Ma una cosa del genere non poteva dirgliela per telefono. *Un po' di stile, signori.*

Si giocava la promozione? Prima o poi il mondo sarebbe cambiato.

Se si sbrigava, ce la faceva ad arrivare a Colonia in meno di due ore.

FINE

CHE COSA SAREBBE SUCCESSO

Robert avrebbe indagato su una nuova scomparsa: una giovane donna del Mali, alla ricerca di una vita migliore in Europa.

Katia sarebbe stata assunta presso una grande banca, al seguito di Jan e Laura, e avrebbe fatto un lavoro particolarmente immorale, fino allo scoppio di una crisi finanziaria peggiore della prima.

Nicole si sarebbe trovata in conflitto con i superiori, a proposito di un'indagine su un gruppetto di neonazisti che avevano ucciso per anni emigranti greci e turchi, senza che le forze dell'ordine muovessero un dito.

Christian si sarebbe imbarcato per una missione umanitaria nel Mediterraneo e avrebbe salvato la vita di molti profughi.

Tom avrebbe smascherato una megatruffa delle banche ai danni dello Stato.

Alex avrebbe rischiato di morire in una nuova guerra. Ma questo ancora non lo sapevano.

FILMOGRAFIA

Apocalypse Now. Regia Francis Ford Coppola. 1979

A qualcuno piace caldo. Regia Billy Wilder. 1959

Casablanca. Regia Michael Curtiz. 1942

Giù la testa. Regia Sergio Leone. 1971

L.A. Confidential. Regia Curtis Hanson.1997

Metti, una sera a cena. Regia Giuseppe Patroni Griffi. 1969

Tatort: Im Schmerz geboren [*Nato nel dolore*]. Regia Florian Schwarz. 2014

U-Boot 96. Regia Wolfgang Petersen. 1981

Vacanze romane. Regia William Wyler. 1953